雅俗共存的生态化
乡村聚落空间

谢华春　著

中国原子能出版社

图书在版编目（CIP）数据

雅俗共存的生态化乡村聚落空间 / 谢华春著.

北京 : 中国原子能出版社, 2024. 6. -- ISBN 978-7

-5221-3490-1

Ⅰ. F320.3；X321.2

中国国家版本馆 CIP 数据核字第 2024RN1112 号

雅俗共存的生态化乡村聚落空间

出版发行	中国原子能出版社（北京市海淀区阜成路 43 号　100048）	
责任编辑	王齐飞	
责任印制	赵　明	
印　　刷	河北宝昌佳彩印刷有限公司	
经　　销	全国新华书店	
开　　本	787 mm×1092 mm　1/16	
印　　张	14.75	
字　　数	240 千字	
版　　次	2024 年 6 月第 1 版　2024 年 6 月第 1 次印刷	
书　　号	ISBN 978-7-5221-3490-1　　　定　价　**88.00** 元	

发行电话：**010-68452845**　　　　　　版权所有　侵权必究

前　言

　　从人类第一次社会大分工出现后，农业正式成为一项独立的社会分工内容，极大提升了人类的生产力，在这样的社会分工背景下，内聚向心式聚落开始形成，其就属于乡村聚落空间的雏形。

　　乡村聚落空间作为乡村人口居住、生产、生活的关键场所，不仅因为是乡村地域空间的人口聚居点，受到自然环境因素的制约，其发展演变还受到乡村社会、经济、文化等因素的影响。

　　中国地域广阔，数千年的农耕文明催生了数量众多的乡村聚落空间。自第二次世界大战以后，科学技术的快速发展和普及，推动着各国城市建设和城市经济的发展进入高速期，便利的城市设施、大量的工作机会、多彩的城市生活，都吸引着数量庞大的乡村年轻一代离开先辈赖以生存的土地和乡村，从而进入城市之中谋求发展和机会。

　　从表象来看，城市文化更为开放、经济机会更多、科技更加便利、生活更加自如，仿佛代表着文明发展更加积极向上的一面，而对比下的乡村聚落空间，貌似经济不够发达、文化也不够开放、生活也不够自如，从而被认为是文明发展落后的一面。这种表象的对比，使乡村聚落空间的年轻人开始大量流失，城乡二元结构的发展趋势也愈发明显。

　　从人类文明发展层面来看，虽然城市的发展更加迅速，但是相携而来的则是工业化进程中所产生的自然资源浪费和自然生态环境平衡被破坏；而乡村聚落空间虽然看似经济发展不如城市迅捷，但其生态化状态也为人们提供了大片净土，如何在维系乡村聚落空间生态化状态基础之上，促进乡村聚落空间能够实现雅俗共存的发展，提升乡村居民的生活水平、经济条件、科技水平和生产力的同时，确保其生态化状态继续扩展从而影响城市发展，同时推动乡村聚落空间得以实现雅俗共存的生态化发展。

本书共分两篇七章内容，传统乡村聚落空间传承篇通过乡村聚落概述、传统乡村聚落的空间发展演进、传统乡村聚落空间的内涵三章内容，以乡村聚落的发展和空间演变为背景，详细研究了传统乡村聚落空间的文化底蕴和物质内涵、结构体系。乡村聚落空间生态智慧篇则通过雅俗共存的乡村聚落空间生态智慧理论、乡村聚落空间的生态智慧解构、乡村聚落空间生态智慧的内涵、生态化乡村聚落空间的再造途径等四章内容，分别从生态智慧理论、生态智慧解构、生态智慧内涵和雅俗共存的生态化乡村聚落空间再造四个角度研究了乡村聚落所蕴含的生态智慧，旨在通过对传统乡村聚落的生态智慧进行现代化传承和再造，实现当代生态化乡村聚落空间的深化发展和演变，在延续传统生态智慧的同时与当代社会发展背景下的生态发展理念进行融合，促进乡村聚落空间的蜕变，最终推动雅俗共存的生态化乡村聚落空间成型。

目　　录

传统乡村聚落空间传承篇

乡村聚落空间生态智慧篇

传统乡村聚落空间传承篇

第一章　乡村聚落概述

第一节　聚落的起源及发展演变

聚落是随着人类生产力和生活方式的发展及演变而逐渐发生变化的，以下从聚落一词的起源及其发展演变来进行分析。

一、聚落一词的起源及相关概念

（一）聚落一词的起源

聚落指的是人类聚居和生活的场所，该词的起源很早，《史记·五帝本纪》中就有：一年而所居成聚，二年成邑，三年成都。其中注释为：聚，谓村落也。《汉书·志·沟洫志》中则称：或久无害，稍筑室宅，遂成聚落。这里的聚落含义就是人们聚居生活之地。

聚落属于人类各种形式聚居地的总称，代表的不仅是房屋建筑的集合，还包括与人类居住生活相关的各种生活设施和生产设施，因此聚落还代表着聚落环境，即人类有意识地开发利用并改造自然之后，所创造出来的居住、进行生产活动、进行社会活动的环境。

随着人类的不断发展，聚落中的人口、生活环境、生产特征等都在不断发生变化，聚落的形态和功能也发生了较大的变化，从而逐渐分化为多种聚落形式，包括乡村聚落、城市聚落，以及处于两者之间的城镇。

（二）聚落的相关概念

乡村聚落指的是居民以农业为主要经济活动形式的聚落，农业是主体，居住人口密度较低且经济发展水平较低，主要从事农业劳动，其他各种经济部门的活动，多数会与农业生产有密切联系。

城市聚落则指的是居民以非农业活动为主要经济活动形式的聚落，多数从事公务式劳动，其中的人口以非农业人口（即城市人口）为主，通常人口数量和规模较乡村聚落大很多，经济发展水平较高。

经济的快速发展，也使乡村聚落之中出现了大量乡镇企业，这也让很多原本以农业生产为主的乡村人口的从业状况开始分化，一些乡村人口开始向非农业人口转变。同时随着户籍制度改革、乡村经济快速发展，使得乡村聚落和城市聚落之间的界限不再泾渭分明，乡村人口开始持续涌入城市就业生活，城市人口也开始不断向乡村渗透，最终就形成了介于乡村聚落和城市聚落之间的城镇。这是一种由集镇聚落、建制镇、非市建制的县城镇等构成的乡镇社会，是现代经济快速发展提升之下的产物。

中国历史悠久，自古以来就是农业大国，这也使中国的乡村人口占据总人口的大部分，这些乡村人口的聚居地就是一个个独特且具有特定结构和功能的地域空间实体：乡村。中国庞大基数的乡村人口所形成的聚居地是中国乡村社会的有机组成部分，更是乡村可持续发展的基本单元，也是乡村经济社会发展的标记。

中国的乡村聚落有广义和狭义之分，其中狭义的乡村聚落主要指的是乡村非建制镇以外的居住形态，主要包括集镇、村落，其在中国不同区域拥有不同称谓，如南方地区多称为村落，北方地区多称为村庄，山区地区多称为村寨；广义的乡村聚落则指的是城市聚落之外的广大农村地区的建制镇、集镇、村庄等，其中建制镇和集镇也被称为小城镇，多数分布在农村地区且和村落有极为紧密的社会、文化、经济等多向联系。本书所说的乡村聚落是广义乡村聚落。

在不同的学科领域，对乡村聚落的理解和认识也会有所差异，如社会学视野下乡村聚落就是社区，主要研究的是社区中的人群，更注重人与人之间的社会关系等；土地管理学角度下乡村聚落就是研究土地利用状况，注重的是土地利用的控制；行政管理学角度下乡村聚落主要研究的是乡村的运行和发展，注重的是乡村的行政建设和管理；乡村经济学视角下乡村聚落主要研究的是乡村经济活动规律，注重的是乡村集体经济的发展和收益；人文地理学视野下乡村聚落主要研究的是居住建筑形态、文化传承、历史变迁等，注重的是从人文地理角度分析聚落形态变化和经济文化发展；生态学视野下乡村聚落主要研究的是人与自然生态的协调关系，注重的是审视乡村聚落布局和生态环境的关系。

虽然不同学科领域视角下乡村聚落的研究侧重有所不同，对乡村聚落的认识和理解也有差异，但乡村聚落必然包括六项基本要素，一是属于城市之外的乡村人口聚居区；二是聚居区有极为清晰的活动地域范围界限；三是该活动地域范围内的人与人、人与环境等关系密切；四是该地域范围内的人之间有一定认同感，从而设置了相应的组织制度；五是包含着适应人口生存、发展的各类设施；六是拥有足以支撑人生存活动的自然资源和环境要素。

二、聚落的发展演变

聚落的诞生、发展、演变与人类的起源和发展过程息息相关，在人类发展过程中，一直是以集体生活为主，这种生活习性和发展模式就是聚落发展演变的脉络，具体而言，聚落的发展演变大致经历了以下几个阶段，内容如图1-1所示。

（一）自然原始聚居时期

人类自原始社会时期，为了能够更好地生存和发展，自发形成了以血缘

5

为纽带、聚族而居并共同生产和生活的习性，在这种自然原始聚居时期，人类聚落的形成和发展还可以分为两个阶段。

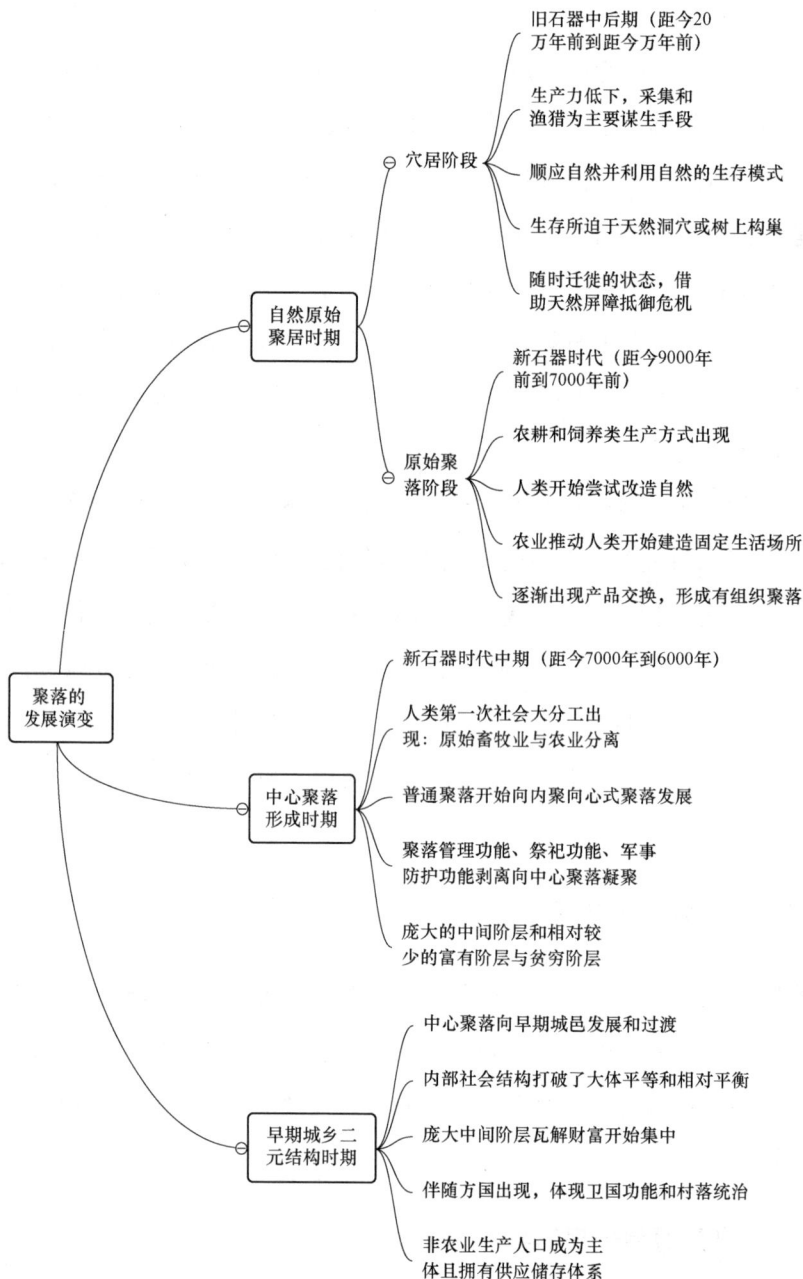

图 1-1　聚落的发展演变

　　第一个阶段是穴居阶段。原始社会时期人类的生产能力较低，最初的谋生手段是采集与渔猎，而且人类的数量较少，豺狼虎豹、鹰雕鹫隼等凶猛禽兽极多，人类为了能够获得食物并维持延续生存，原始人类就开始栖身于天然洞穴或于树上搭建居所，以便随时迁徙同时又可以借助天然屏障来抵御一部分禽兽带来的危机。

　　在旧石器时代中晚期，人类就已经形成了相对成熟的穴居空间生活模式，不过因为旧石器时代人类的生活模式极为游荡不定，如某洞穴被无法抵御的野兽占据、该区域附近无法再满足渔猎采集式生活等，就需要原始人类迁徙再次寻找合适的聚居地。这种穴居模式并不完全是天然洞穴聚居，而是以洞穴为主，以其他形式为辅，包括旷野类聚居地等，显得非常简单且原始。

　　这些原始的聚居地散布在一起就组成了最为原始的聚落，甚至都不是真正意义上的聚落。此阶段原始人类主要是顺应自然、利用自然的生存模式，随着不断从自然界获得经验并得以传承，原始人类也开始学会改造自然，从而为新石器时代农耕聚落的定居生存模式奠定了基础。

　　第二个阶段就是原始聚落阶段，是原始人类学会改造自然的基础之上逐渐形成，其中最具代表性的特征就是距今 9 000～7 000 年前，农耕和饲养类生产方式的出现，推动着原始人类从旧石器时代过渡到新石器时代，人类社会得到快速发展。

　　由于农耕文化的出现，以及农作物种植、收成等需要极多工序，农耕时代所需工具的种类更多、数量更大且更为笨重，所以从事农业的原始人类开始考虑建造能够长期使用和居住的固定住所。在这样的背景需求之下母系氏族得以产生，从而出现了相对稳定的定居式聚落，同时农业的发展也使聚落人口开始增多，聚落也开始不断发展壮大，最终形成了真正意义上的原始聚落。

　　原始聚落出现的初始时期，聚居条件也非常原始，通常是天然洞穴及周边借助自然条件聚居，或掘地或垒土成住所，而且聚居地也并不完全固定，且持续了很长一段时间。如《礼记·礼运》中就有所记载：昔者先王未有宫室，冬则居营窟，夏则居橧巢。说的就是远古时期的先祖并没有固定的宫室，冬天会居住在洞窟（天然洞穴或掘地而成的洞穴）之中，夏天则住在树上用枝叶构筑的巢室之中。

随着农耕文化的发展，距今七千年前左右，人们的生产力开始不断提高，物资开始出现盈余，于是人们之间的产品交换开始变得愈发频繁，这样就逐渐形成了能够满足人们生产、活动、交易的村落，人类开始进入有组织的原始聚居阶段。此过程中人类的居所质量也有了较大的提高，如已经开始挖掘洞穴并在洞穴上加盖简单的屋顶来抵御风雨。

原始聚落逐渐稳定的同时，也成为了公共权力的萌发之地，其本身源自于公共事务管理，随着原始聚落的不断增多和扩大，聚落内部相关的公共事务管理和公共权力也宣告出现。

（二）中心聚落形成发展期

新石器时代中期，大约距今 7 000～6 000 年前，人类历史上第一次社会大分工出现，即原始畜牧业和农业的分离，农业成为单独一项社会分工内容与畜牧业分离之后，成了人类生产力提升的关键，这种社会分工背景下，普通聚落开始向内聚向心式聚落发展，逐渐形成了中心聚落。

内聚向心式聚落属于大体平等的发展模式，该阶段聚落发展的最大特点就是聚落功能开始集中并实现重新整合，在此之前所有的普通聚落均拥有管理功能、祭祀功能、军事防护功能等，而随着社会大分工的出现，普通聚落的管理功能、祭祀功能和军事防护功能开始逐渐被剥离出来，并逐渐成为中心聚落的特有功能。

聚落的管理、祭祀和军事防护不再以个体聚落为单位进行，而是被凝聚到中心聚落的统筹之中。个体聚落相对中心聚落完全不设防，中心聚落则在涵盖个体聚落的边界设置防护边缘，以便实现整个聚落群的军事防护；同时个体聚落也不再设置广场、大房子用以祭祀，祭祀活动的场所开始转移到中心聚落，同时规模也开始更加巨大。

普通聚落在发展过程中，存在着明确的社会分层和贫富差距，中心聚落同样如此，但其整个社会结构还拥有一个极为突出的特点，即拥有极为庞大的中间阶层，以及相对较少的富有阶层和贫穷阶层。普通聚落在中心聚落形成的过程中依旧广泛存在，但其社会结构、贫富状况开始与中心聚落形成愈发扩大的差距，尤其是从富有程度来看，中心聚落的富有程度极高，远非普通聚落可比。

（三）早期城乡二元结构时期

随着农业生产力的不断提高，生产工具不断被改进，生活物资开始丰盈，聚落人口也开始广泛增加，聚落的规模开始明显扩大。新石器时代中后期，距今约 6 000～4 000 年前，中心聚落开始出现变异和转化，聚落开始进入早期城乡二元结构发展时期。

此阶段中心聚落的模式已经开始逐渐成熟，原有的母系氏族制度开始向父系氏族制度转变，聚落的内部和外部开始产生分化，逐渐成为初步分层和分化的中心聚落。此时的中心聚落原有的大体平等状态开始被打破，氏族平等不再存在，聚落中不同家庭的财富开始出现差距，同时随着家庭财富的聚集开始分化出家庭贫富，同时权力也开始集中并继承，最终出现了贵族家族和贵族宗族。

多数中心聚落在富有程度、管理模式、军事防卫力量等方面都开始与普通聚落拉开差距，并逐渐从中心聚落中脱胎而出，开始转化为城邑或城市。此阶段的城邑或城市，并不是商业发展并发达的后果，甚至并不具备贸易中心的性质，与后续较为成熟的以商业为主体的城市有极大不同，因此可以称为中国早期城邑聚落。

中国早期城邑聚落是从中心聚落逐渐发展过渡而形成的，源自于中心聚落特性的管理功能、祭祀功能、军事防护功能更加收拢集中，并在形成过程中形成了与中心聚落不同的四个特征。

第一，早期城邑在内部社会结构上打破了中心聚落时代的相对平衡和大体平等，形成了极大的贫富分化，金字塔尖的权贵集团开始成形，这些权贵高居庙堂实现了少数人对多数人的统治，即少数贵族对多数民众的统治，少数贵族掌控着巨大多数财富并与普通民众分区而居，显现出极为明显的贫富差距。

第二，早期城邑的形成和基础，是原本的中心聚落的庞大中间阶层瓦解之后，完成了财富向少数人聚集的发展之后形成的。中心聚落的内部社会结构最突出的特点就是拥有庞大的中间阶层和较少的富有阶层、贫困阶层，体现了聚落内部社会结构的相对均衡及人的大体平等，但是随着聚落内部社会结构发生变化，财富开始向少数人集中，最终庞大的中间阶层随之瓦解，形成了少数富有阶层和广大普通民众的社会结构。

第三，早期城邑是伴随着早期方国（古代联合城邦制国）出现，方国权力的集中及方国统治需要，推动着原有的中心聚落开始在政治需求下产生改变，从而形成了以政治需要为核心的特色城邑，其不仅体现了卫君功能，而且也实现了早期城市对普通聚落的统治。

第四，早期城邑拥有相对集中的非农业生产人口，也就是说早期城市已经不是以农业生产为主的聚落，而是一个极为集中的经济消费中心，其中包括着相对密集的脱离农业生产的统治阶层、祭祀文化阶层和服侍权贵的人等，这些非农业生产人口的数量和比例远远超过中心聚落，因此也使早期城邑拥有了一个极为突出的特点，即必须建立极为庞大的粮食、物资等供应贮存体系。

中国早期城邑上述四个特征，标志着中心聚落时代的终结，也标志着早期城乡二元对立结构的社会结构开始形成，早期城邑脱胎于中心聚落，成了某一庞大区域政治、祭祀文化、消费的中心，实现了卫君和统治乡村聚落的职能。在早期城邑形成之时，普通聚落就开始以村落的形式，成了以城邑为中心的附庸，通常一个城邑会统有着若干村落，原本管理功能、祭祀功能、军事防护功能就在被逐渐剥离的普通聚落，在早期城邑形成时就被迫完成了这种剥离，早期城邑也借助这些集中后的功能和逐渐增强的宗族血缘关系，实现了对村落的控制。

中国早期城邑首先出现在当时农业和经济最发达的地区，而农业和经济的发展极受地理条件制约，因此中国早期城邑的形成地区，主要集中在原始农业起始地，即黄河流域和长江流域。而且受到农业和经济水平的制约，早期城邑的规模差距也极为巨大，在农业极为发达的地区甚至出现了邦国林立的局面，极具代表性的就是《左传·哀公·哀公七年》所说：禹会诸侯于涂山，执玉帛者万国。其中涂山就是现今的安徽蚌埠怀远东南的涂山，其地处淮河东岸，农业极为发达，因此在该区域邦国林立，形成了规模极大的早期城邑。

（四）城市聚落的广泛诞生

从上面的分析可以看出，中国早期城邑的诞生，是以政治服务中心为核心发展而成，并非现代意义上商业发达的后果，直到距今约 5 000～3 500 年前，随着农业生产技术的不断创新和提高，以及人类第二次社会大分工（即原始手工业和农业的分离）的出现，金属工具的使用使农业和原始手工业的生产技术不断改进，生产劳动的形式也日益多样化，原本与农业结合的原始手工业开始与农业分离成为独立的手工业生产部门。

生产技术的创新和手工业的快速发展，使产品的形式愈发丰富，开始出现以交换为目的的商品生产，这种商品交换从偶然性逐渐发展为经常性后，为了便于商品交换和货物集散的地方，就逐渐形成了固定的交易场所，即集市。随着集市的不断扩大，以商业为核心目的的区域被城楼、石墙所围绕，并逐步形成了商业化的城市聚落。

早期城邑、商业化城市的广泛出现，促进了经济、权力以更加集中的方式发展，最终导致一个地域中最高权力机构国家的出现，而权力所集中的城市就发展为国家的国都，同时各种商业化城市的发展，最终形成了以国都为权力中心，以商业化城市为经济推动力的庞大国度。以商业为主体的都市，是在中国宋朝之后才逐渐兴起的。

自此之后，城市聚落开始随着时代的发展不断出现，社会的发展也开始进入城乡二元结构发展路径。如今世界上的城市化水平已经成为衡量国家或地区现代化水平的重要指标，推进城市化进程不仅有利于社会经济的发展和进步，同时也能够帮助人口文化素质的提升。城市化发展理念为中国带来了聚落形态的巨大变化，也为中国民众的生活方式、生产方式和价值观念带来了巨大变化。

2017 年中国共产党第十九次全国人民代表大会作出了实施乡村振兴战略部署，目标就是建立健全城乡融合发展体制机制和政策体系，加快推进农业农村现代化的实现。在这样的新形势之下，探索适合中国国情的城乡发展聚落模式就显得极为重要，也成了解决新时代社会主要矛盾并实现中华民族伟大复兴与中国梦的必然要求。

第二节　影响乡村聚落发展的因素

乡村聚落在人类发展历史上，是为人类提供方便、舒适的生活空间，同时起到遮风挡雨、避免野兽侵扰的重要居住场所，其形成和发展都是一个漫长和自然演变的过程，而且具体到每一个乡村聚落还存在巨大的差异。

乡村聚落的发展通常带有明显的自发性，通常情况下，除受到天灾人祸影响发生迁徙或异地而建之外，绝大多数乡村聚落一旦固定就会世代绵延。在乡村聚落世代延续的过程中，其形态、结构等也会受到所在地域经济、文化结构、社会结构的影响，从而最终形成了独特的风格和文化意义。影响乡村聚落发展的因素，主要包括以下几项内容，具体如图 1-2 所示。

一、自然环境因素

乡村聚落的诞生和形态，通常是在特定自然地理环境和社会人文条件影响下逐渐形成并延续的，自然环境因素是极为重要的一项影响因素。多数处在类似自然环境条件下的乡村聚落，形态也会有许多共同特征。中国幅员辽

影响乡村聚落发展的因素
- 自然环境因素
  - 不同气候条件
    - 北方注重采光和保温
    - 南方注重散热、防潮、减少光照
    - 西藏注重蓄热和增加光照
    - 青海注重蓄热和防风沙
  - 不同地形地貌
    - 平原注重临水而居
    - 山地依山地走势起伏错落
    - 水乡注重水路交通顺水而居
- 社会组织因素
  - 乡村聚落的社会组织类型
    - 家族式村落
    - 杂居式村落
  - 乡村聚落的组织管理体系
    - 家族村落：族长管理
    - 杂居村落：庞大家族长管理
    - 以家户为分子组织为聚落
- 社会经济因素
  - 自然经济为基础
    - 乡村聚落布局分散且孤立
    - 经济体制封闭化、同质化、内向化
  - 商业活动的影响
    - 剩余商品增多推动商业活动出现
    - 村落集市出现并多样化发展
    - 最终集市独立发展成为商业化城市聚落
- 社会文化因素
  - 地域文化
    - 中原文化吸收融合其他文化，随迁徙四散传播
    - 传统文化与本土文化融合后形成特色地域文化
  - 耕读文化与市井文化
    - 追求朝为田舍郎，暮登天子堂的耕读文化
    - 不断反哺村落并推动其发展的市井文化
- 宗法礼制因素
  - 宗法制度
    - 最主要的体现：聚族而居并建立祠堂
    - 族田为经济基础、祠堂为精神支撑、族谱为血缘纽带
  - 礼教传统
    - 规范人的社会行为、支撑人的道德体系
    - 促使以家庭为单位的礼制体系持久发展

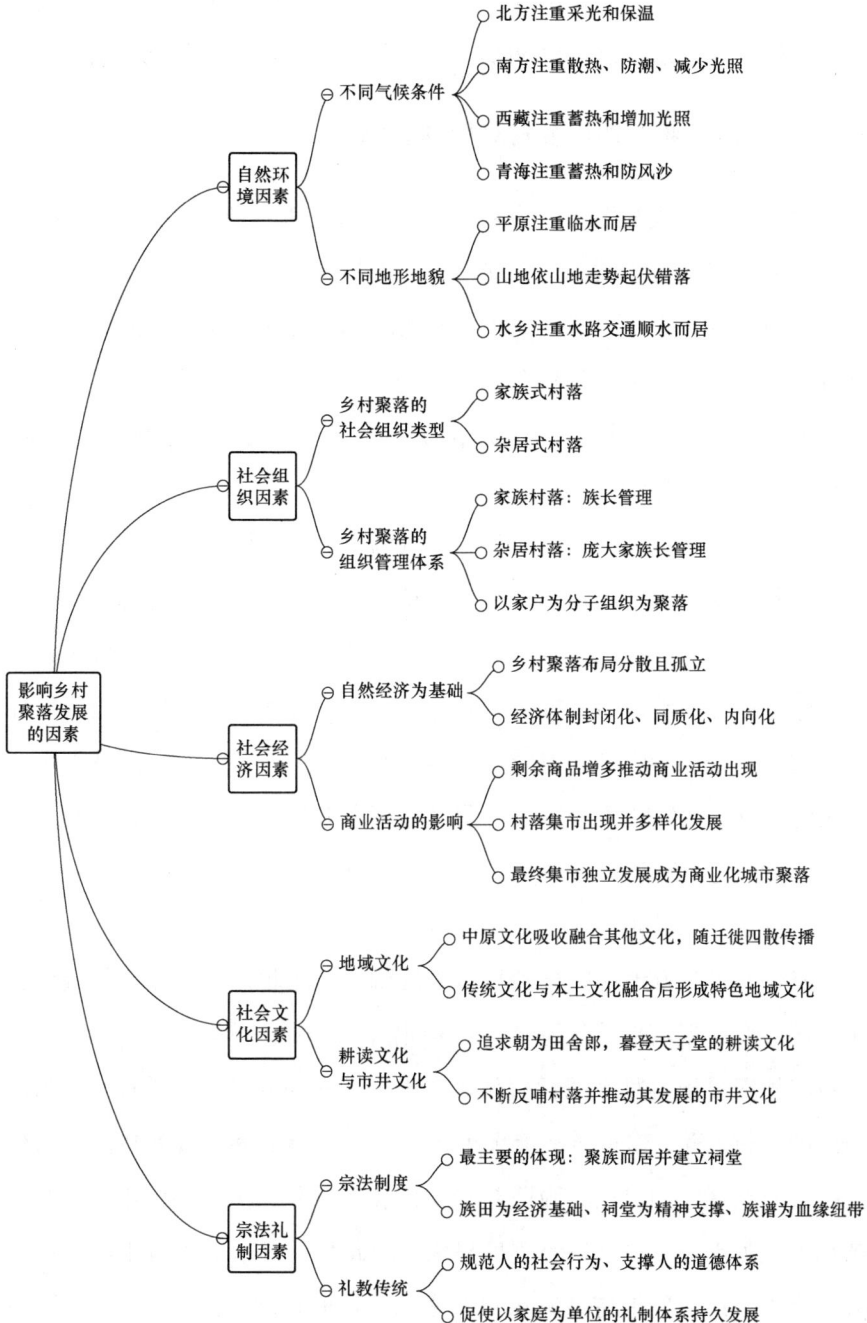

图 1-2　影响乡村聚落发展的因素

阔，不同地理位置也会拥有不同的气候条件、地形地貌条件，这些都会对应影响乡村聚落的建筑形态、结构形态，从而呈现出明显的地域差异。

（一）不同气候条件对乡村聚落的影响

乡村聚落的形成与发展，最初都是先民通过适应当地气候条件和特征，借助经验积累和探索尝试，充分利用气候的特性，最终将乡村聚落完善并延续。中国拥有极为广阔的国土面积，南北跨越纬度达五十度，如此大的纬度跨度就造成了不同地域的气候条件差异极大，光照条件、降水量、温度、风等气候要素都会对乡村聚落的建筑结构、建筑形式、具体功能产生直接影响，从而形成了风格迥异的各类乡村聚落。

中国北方地区纬度较高，通常冬季气温很低，光照条件相比南方会差很多，因此北方乡村聚落的住宅，通常门窗集中在南面，且门窗面积较大，同时建筑物之间的距离会比较大，以避免建筑物之间相互遮挡从而减少日照时间，这种建筑特性都是为了方便采光并有效保持冬季时室内的温度；而住宅的北墙通常会较高，同时开窗较小乃至不开窗，另外东西两侧则基本不会开窗，从而可以有效防止冷风侵袭，同样可以有效保持室内温度；因为冬季外部气温较低，为了抵御外界寒冷，北方乡村聚落的住宅、建筑都会对外墙进行加厚来保温，因此形成了北方建筑厚重、封闭的特征。

当然，中国北方地区同样地域极为辽阔，因此北方不同区域的气候也会有所不同，乡村聚落的建筑形式和结构也存在一定差异。

新疆地区属于典型大陆性气候，气候极为干燥且昼夜温差很大，因此新疆当地的乡村聚落，建筑通常会采用土坯或泥墙等能够有效蓄热的材料作墙面，在白天能够起到隔热并吸收热量，夜晚缓慢释放热量的作用；同时因为新疆地区地处高原，白天日照强度极大，因此乡村聚落的建筑平面布局类似南方，极为紧凑，能够有效减少日照强度，同时窗户形式数量多、面积小、高度高，能够有效减少地面阳光的反射，而且建筑周围会种植大量植物来起到遮挡阳光的作用。

　　地处中国西北的陕西、甘肃、宁夏等地区，昼夜温差同样极大，只是光照强度比新疆地区弱，为了调节昼夜温差大的问题，乡村聚落的建筑多为窑洞，同样是白天能够隔热且吸收热量，夜晚则缓慢释放热量保持室内的温度。

　　中国南方地区纬度较低，因此四季不明显，常年普遍气温较高且雨水多空气湿度大，同时昼夜温差也较小，在这样的气候条件下，就形成了与北方截然不同的乡村聚落建筑形式。

　　通常南方乡村聚落的建筑物需要考虑遮阳、防潮、通风、散热、遮雨等，所以建筑普遍密集，街道较窄且建筑缝隙较小，最大的目的就是减少日照时间和强度，以便降低室内温度；为了实现有效遮雨，南方乡村聚落建筑的屋顶坡度都极大，而且屋檐伸出距离也较大，不仅可以有效引导雨水，同时也能够减少日照强度，另外就是街道上骑楼（楼房向外伸出遮盖到人行道，或跨越街道、胡同，之下可通行）的存在，目的同样是为了有效遮雨。

　　南方气候潮湿且气温较高，通过通风来散热防潮是极佳的手段，最具特点的就是云南地区乡村聚落中的干栏式建筑（也称干阑式建筑，即以木或竹为主要建筑材料，在木或竹的底架上建筑高于地面的房屋），这种建筑形式能够让建筑远离地面，从而有效通风，同时为了确保建筑尽量敞开，墙面会采用不经油漆的木板或竹，地板和墙面之间会留有缝隙，通过远离地面、墙面缝隙来获得极佳的通风效果，从而起到散热防潮的目的。还有些乡村聚落的建筑不会封死山墙，且上部分屋面出檐很远，能够确保下雨天也可以拥有良好通风效果。

　　不过这种加强通风类的建筑，在广东这种沿海地区则不会适用，虽然广东与云南气候极为接近，但是广东地处沿海，所以乡村聚落时常会遭遇台风、暴雨等，而干栏式建筑过分轻盈，容易被台风破坏，所以广东沿海的乡村聚落则会通过院落、天井、巷道共同组成一个通风体系，从而起到散热防潮的作用。

　　除了上述南北方气候差异较大的这些区域外，地处中国西部的青藏高原，则拥有着极为独特的气候特征，因此青藏高原乡村聚落的建筑形式、结构也非常独特。

西藏地区的气候特征为高寒，该地区的乡村聚落为了保持室内温度，就需要采用蓄热量较高的材料作为墙体，同时将平面布局紧缩进行保温，而且为了应对高寒还会将建筑南面设计为开敞式，以便获得更多日照面积和时间，从而提升室内温度抵御高寒。

青海地区虽然同属于青藏高原，但该地区的气候特征不仅包括高寒，还包括风沙侵扰，为了适应这种气候特征，青海地区乡村聚落形成了庄窝式建筑，其墙体高且厚，同时四面围合形成封闭空间，围墙内有内院，屋顶以木构架支撑并以黄土封闭屋面，整个建筑除大门之外墙面没有任何孔洞，不仅能够抵御高寒，而且能够阻挡风沙。

（二）不同地形地貌对乡村聚落的影响

中国地域辽阔，气候多样，自然环境也变化万千，所以中国拥有着极为丰富的地形地貌，如平原、丘陵、山地、江河湖泊、沙漠、岛屿，不同地形地貌同样对乡村聚落的建筑风格、布局有巨大影响。而且中国人自古以来就十分珍惜自然风貌，形成了天人合一、亲近自然的生存观念，所以古人在大兴土木、构建乡村聚落时也极为注重因地制宜，通过有效利用自然环境中的地形地貌地势等来建筑房屋，最终形成了极为多样的乡村聚落。

通常情况下，乡村聚落会依地形、地势、河流等特性建构房屋，相对而言平原地区土地肥沃、地势平坦，因此乡村聚落的建筑通常会尽量靠近水源临水而居，建筑风格多数会排列整齐、坐北朝南，一方面方便生活用水，另一方面能够利用水路实现便利的交通，还有一方面能够靠水吃水获得更多经济效益，提升生活水平，最后一方面是可以借助临水景观为乡村聚落增添自然情趣，可有效陶冶情操。

从中国广大地形地貌来看，有大约三分之二的国土都属于山地丘陵，而依托第一次社会大分工广泛形成的乡村聚落，对农业极为重视和崇尚，对于乡村聚落的居民而言，土地是极为宝贵的财富和生产资源，因此在山地丘陵的地形地貌区域，乡村聚落多数会将适合耕种的平坦土地用以农业发展，然后在并不适合作农田的土地上建构房屋，所以房屋会随着地形而建，显得层次分明、高低错落。

广西三江地区，山多谷地多，因此乡村聚落为了适应地形地貌，建筑多数为轻巧木结构，分布形式顺应地形且灵活多变，有些乡村聚落沿蜿蜒山脊而建连绵不绝；有些乡村聚落坐落山腰沿等高线平行排列，以之字形小路串联，迂回盘旋；有些乡村聚落则垂直建造，道路以陡峭梯道为主，宛若天梯。

福建同样多山，其乡村聚落会将房屋建在坡度较缓的地段，从而形成错落有致的村落，若建造大型住宅则会依地形逐步拔高，甚至若地形过分陡峭还会修整台地之后再建造房屋；如浙江安徽一带，山地与河流湖泊相携，所以乡村聚落多数会背山面水，既能靠近水源方便日常生活，又能有效利用水路交通便利。

这种地处山区的乡村聚落，其整体建筑风格和形式依托了山地高低起伏的便利，同时内部构造也极为丰富多样，而且道路迂回盘旋、上下贯通，所以层次感极强，极富仰视、俯视的多元变化效果。

与山所对应的主要地形地貌就是水，不同的水资源特性也会让乡村聚落的建筑风格和形式有所不同。江南一带的地形相对平坦，但河道纵横，水资源丰富，水路交通网络极为发达。乡村聚落也同样注重利用水路优势，多数乡村聚落会借助水路状况构建，如有些夹河而建，整个村落平面图形宛若丝带；有些在河道交叉处构建，整个村落平面图宛若辐射状、丁字状、十字状等；有些在河流末端构建，平面图宛若 U 形。

这些依水而成的乡村聚落，建筑形式同样高低错落，但配合江南的多雨多水特征，显得更加朴素淡雅、秀丽清新，拥有江南鱼米之乡整体的婉约特性和风格。

而西北地区相对而言水资源较为匮乏，因此有些地区会被沙漠覆盖，有些地区难见植被，这就使西北地区的乡村聚落多数会依地形地貌起伏的岩壁开凿出洞，以作为村落住房，黄土高原的窑洞就是最具代表性的建筑；还有一些地区会运用窑洞、岩洞、营造房屋结合的形式来组成村落，形成了极为巧妙又别具一格的乡村聚落特征。

二、社会组织因素

社会组织是群体正式化趋势下诞生的组织形式，在人类社会演进过程中，一方面功能群体会自然演化为一种正规的社会组织，另一方面社会群体的正式化也会造就组织形式的完善。

（一）乡村聚落社会组织的类型

根据乡村聚落不同的人员组成形式来划分，乡村聚落主要有两种社会组织类型，一种是家族式村落，一种是杂居式村落。

家族式村落最开始的发展阶段，是由少数家族在某处定居，该家庭不断延续、发展、壮大，从而发展成人口众多的大家族，然而人口的增多也会使纠纷和矛盾增加，为了避免纠纷和矛盾激化，大家族会逐渐分化为若干小家庭，这些小家庭虽然成为分支，但彼此之间依旧拥有同源的血缘关系，属于一脉相承，这种以血缘关系为脉络发展而成的乡村聚落，就是家族式村落。

家族式村落之中还有一类是大户庄园发展而成的村落，通常就会以庄园主的姓氏命名，如今常见的王家庄、李家庄等就是此类庄园发展而成的。

杂居式村落则指的是杂姓混居最终形成的村落，此类乡村聚落主要有两种，一种是村落有一个姓氏为主要姓氏，其他姓氏则为补充姓氏，通常此类村落主姓氏人口多数会居住在村落中心部分，而补充姓氏则多数在村落外围居住；另外一种是村落之中有多个姓氏，不同的姓氏家庭杂居在村落之中，不分内外。

（二）乡村聚落的组织管理体系

传统乡村聚落根据不同人员组成，会由不同人员负责村落的组织管理，如家族式村落通常是由家族的族长来负责组织管理，而杂居式村落通常会由在村落之中占据多数的家族的族长共同管理。除人员管理之外，传统乡村聚落还存在着一种系统的组织管理体系。

中国历史上乡村聚落建立系统的组织管理制度，始于周朝，其中贵族的政治中心、军事据点被称为国，也称乡；国以外非常广袤的地区则称为野，也称遂，居住于野的人就被称为野人。周朝国人与野人的地位大不相同，政治待遇也有天壤之别，是周朝奴隶制度的一个重要特点。

秦朝时期拥有了聚和落的乡村组织，聚就是农民自然聚集形成的居住地，属于最基本的乡村编制单位，有些聚仅有几户人家，也有些较多可以称为村落；落则是聚这个乡村组织里的基本单位，即家户。

在中国各个朝代中，秦汉的乡亭制、隋唐的乡里制、宋朝的保甲制、明朝的里甲制、清朝的保甲制等，名目有所不同内容也有差别。但整个发展过程中，乡村聚落的基本组织形式都是由小到大结为一体，宛若通过分子结构逐渐组成为完整的整体。其中的分子结构就是户或家，以此为基准逐渐组织为乡村聚落，这种组织管理体系能够有效减少地方村落组织的影响力，还可以通过家庭为单位使整个村落在形态上形成无形的凝聚力，从而使整个村落固定在特定的位置和土地之上，有效避免了人口的不断迁徙，推动了乡村聚落的延续和发展。

三、社会经济因素

乡村聚落的发展和演变，也会受到社会经济条件，以及经济运行机制的影响，尤其会对乡村聚落的空间格局构成机制产生影响。

（一）自然经济为基础的传统乡村聚落

乡村聚落的形成源自于自给自足的农业生产和农业经济体系，因为农业生产受到土地状况、气候情况的影响严重，所以传统乡村聚落的整体布局呈现出孤立和分散特性。

在中国传统社会，农业是支撑人们基本生活资料的源头，因此农业活动也是传统社会最主要的经济活动，除此之外则是传统手工业生产，农业活动和传统手工业生产就形成了乡村聚落较为封闭化的自然经济。

传统社会背景下，乡村聚落的维系主要依托自然馈赠和农民的辛苦耕作，受到生产技术、生产工具的制约，乡村聚落中的每家每户都会在不同的土地上耕作，这种生产力水平较低的农耕活动形式，决定了传统乡村聚落自给自足的经济模式。即村落的每家每户所有的生产、流通、消费，都建立在自给基础上，需要先满足自身家庭生活所需，才能够将多余产品拿出进行交易。这种家庭经济同构化特性，使乡村聚落的经济形式也极为单一。

在传统社会背景下，因为生产力较低，所以每个村落就形成了一个自给自足的单元，很少会与外界联系，经济模式完全内向，最主要的经济活动是耕作、最基本的经济单元是家庭、最核心的经济范围是村落。

传统手工业是一种依附于农业体系的典型家庭副业，在传统社会主要用于补充农业活动的不足，以便让农民能够保持自给自足生活状态。如传统社会村落中的家庭妇女会在业余时间进行织布、刺绣等，以便填补家用，但家庭最主要的生产活动依旧是农耕。这种模式下就使得传统乡村聚落中的商业活动很长一段时间内都停滞在个体化经济活动范畴，对于外部商品多数以贩运贸易获取，对乡村聚落的影响毕竟有限。

这种自然经济模式下，使中国传统乡村聚落拥有了普遍的相似特征，即相对稳定的生活、相对稳定的人口结构、相对稳定的生产方式，同时也拥有相对集中的公共设施、活动中心、农村集市、房屋区域等空间构成。最终就形成了中国传统乡村聚落的空间构成、经济体制极具内向性、封闭性、同质性。

（二）商业活动对乡村聚落空间格局的影响

受到自然经济为主导的影响，中国传统乡村聚落长期处于一种相对稳定的经济发展状态，商业活动在传统社会处于次要地位，完全是以服务业面貌出现。随着生产工具和生产技术的不断提升和发展，虽然传统乡村聚落属于自给自足的小农经济，但农民也逐渐拥有了剩余农产品，并随着第二次社会大分工的到来，手工业开始脱离农业单独成为一项商业活动，这时乡村聚落之中就出现了贸易场所，即集市。

集市在不同地区的乡村聚落中称呼也有所不同，如北方多称为集，南方两广多称为墟，云贵川则多称为场，还有些则称为市。因为集市的出现依托的是农产品的剩余及传统手工艺的独立，所以乡村聚落中的集市也有极大的相似之处，即在较为固定的场所或时间，进行集中的商品交易，如有些集市会单独占据乡村聚落中的一处空间，成为村落的购物交易中心或商业街；有些集市则并无完全固定的场所，但却有约定好的交易日期，在日期到来时村落的某处就会成为生机勃勃的交易市场。

随着商品交换的逐渐频繁，商品的数量逐渐增加，经济开始慢慢发展，贸易行为也愈发增多，最终就形成了大量商品全年开放，商店、手工艺作坊、交易者遍布整个集市，形成了能够集聚人口数量，从而借助适当的地理位置或便利的交通发展为镇，其由集市扩展而来，功能主体是经济活动，因此乡村聚落的色彩较弱，最终会蜕变为纯粹的经济贸易中心。

这些以经济贸易为主体的镇，在不断发展过程之中，会逐渐吸纳更多人口聚集，镇的范围也会不断扩大，借助便利的交通和商品的丰富，镇会以商业经济为主体，最终形成商业化城市聚落。

四、社会文化因素

中国传统乡村聚落的发展和延续，离不开社会文化因素的支撑，其中对乡村聚落的发展影响最深也最主要的就是地域文化和社会发展中形成的耕读文化、市井文化。

（一）地域文化对乡村聚落发展的影响

中国疆域辽阔，特定的气候条件、地理环境，与该地域的社会文化因素、经济因素结合，同时与移民产生的各民族文化形成交融，最终就产生了影响传统乡村聚落发展的地域文化。

汉文化是中华民族文化的主体，历史悠久且底蕴深厚，早在先秦时期，以汉族为主体民族就在黄河流域繁衍生息并不断壮大，此过程中，汉文化不仅继承了祖先所形成的天人合一的农业传统，同时也在不断吸收和融合不同民族的文化内涵，最终形成了独具特色的中原文化。

中原文化随着春秋战国时期诸子百家的兴盛，开始不断壮大和丰富，并融合了儒学、道学、佛学、理学的底蕴，随着不同时期、不同地区的人口迁移，形成了极为广泛的传播和蔓延。最终随着文化的传播，本土文化、外族文化、外国文化在冲突、融合之后就形成了各种极具地域特色和风格的多样性地域文化，并体现在分布于全国的各个传统乡村聚落之中。

其中最具代表性的就是客家文化，客家是古代从中原南迁聚族而居的汉人，广泛分布于闽粤地区，其传承的是以孔孟思想为核心的儒家思想，同时广泛吸收了迁徙所在地域的文化意识，其文化核心是儒家思想的人文精神，也逐步成了客家人战胜困难、寻求生存的精神支柱和文化支撑，在明清时期得到高度发展之后，形成了有别于汉民族的完整宗族制度、强烈国家观念与民族意识、独特风俗和方言等，凝聚为极具特色的客家文化和客家精神。

（二）耕读文化与市井文化对乡村聚落发展的影响

耕读文化源远流长，其诞生于中国传统社会重视农业的同时也重视教育的理念，其中耕是家族得以生存的根本，而读则是提升精神和知识底蕴，最终入仕的学问基础。

在中国社会长期发展过程中，农家子弟也形成了入仕为官的理想，也就形成了"朝为田舍郎，暮登天子堂"的宗族追求，这种理想和追求就成了耕读文化的根基。

耕读文化之中，包含着进退两个方面，其中的"进"，就是积极猎取功名，通过读书、科考步入仕途，以便光宗耀祖。即使在追求功名的过程中，并未真正入仕，也会以田园之乐为志趣。

其中的"退"，则主要表现为消极隐逸闲适，终老临泉之下的思想。如步入仕途的学子，在年老之后都会告老还乡，在养育自己的故乡加入隐逸者队伍中，这种隐逸生活被赋予了一种极为崇高的道德意义，即亲近自然、与田园朝夕幕处。

耕读文化使得从传统乡村聚落中走出去的人，总会在最终回归家乡，呈现出的是极为浓郁的对山水美、田园美、生活美、自然美的热爱，也完美展现了乡村聚落最为核心的天人合一的文化理念。

中国自古以来就极为重视农业，最早出现的城市聚落也是以农业为本逐步发展而成的城市，农业作为重要的经济发展手段，一直受到各朝代统治者的重视，也因此形成了重农抑商的政策。

这种政策压制了商业阶层，也给商人带来了巨大的社会压力，因此很多从传统乡村聚落走出后成功的商人，他们都会再次与村落建立紧密联系，包括在乡村聚落购买土地，以便与乡村聚落维系关联，并从内心热爱着自己的家乡；另外，很多商人还会在成功后，回到村落之中进行建设，包括房屋建造、建设乡里（如修建园林、扩建祠堂）等，这也形成了一种默契的历史传统。

这是一种中国传统社会以血缘关系为基础，发展起来的一种乡村聚落的社会保障机制，这种资本流向宗族、家乡的形式，与现代商业活动有明显区别，同时这种类似公共服务的做法，还能够有效增强宗族凝聚力和稳定性，可以确保商人与乡村聚落保持紧密关系，同时又能够推动宗族的发展和延续。

从明朝后期开始，商品经济得到了极大发展，早期的一大批商民（由农民转化为商人）很快富裕起来，同时也形成了以他们为代表的新文化观、新价值观、新道德观，这种理念无疑会和封建文化长久以来重农抑商的经济思想形成冲突矛盾。但随着商人不断对乡村聚落进行建设，最终形成了市井文化并完全融入了乡村聚落发展之中，对乡村聚落的发展产生了潜移默化的影响，尤其是村落中的建筑风格、装饰特性、室内的家具陈设等，都显现出鲜明的市井文化特性。

五、宗法及礼制因素

中国传统社会中，宗法制度和礼教传统是极为重要的社会行为规范和标准，其对传统乡村聚落的发展同样产生了巨大的影响。

（一）宗法制度对乡村聚落发展的影响

中国传统乡村聚落有很多是人类根据血缘关系，逐渐聚集发展而形成的村落，可以说血缘关系是影响乡村聚落形态的一个重要因素。血缘关系主要有三个外在表现，一个是家庭，一个是家族，另一个就是宗族。为了维系这种血缘关系能够不断延续和发展，在社会发展演变过程中就形成了乡村聚落中极为独特的宗法制度。

宗法制度缘起于氏族社会晚期的父系家族制度，自周朝开始不断演化，也呈现出了不同的形态，主要包括四个发展阶段，一个是周朝宗子宗族制，是一种大小宗法制和分封制结合后形成的氏族宗法制度；一个是春秋战国时期生产力逐步提升，社会经济得到发展之后，传统奴隶制度开始发生改变，宗法制度曾一度被毁灭，直到两汉时期才得以恢复，并逐渐发展为士族宗族制，成为封建社会发展延续的支柱；一个是唐宋元时代，随着封建地主阶级进一步分化，科举制度开始成为选拔人才的关键，宗族主体开始转变为官僚家族，宗族开始进入无特权时代，但统治者为了巩固封建社会管理捍卫了宗法制度，确保了宗法制度未曾没落；还有一个是明清时期，随着官僚制度的继续发展，绅士阶层逐渐扩大，他们也开始组织宗族从而使宗族在民间快速发展成型。

传统乡村聚落之中，所提倡的聚族而居、建立祠堂等，就是宗法制度的重要体现。相对而言，中国南方的族居式村落分布和数量多于北方，这主要是中国在不断的发展过程中，北方频繁动乱使得一些乡村聚落会不断迁徙，很多北方村落不断向东南迁徙，同时借助宗法制度得以延续。

以宗法制度维系村落通常会依靠三项措施，包括建祠堂、编族谱、设族田。祠堂通常是全族的管理结构、信仰中心和血缘关系延续的重点；族谱则主要用以建立全族的血缘关系、次序，并建立对应的族规来约束、规范族人的行为，促进宗族的发展；族田则是宗族赖以生存的重要物质基础，通常需要用族田来团结宗族，且族田属于集体财产，族人不得夺取也不能私自倒卖，这是宗族非常主要的经济来源保证。

三项内容构成为一套极为完善的宗法制度，为乡村聚落的延续、发展、管理奠定了扎实的基础，形成了以族田为经济基础，以祠堂为精神支撑，以族谱为血缘纽带的发展体制。

（二）礼教传统对乡村聚落发展的影响

中国社会发展历程之中，有极长一段时间处于封建社会阶段，其稳步发展和不断延续的立国根基，就是以儒学为中心的礼教传统，礼教传统为中国社会一切活动、行为规范了极为明确的制度，包括人伦关系、明辨是非的标准，社会道德仁义的规范等。

在中国社会漫长的发展过程中，礼教传统成了上到帝王下至平民最重要的规范制度，所有乡村聚落、帝王将相都是贯彻执行这种礼教传统的基本单元，也成了中国传统社会礼制统治的基础。

从传统乡村聚落来看，组成村落的家庭想要生存、延续、兴盛，不仅需要物质生活基础，即需要土地来实现农业的发展，而且需要能够增强家庭的凝聚力、维护家庭秩序、引导家庭个人努力向上，礼教传统思想作为最重要的规范，自然就成了维持家庭、家族、宗族的精神支柱和道德标准。

中国的礼教传统思想，涉及人作为社会一分子，精神和行为所需要遵循的各种要求和规则，如首重孝，即尊重、孝敬长辈，这种精神还表现在各种行为和活动中，包括祭祖、重纲常、敬公婆、亲师友、睦邻里、训子孙、严治家等各个方面，从而成了家庭组建过程中最重要的伦理基础，是家庭延续、发展的重要精神支柱和行为规则。

中国的礼教传统，对民众的社会行为产生了极大的影响，它要求每个人都严格遵守对应的道德限制和社会规范，这也就成了传统乡村聚落精神空间的基础，维系了传统乡村聚落的稳定，也是村落得以延续、发展、壮大的重要基础。

第二章　传统乡村聚落的空间发展演进

第一节　传统乡村聚落形态的发展

要了解中国传统乡村聚落形态的发展，就需要从了解聚落形态的内涵出发，再从传统乡村聚落形态发展的两个表现层面进行分析，一个是其形态发展的空间过程，另一个是其形态发展的社会过程。

一、聚落形态的内涵

形态指的是事物存在的样貌或一定条件下的表现形式，聚落形态就是各种聚居群体在空间上的形态特征和其多重内涵。

（一）聚落形态的构成要素

聚落形态不仅呈现在物质空间所表现的状态，而且蕴含着多重内涵，包括行为方式、文化观念、制度政策等影响因素，其主要的构成要素包括三个方面，分别是聚居生活方式、聚落空间特征、社会结构特征。

聚居生活方式主要是以人为主体，并且会随着社会、经济、时代的发展和变化，在一定时期内人们会形成一定的行为活动方式，其中包括人们的生产方式和生活方式，其主要会受到生产力、生产技术、经济水平、文化理念、价值观念的影响。

聚落空间特征则指的是能够被看到的物质形态的表现形式，包括聚落的外部形态、内部形态、建筑形态、分布形态等，其一方面会受到自然条件的影响和限制，另一方面则受到聚居生活方式的潜在影响。

社会结构特征则隐含在上述两者之间，是人类聚居活动形成和发展过程之中，所形成的社会秩序和对应的组织形式，主要包括社会状况、经济状况、技术水平、文化底蕴等。会潜移默化间对聚居生活方式，以及聚落空间特征产生影响。

聚居生活方式需要借助聚落空间予以承载，生活在聚落之中的人所在的空间场所是纯粹的物质空间，但同时这个物质空间的外在表现形式，还会受到聚居生活方式，以及社会、经济、技术条件的影响，最终在三者相互融合、影响下，建构起了聚落形态的丰富内涵。

（二）乡村聚落形态的整体结构

结构是一种通过强化事物间的联系，为认识事物本身提供方法的形式化体系，具有整体性、转换性和自身调节性三种特征。乡村聚落形态的整体结构可以理解为，乡村聚落内在形态的相对稳定性，以及外在形态的丰富变化性，外在形态的丰富变化性就是乡村聚落内在形态与外界各种因素形成的富含各种变化的整体关系。

乡村聚落的内在形态存在极为丰富的规律性联系，从而让乡村聚落形态的各要素形成了一个极为生动的整体，同时乡村聚落内在形态与外界因素之间也有极大联系，并会随着外界因素的影响而产生变化，因此从乡村聚落内在形态和外在形态所组成的整体结构来看，其本身就极富变化，且这种变化是一个连续的过程。

乡村聚落形态的整体结构中最具代表性的就是城乡关系，城镇聚落和乡村聚落之间在不同的时代和社会背景下，一直在进行着物质、人员、信息交换，这种交换行为的存在就使得空间上分离的城乡成了具有一定结构联系和功能联系的整体。而且城乡结构内部还存在多层结构关系，包括土地使用、交通、物质、设施等构成的显性结构，以及经济、社会、环境、文化等构成的隐性结构。

随着社会的快速发展，乡村聚落内在形态开始逐渐延伸并影响到外在形态，如在一定区域之内，城镇聚落和乡村聚落构成了一个地域整体，引发这种地域整体式聚落形态变化的联系，包括七种类型，一是各种物质联系，如公路铁路、水路、生态联系；二是各种经济联系，如原材料、半成品、成品、市场形制、行业结构、消费习惯、资金流动；三是人口联系，如人口迁徙、通勤；四是政治组织联系，如管理体制、行政区间交易、权力范围联系；五是各种技术联系，如通信、灌溉、技术依赖、技术支撑；六是各种服务联系，主要是各类第三产业，如医疗、教育、信息、金融、能源等服务形式的联系；七是社会作用联系，如旅游、访问、交流、合作等联系。

（三）城乡聚落形态的空间层次

聚落形态的空间层次，通常会按照地理尺度进行划分，从个人、居所、房屋、邻里、街区、村落和城镇、城市、区域、国土，乃至跨越国界。也可以理解为随着地理尺度的增大，空间层次逐渐变大。

聚落形态的空间层次通常被运用于发展规划工作之中，在实际的规划工作中，上述空间层次会被分解之后，应用于各种规划工作，如房屋设计、建筑设计、社区设计、村镇规划设计、城市规划设计、区域规划设计、国土规划设计。

中国城乡聚落形态规划工作，则会落实到村镇等级规模、村镇职能类型、地域空间结构、村落联系、城乡网络等方面。在城乡联系较弱的地区，可以将乡村聚落看作不同用地性质、不同结构关系所组成的面，在分析城镇聚落时则可以将对应区域内的乡村聚落看作点，区域之内的各个乡村聚落点最终形成了一定的网络结构；而在城乡联系紧密的地区，这种空间分层形式则拥有较大弊端，只能将城乡看作整体，作为同一个空间层次的聚落形态来进行研究和认识。

聚落形态的发展不仅是一个空间变化的过程，还是一个社会发展变化的过程，空间变化过程拥有较强的连续性，而社会发展变化的过程则具有极强的变革性，两者结合就推动了城镇聚落和乡村聚落形态的分化、整合。因此要分析传统乡村聚落形态的发展，就需要从空间过程和社会过程两个角度进行分析，其形态的发展演化离不开空间过程的基础，也受到社会过程的变革因素影响和推动，两个因素交织下形成了聚落形态的完整演化过程。

二、传统乡村聚落形态发展的空间过程

传统乡村聚落形态的发展，在空间方面呈现出土地利用关系与聚落结构网络重合的特征，土地利用关系主要包括农田、交通、居所等物质系统和对应的人口分布、流动、物质运输等动态系统方面；聚落结构网络则主要包括村落和城镇所组成的人民聚居网络格局方面。具体而言，传统乡村聚落形态发展的空间过程，可以从乡村形态发展、城镇形态发展、城乡联系三个角度着手分析。

（一）乡村形态的发展

乡村是人类发展过程中最早出现的聚落单位，其本身就是承载农耕时代人类生活的重要空间，所以空间形态的演化过程，和农业文明的发展轨迹息息相关，主要可以分为以下四个发展阶段。

第一个发展阶段，是人类发展历史中的采集狩猎阶段，此阶段农业尚未得到发展，人类的生活方式也极为简单，主要依靠采集天然食物、捕鱼、打猎为生，因为没有农业生产所以无法影响粮食生产的过程，所以当时人类的生活生存完全受到天然生态系统内在规律的支配，人类生产力极为低下，主要通过利用自然、适应自然来维系生存和延续发展。

而且当时的阶段处于人类发展的旧石器时代，工具简陋、生产手段极为单一，为了能够维持最低的粮食消费水平，人类群体就不得不以少数人聚集，依托分散、流动的方式来维系发展，所以并未形成村落这种定居点，完全处

在靠天吃天的阶段。

第二个发展阶段，是人类第一次社会大分工之后的原始农业阶段，当时人类处在新石器时代早期，工具的改造和发展，经验的积累和不断地尝试，人类开始学习开发农业资源，并逐渐利用农业技术发展原始农业。

虽然该阶段人类的生产技术和生产手段依旧非常落后，生产力也较为低下，但毕竟已经摆脱了依靠天然食物的时期，借助原始农业，人类开始成为食物生产者，并逐渐获得了相对稳定的食物来源，最终促使原始农业和原始畜牧业分离，使得人类开始以食物生产者的身份生存，也推动着人们开始安定下来。

伴随原始农业的发展，早期群居聚落开始形成，由于原始农业技术和生产力均极为脆弱，所以原始聚落以氏族公社模式存在，每个氏族公社都划分一块领地，其中区分耕种土地、居住用地、林地、草地等，原始宗教也开始出现。

此阶段形成的原始聚落，中心通常是食物存放处和宗教仪式空间，周围则是半洞穴式住宅，结构简单且凝聚力强，能够满足人类抵御野兽侵略的基本要求，同时也能够维系聚落人口生活的基本所需，但承载人口数并不多。

第三个发展阶段，是传统农业阶段，此阶段人类农业技术得到了进一步提升，耕作制度、耕作技术都在不断改进，尤其是铁质农具的发明和广泛使用，使土地生产力得到了快速提高，每单位土地的产量跃升，从而实现了以家庭为单位的农业生产。

家庭职能形成之后，以原始聚落为基础的原始经济形式开始被以家庭为基础的私有经济形式取代，传统乡村聚落也逐渐演变为由正方形单元簇集而成的村庄，既适合村庄规模的不断扩大，也有助于家庭凝聚力的提高。此阶段人类生产能力依旧有限，处于农业、传统手工业结合的自给自足式自然经济期，因为单位土地供养力有限，且农业耕作范围有所限制，所以村落规模不大，且分布较为分散，以男耕女织为主要生活模式。

第四个发展阶段，是工业化阶段，18 世纪 60 年代人类第一次工业革命爆发，机器开始推广，以其远高于人力的生产能力，彻底改变了农业社会以来人类的生产方式和生活方式。

中国在当时处于清朝统治阶段，奉行的是闭关锁国政策，这一举措也使中国错过了第一次工业革命。到 1840 年，英国作为最早开始工业革命的国家，最早结束了工业革命，并对中国发动了一场非正义侵略战争——鸦片战争，该战争成为中国近代屈辱史的开端，同样也揭开了近代中国人民反抗外来侵略的新篇章。

1949 年中华人民共和国成立，开始着力修补和恢复满目疮痍的故土，直到 1978 年改革开放政策实施，中国才真正意义上开始借助工业化的力量。

工业化发展，使得大型机械生产取代了小型手工生产，相比农业生产，工业生产复杂又高效，从生产环节就需要分工合作、协调共进，个人与家庭根本无法实现工业生产。工业生产有两个集中度体现，一个是部门内部集中度，即生产规模非常大，范围非常广；另一个是部门之间的集中度，即工业生产需要整体集中，要求拥有相对集中的密闭空间才能进行更好的分工合作。工业生产的这个要求就需要拥有一定人口集散基础的城市才可以有效承担这份职能，所以工业生产也推动着完全不同于农业阶段的社会结构、社会制度、社会价值观、生活方式的出现，这种新的社会体系就是城市化基本过程。工业化和城市化相携共存，相互推动。

虽然中国的工业化进程起步极晚，甚至因为当年闭关锁国、常年战乱错过了第一次工业革命乃至第二次工业革命，但自改革开放以来，中国以每十年一次飞跃的速度，一路追赶，用短短四十年时间就走过了欧美用时二百五十年的工业革命路程，并成为第四次工业革命的头部国家之一。

最具标志性的事件，就是 1978 年到 1995 年间，中国大力发展乡镇企业，完成了以纺织业为代表的轻工业蜕变，快速度过了第一次工业革命。

对应来看，工业化开始的同时，乡村聚落也面临着极大的发展压力，土地紧张、人口膨胀、传统农业生产已近极限，这使得农村劳动力出现了大量剩余，同时工业化的渗透，也使农业生产技术开始向工业生产模式改变，从而使得农村劳动力必须从农业脱离，转而向工业领域发展，工业市场推动着乡村开始被整合到一个以市场为纽带的经济系统之中，传统农业阶段行之有效的资源管理机制不再奏效，传统乡村聚落的封闭式藩篱开始被打开，传统乡村聚落也不得不在社会发展和时代需求的推动下，向农业现代化发展模式转型。

（二）城镇形态的发展

城镇聚落，在本书中归属为乡村聚落的一类形式，其产生远远滞后于乡村聚落，属于社会生产力发展到一定程度之后的自发产物，普遍认为是在人类第二次社会大分工之后，随着传统手工业和农业分离，劳动生产率得以大幅提升，人们开始拥有更多产品剩余，从而原本就已存在的固定交换场所集市，逐渐蜕变为手工业与商业集中之所，最终发展成为以商业活动为主的城镇聚落。

城镇聚落的早期发展，多数是依据自身条件逐步形成的，受到国家政权的影响较小，通常是因为自然环境极佳，从而促成了人口集中形成城镇，或者是处于某一地域范围的地理中心，交通便利且极为重要，最终成为区域性交易中心，构建为城镇。

因为城镇聚落主要是商业活动促成，因此更多受到以自然经济为特征的农业经济的影响，聚集的主要生产单位是家庭手工作坊，贸易、商业等具有小型化、分散化特征，并未有详细分工，空间形态方面也呈现出功能混杂特性，空间形态要素的乡村性非常明显。

如城镇聚落同样有农业用地规划，保留有一定数量的农田，即使非农业人员也依旧是家庭为主，所以建筑用地以田园、庭园类规划为主，呈现出前屋后院的特征；城镇聚落主要是以作坊式生产为主，以家庭或家族为单位，所以其建筑多数为混杂而建，并无功能化细分；城镇聚落同样是以乡村聚落的平面化布局为主，建筑排列错落有致，颇具田园色彩；城镇聚落也沿袭了乡村聚落颇为同质化的建筑规划特性，即使商业活动范围不同，其建筑风格、布局也颇为类似。

整体而言在未受工业化进程影响时，城镇聚落的空间形态与乡村聚落类似，功能布局单调且混杂，功能协调性差易出现相互干扰，且与周边生产环境的融合度低，生产以作坊为主所以效率较低，无法形成集约化生产，同时整体布局分散，空间利用率较低。

随着工业化进程的推进，城镇经济成为主体带动因素，其经济辐射性使其成为某个地域的经济中心，并且成了联系该区域内乡村聚落和大中城市的桥梁，受到工业化的影响，其经济活动开始呈现出一定的专业化、组织化、集约化特征，因此其空间形态要素也出现了新的变化，乡村性开始消失，并出现了与城市聚落空间形态要素趋同的特征。

在工业化进程影响下，城镇聚落也开始出现功能性分区，不同方向的商品生产会居于不同区域，甚至会围绕工业化加工中心呈辐射状进行布局；另外，城镇聚落的生产区域、居住区域、娱乐区域等也开始逐渐分化，慢慢与城市聚落的空间布局趋同。

整体而言在工业化进程推动下，城镇聚落的空间形态开始向城市聚落趋同，并与乡村聚落产生明显差别，包括组团凝聚、联系紧密，功能区域分支明显，各个功能之间不会相互干扰，交通便利且集约化强，生产效率高，同时与外界生产环境融合度较高，对空间和自然资源的利用率也较高。

（三）城乡之间的联系

城镇聚落的出现，是人类居住环境的一次分化发展，呈现出与乡村聚落不同的空间形态特征，但毕竟城镇聚落是因为乡村聚落的商品剩余、交易活动频率增加之后的产物，所以城镇聚落和乡村聚落自然存在了千丝万缕的联系，这种联系就成了城乡物质形态变化的动态因子和隐性关系。

城乡之间的联系，是以工业化进程为主要分界线，工业化之前城乡之间的联系紧密，功能有所分化，而工业化开始之后城乡之间的联系开始变弱，分化更加严重，最终使两者成了完全不同的聚居形态。具体内容如图 2-1 所示。

1. 工业化之前城乡初步分化

城镇聚落在形成之初，就因为其商业主体特性，表现出与乡村聚落明显不同的功能分化，但是其脱胎于乡村聚落，所以彼此之间依存性极强，尤其是城镇聚落对乡村聚落的依赖更大，城乡之间的联系和分化，主要表现在以下几个方面。

经济联系密切。城镇聚落的发展，是以农业发展为基础，此阶段乡村聚落的自然经济体系占据主导地位，传统手工业者同时也会从事农业生产，手工业和农业的关系极为密切。虽然城镇是以商业活动为根基发展成型，是市场贸易的流通中心，但其多数贸易对象，依旧是乡村聚落的农民生产的各种手工艺品、农产品等，城镇聚落的经济活动完全依赖于乡村聚落，经济格局是城镇聚落经济为辅助，乡村聚落经济为主体和中心。

政治联系密切。城镇聚落虽然是以经济职能为主，但相对而言是服务于乡村聚落。而传统社会的统治中心城市聚落，虽然兼具政治职能和经济职能，但经济职能多数是满足城市的自我消费和自我服务，经济意义并不完善，当城镇聚落出现后，统治者为了能够更好地完成对乡村聚落的管理，就必须通过政治手段建立更多等级、规模不同的城镇聚落，逐步渗透到分布广泛的乡村聚落，行使对应的管理职能和税收职能，一方面能够为国家创收，另一方面也能够实现更好的监督管理，因此传统社会的城镇聚落虽然是以经济职能为主，但潜移默化也在发挥政治职能，且实现的是统治者对乡村的政治管理。

产业联系密切。传统社会背景下，城镇聚落和乡村聚落之间的产业分化并不明显，甚至彼此拥有非常密切的关联，主要表现在两个方面。一个方面是城乡的产业并未出现明确分工，城镇也会留有一定数量农田方便耕种，也能够有效增加城镇的自给功能，所以在城镇中必然有农业生产者居住且从事

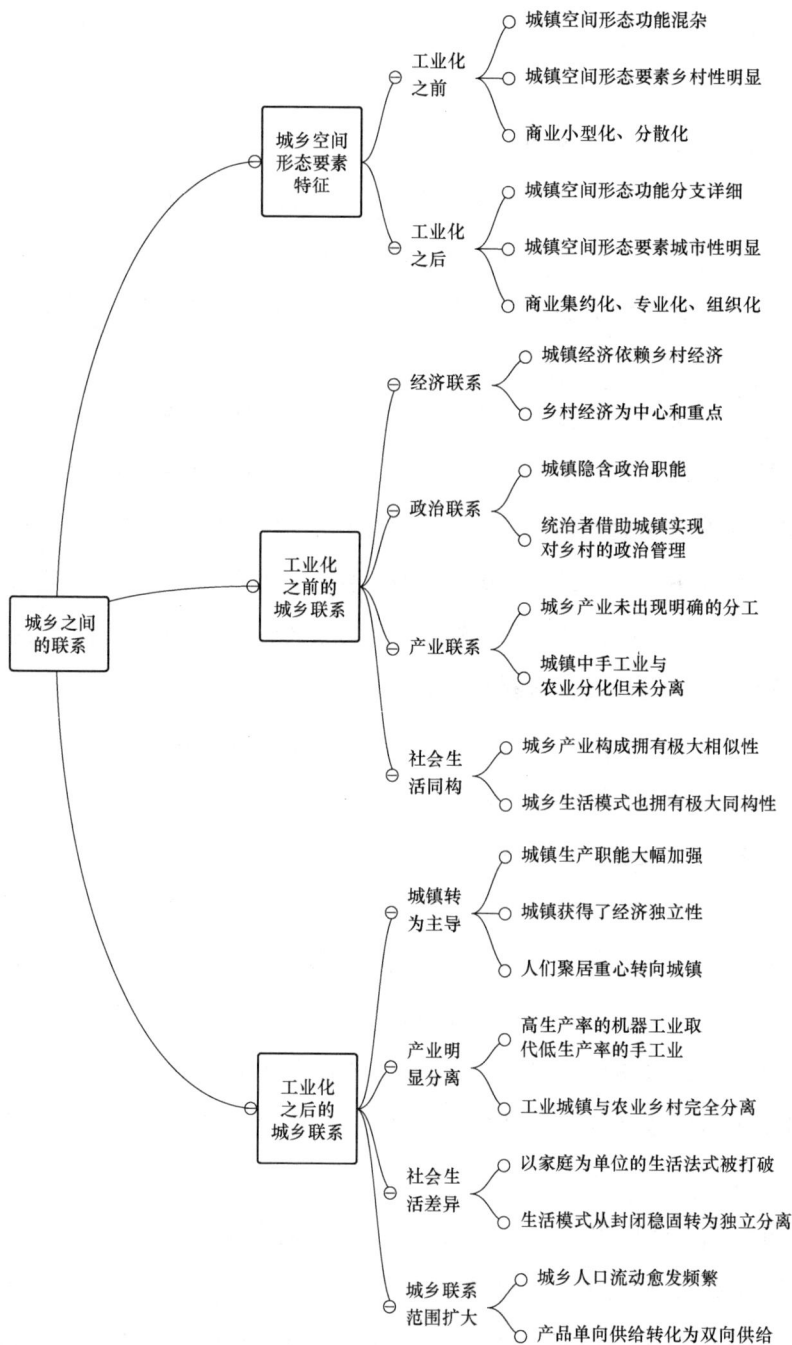

图 2-1　城乡之间的联系

农业生产；另一个方面则是城镇之中的手工业和农业虽有分化但并未完全分离，这种现象是随着农业技术和生产力不断提升后，农业生产过剩，一部分人能够从农业生产中脱身从事手工业，但手工业和农业关系依旧非常密切，即使手工业逐渐分化为家庭手工业和工场手工业，其与农业的关系依旧紧密，两者之间并未形成真正的空间隔离。

城乡拥有社会生活同构特征。城镇聚落可以说是乡村聚落出现商品剩余、交易活动不断增加后的产物，两者产业构成的相似性，决定了城镇聚落的生活本身就是乡村聚落生活的延伸，聚集在城镇聚落的人员多数是从乡村聚落脱离的人，因此城镇和乡村的生活有极大的相似性，包括人际关系、价值取向、生活习惯、交往模式都拥有较强的同构性特征。这种城乡社会生活的同构特征，稳定了乡村聚落的封闭化格局，城乡之间呈现出产品单向供给的经济发展模式。

2. 工业化之后城乡联系变革

工业化进程极大提升了人类的生产力，同时也促使着城镇的功能产生了巨大变革，这种变革彻底改变了城乡之间的关系，也推动着城镇聚落和乡村聚落开始成为两种截然不同的聚居形态，这种城乡联系的变革主要体现在以下四个层面。

第一，城镇聚落开始成为经济主导。随着工业化进程的不断推进，城镇聚落的生产职能得到了极大加强，其日益强大的经济功能，推动着城镇聚落开始逐渐摆脱农业生产的传统掣肘，从而获得了经济独立性。

城镇聚落生产力的提高，推动着其财富创造、经济管理、规模结构等各个方面得到了快速发展，从而在经济、政治等社会生活方面占据了主导和支配地位，最终成为社会经济生活的又一个重心，人们的聚居重心也开始从乡村聚落转向城镇，其不再是某些人的消费场所，而是成了聚居的主要承载体，而且随着交通技术、道桥技术的快速发展，城镇聚落也开始转型为现代城市，规模庞大且经济繁荣。

第二，城乡产业开始明显分离。工业化进程的快速推动，使得各种产业开始在空间、结构等各方面明显分离，尤其是工业化生产模式的完善，机器工业的劳动生产率越来越高，从而逐渐取代了生产率极低的传统手工业，成为最主要的经济活动。

这种发展背景下，依托乡村聚落的传统手工业开始衰落，工业和农业成为两个主体产业并完全分离，原本依托乡村自然经济的城镇经济体系被瓦解，并被工业化经济取代，城乡之间的社会分工开始扩大，最终形成了工业为主的城镇与农业为主的乡村完全分离的新分工格局。

第三，工业化进程不仅推动着城镇聚落的产业出现空间转换，而且城镇聚落居民的社会生活方式也开始出现巨大变化，工业化快捷高效的运作方式和生产模式，打破了原本相对封闭、稳固的以家庭为单位的农业化生活方式，开始出现更具现代化特征的现代生活方式。

生活方式的改变，使得原本集中于家庭内部的生活活动，开始向家庭外部蔓延，以服务为主旨的第三产业开始出现，娱乐活动、医疗活动、购物活动、教育活动等都开始成为社会化的服务产业，这种细分式产业的发展也使原本生活活动空间高度统一和融合的传统生活模式出现了独立和分离，呈现出多样化的发展态势。

第四，城乡之间的联系范围开始扩大。虽然城镇聚落在工业化进程的推动下，产业出现分离、生活方式也出现了巨大改变，但是城乡之间的联系却并未中断，而是呈现出联系范围更加广阔的特征。

主要体现在城镇就业机会、生活质量提高，城乡之间的人口流动也越来越频繁，传统农业社会安土重迁观念逐渐被打破，同时交通设施的快速完善和发展，使得乡村人口开始快速向城镇流动；同时城乡之间的贸易活动范围也越来越广阔，乡村聚落的各种农牧产品在流向城镇的同时，城镇所生产的各种工业产品也开始流向乡村，原本由乡村单向供给城镇的经济活动形式，开始被双向对流的经济活动取代，从而推动了城镇聚落和乡村聚落的相携共进发展。

三、传统乡村聚落形态发展的社会过程

传统乡村聚落的发展，缘起于人类生产力的提升和生存所需，组成聚落形态的空间要素的发展也有很明显的规律，但其形态发展的本质，其实是自然条件结构、社会文化结构、经济技术结构、政治政策结构等在历史发展过程之中对乡村聚落不断造成影响，在这些内容的交织作用下最终的形态变化呈现，这就是传统乡村聚落形态发展的社会过程，如图 2-2 所示。

（一）自然条件结构

人类是依托大自然条件生存和延续的种族，在发展过程中必然需要依托大自然环境、地域、气候等，来寻找适合自身生活和工作的场所，可以说人类文明社会的各项内容，包括经济活动、政治活动、娱乐活动等都是与大自然结合之后产生，并得以发展和完善。

传统乡村聚落的形态发展过程，其实就涵盖了人类适应自然、利用自然、改造自然的整个过程，传统乡村聚落的空间特性体现得极为明显，受到了大自然条件不同因素的影响，包括地形地貌、气候、水文和资源。传统乡村聚落不仅在空间形态方面需要和自然进行融合、衔接，同时聚落之中的各种形态其实都是与自然进行的能量交换过程，在不同的乡村聚落形态发展阶段也对应着不同的彼此关系。

在原始聚落，以及农业社会阶段，人类的生产力水平比较低下，人类自身的技术水平也很差，人类与自然环境、自然生态、自然条件的关系，完全处在从属状态，人类受到自然的极大制约，只能接受自然的摆布，在这样的背景下，人类的各种生产活动和生活活动，都需要以自然条件为基础，即适应自然并寻找利用自然的路径。

此阶段人类的生产和生活，主要是挖掘和利用生物能源，包括探索自然气候资源的特征，通过顺应自然气候实现对土地资源的利用；还包括对植物

能源的探索和利用，以及对各种畜力能源的利用和挖掘等。这种自然条件下使得早期人类的聚落需要顺应自然地形、地貌、气候、地理环境等进行构建和完善。

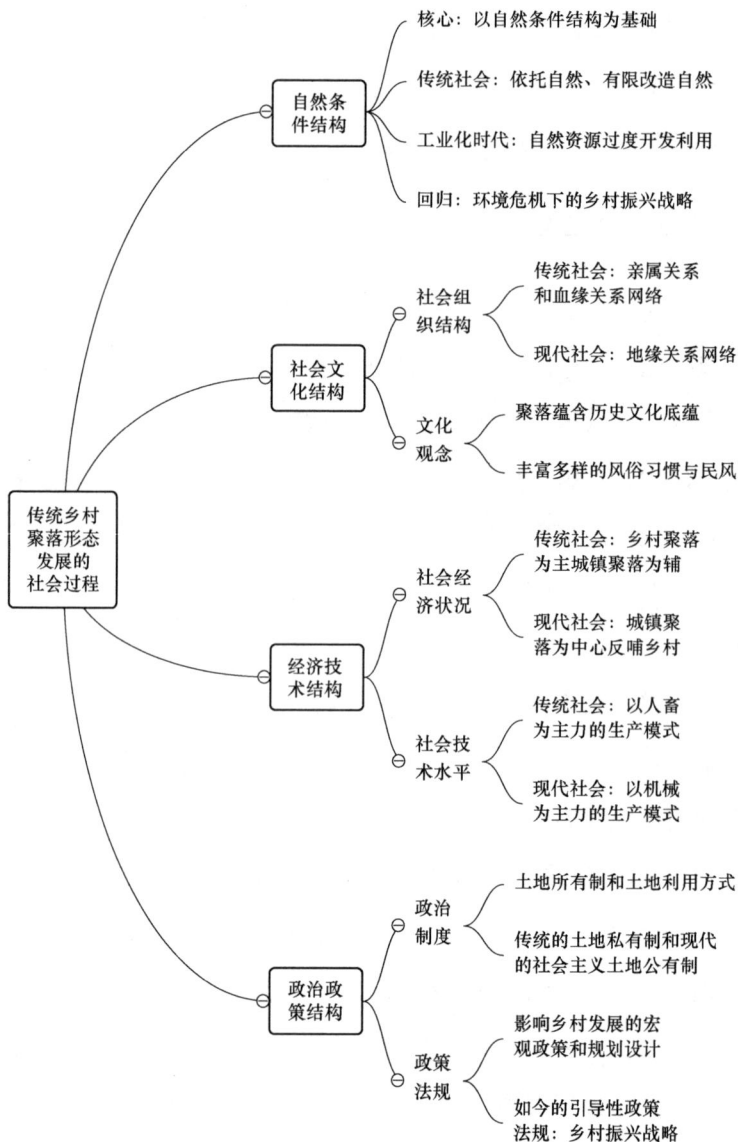

图 2-2　传统乡村聚落形态发展的社会过程

即使进入传统农业社会，虽然农业技术拥有了极大改进，生产力得到了大幅提升，人类初步拥有了改造自然的能力，但是从地球自然条件结构来看，人类的需求依旧需要依托自然，人类必须与自然和谐相处，顺应自然的同时最大化挖掘自然，才能够获得更多的生存资源和更好的生活条件。所以处于传统农业社会的人类，乡村聚落依旧是以自然条件结构为核心进行发展和建构完善。

进入工业化时代，科技的进步极大提高了人类对自然的干预能力，人类各项活动的强度开始不断提高，新的技术促使人类社会、经济、文化都产生了巨大的变化，这些因素综合影响下，使人类与自然的关系悄然变化，人类社会迅速塑造了新的适应自然、协调自然、改造自然的系统架构，这一度让人类认为可以驾驭自然。

如科技的快速发展，推动了经济的快速提升，自然能源的消耗和挖掘也开始大幅增加，人口快速飙升、对能源需求提高，使得传统能源结构发生改变。人类社会在工业化进程影响下，开始对煤炭、石油、天然气等不可再生能源进行最大限度的挖掘和消耗，乡村聚落也开始以人工营造环境为主，而不是完全顺应自然条件结构，但这种模式完全是以消耗巨大自然资源为基础，虽然人类的生活水平得到显著提高，但是自然资源的过度开发和消耗，也使人类与自然的矛盾被激化，仿佛人类已经能够在技术的支撑下成为自然生态的主宰。

随着工业化不断推进和发展，人口增长、土地资源匮乏、环境污染、生活环境恶化等一系列问题开始出现，这一系列问题对人类的生存、延续构成了巨大威胁，这时人类才真正认识到作为自然界的一分子，即使拥有极高的技术手段，也无法真正成为自然的主宰，而是需要与自然相携共存，在这样的发展态势之下，人类开始进入自然环境意识觉醒并回归的阶段。

当代乡村聚落已经不再追求凌驾于自然条件结构之上，而是开始回归以自然条件结构为基础，打造适合人类生存和发展，同时又不会对自然条件结构产生巨大影响和破坏的过程中。这一回归自然的意识，最具代表性的就是乡村振兴战略的提出和实施。

（二）社会文化结构

社会文化所蕴含的因素极为丰富，如社会阶层、风俗习惯、宗教信仰、家庭结构、价值观念和审美观念，社会文化结构中对乡村聚落形态发展影响最大的内容，可以概括为两方面，一方面是社会组织结构，另一方面则是文化观念。

社会组织结构是构建和支撑稳定人类社会的根本，其中最关键的因素就是社会关系，不同的社会关系会形成不同的社会生活模式，而乡村聚落的形态发展过程，就是社会生活模式最直观的外在体现。

中国的乡村聚落形态受到数千年宗法制度影响，形成了一个极为复杂的社会关系网络，即基于亲属关系和血缘关系所形成的家庭和氏族网络，这些网络就成了乡村聚落形态的基本单位。

在传统农业社会时代，社会关系一直是上述的网络形式，所以数千年来中国的乡村聚落形态并未出现颠覆性的改变。然而进入工业化时代，高效率的工业生产、普遍的城市化趋势、商品经济模式等，都引发了整个社会关系出现了重大变化，原本的亲属关系和血缘关系被地缘关系逐渐取代，人与人、家庭与家庭之间的关系，开始建立于地缘靠近后的相互了解，以及对社交距离的感知、相似个人经历与感悟等，最终形成了全新的社会关系，人们的聚居形式发生了根本性改变，开始形成新的社会群体。

这种社会组织结构的巨大变动，也使中国乡村聚落形态发生了巨大改变，越来越多的人离开村落，并聚集到附近的城镇或城市之中。

文化观念是广泛存在于人类社会各个领域（如经济领域、生活领域、政治领域、娱乐领域、消费领域）、各个层面（如社会制度、社会规范、社会道德、社会行为）的内容，并依托人类的教育得以代代传承。

文化观念会对个体行为、群体行为产生一定的约束性和规范性，其对传统乡村聚落形态的影响，主要表现在以下几个层面。

第一，文化观念会在聚落群体内部外显为一种约束，尤其会表现为聚居群体与自然环境间的生存性约束，如避免破坏环境、尊重自然、有度挖掘自然资源等。

第二，文化观念会在特定的时间阶段成为稳定化存在，但在社会发展推动下也会不断发生改变。如沿袭和传承数千年的中华优秀传统文化，在数千年的时间内一直稳定存在并影响着千千万万国人，同时在这数千年间，中华优秀传统文化也在不断汲取各种文化精髓完善自身，呈现出很强的变化性。

第三，文化观念在规则层面拥有强调群体公约性特征，这种特征最鲜明的表现就是道德情操和风俗习惯，如一些村落一直承袭祭祖、尊老等优秀传统，这种优秀传统就能够在村落中有效规范群体，能够促使村落中的群体自觉传承。

第四，文化观念能够潜移默化影响个体，通过个体的内化和自身经历认知相结合，最终形成具有个性化特征的价值观念。

中国传统乡村聚落中的聚居群体，会在传承和发展过程中形成独具特色的村落文化传统，这种文化传统会对聚落形态的发展产生深刻影响，并逐渐形成聚落空间的文化特色。聚落空间的文化特色主要表现在两个方面，一个是空间物质形态、空间布局形态，都积淀、延续和蕴含着整个聚落的历史文化和底蕴；另一个是会随着聚落群体整体观念、社会文化的变迁而得到发展和完善。当聚落空间的文化特色形成之后，就会潜移默化影响着生活在聚落空间中群体的行为规范、文化价值观念等，从而外显为各种各样的风俗习惯和民风。

（三）经济技术结构

经济技术结构对传统乡村聚落形态的发展影响也极为巨大，尤其是在工业化进程之后，影响其形态发展的因素主要来自两个方面。

一方面是社会经济状况，社会经济的发展，代表的是生产关系、生产力的发展，涉及的内容包括产业结构、生产方式、经济制度、商品流通等各个层面，这些内容都会对乡村聚落的形态产生影响。

传统农业社会手工业和农业尚未分离时，生产力较低，生产关系也较为单一，村落中的居民为了维系生活所需，就需要将生产重心倾注在农业生产方面，这种经济状况就决定了传统乡村聚落以农业生产为核心的产业结构，生产方式则是以家庭为单位的自主耕种，商品流通和经济制度也会以农产品为主体。这种经济状况就决定了传统乡村聚落择田而聚的特征，以及以家庭独立院落为单位的布局。

当手工业和农业正式分离之后，社会经济状况在资源愈发丰富的基础上得到改良，乡村聚落中的生产关系也开始逐渐发生变化，一些开始脱离农业专职于手工业，以商业活动为核心的城镇聚落也开始形成和发展，但农业依旧极为重要和关键，所以形成了城镇依托村落的聚落发展模式。

进入工业化时代，人类生产力得到极大开发和提高，机械化生产、工业产品等开始快速推动社会经济发展，社会经济状况得到极大改善，这样的背景之下，就形成了农业和工业并重发展的态势。城镇聚落不再是乡村聚落的补充，而是彼此独立发展，村落居民也不再将生产重心完全放在农业，而是借助生产力的提高，在完成农业生产的基础上进入工业产业，城镇和乡村开始形成双向经济流通。城镇聚落和乡村聚落之间的关系也在悄然发生变化，虽然城镇聚落依旧处在多个乡村聚落的中心地带，但是其地位开始从原有的依托、附属于乡村聚落，转变为交通便利、多个乡村聚落环绕的经济重心，更多的乡村聚落居民开始脱离村落定居到城镇之中。

另一方面是社会技术水平，技术的进步是整个社会快速发展的根本动因，这里的社会技术涵盖范围极广，包括生产工具加工技术、生产技术、运输技术、通信技术、建筑技术等各个方面。

随着工业化进程的快速推进，层出不穷的新技术不断被开发和应用，从而改变了人们的生产能力，以及对技术的态度和观念，有效拓展了人类活动的范围，改变了人类生产方式和生活方式。如生产工具加工技术和生产技术影响了人类的农业生产、工业生产效率；如运输技术、通信技术则直接影响了乡村聚落、城镇聚落和城市聚落的具体空间形态；如建筑技术则直接改变了人类定居空间的结构、界面、规模、组成和布局。

而且在社会技术水平不断攀升的过程中，乡村聚落和城镇聚落与城市聚落的形态差异也在无形中不断缩小，形成了各司其职、功能细化分支的聚居形态变化。

（四）政治政策结构

政治政策结构对传统乡村聚落形态发展所产生的影响，主要体现在政治制度和政策法规两个层面。

政治制度就是一种由国家政治层面所制定的办事规程与行为准则，以便规范人们的行为。也可以理解为是一种从国家宏观层面，为推动整个国家的发展而形成的制度，有效的制度能够促进各种资源的最佳配置和使用，从而通过恰当的激励机制激发人的潜能，推动整个国家和社会的整体发展。

从人类的聚居角度来看，政治制度促进资源配置和使用的关键就是土地分配制度和管理制度，土地利用方式、土地所有制形式，会广泛影响乡村聚落形态的发展和变化。

在传统农业社会阶段，中国作为农业社会，整个国家的经济主体就是农业，土地资源自然就成了决定村落居民生活水平和生活方式的重点。中国古代统治者为了推动农业经济的发展，多数会以土地分配制度的建立、调整和完善，来推动乡村聚落的规模形成和改变，如战国末期土地私有制开始出现，这种新的土地制度结构充分调动了生产者的积极性，使整个社会的经济得到了快速发展，对应而来的是传统农业技术体系的快速发展，这也为传统乡村聚落的广泛成型奠定了坚实的基础。

中华人民共和国成立之后，中国实施的土地制度是以社会主义土地公有制为基础和核心的土地制度，成为满足中国十数亿人口粮食需求的坚实后盾。改革开放之后，中国社会、经济得到快速发展，为了实现和坚持以我为主、立足国内、确保产能、适度进口、科技支撑的国家粮食安全战略，2013

年中央农村工作会议指出要将粮食安全作为底线，坚守 18 亿亩耕地红线。这一政治制度不仅是国家发展过程中的重要举措，同时也是维系中国村落耕地数量的重要基础，对村落的形态发展影响至深。

政策法规指的是国家层面为了影响乡村发展所作的各种宏观政策和规划设计的建设法规，其能够直接影响聚落空间的发展态势和聚落形态的发展。宏观政策作为政府对乡村发展的一种干预手段，通常用于指导乡村的发展方向。

不同时代、不同国家、不同地区都会有不同的建设法规，都会对一定时期内乡村聚落的发展起到结构性影响。中国历史上围绕营建活动都形成了一系列相关政策法规，如周法、秦制、营造法式等都是传统社会的建设法规。

改革开放以来，中国经济得到了快速发展，城市现代化进程得到了极大促进，为了引导乡村的发展，以及有效调控城乡关系和农业农村现代化发展的水平和方向，中国在进入 21 世纪之后形成了一系列引导性政策法规。

为了推进农业现代化，2010 年中国共产党第十七届中央委员会第五次全体会议通过了《中共中央关于制定国民经济和社会发展第十二个五年规划的建议》，其中提出，要在工业化、城镇化深入发展之中，同步推进农业现代化发展。

2015 年中共十八届五中全会通过了《中共中央关于制定国民经济和社会发展第十三个五年规划的建议》，其中提出，农业是全面建成小康社会、实现现代化的基础。要加快转变农业发展方式，发展多种形式适度规模经营，发挥其在现代农业建设中的引领作用，并着力构建现代农业产业体系、生产体系、经营体系，实施藏粮于地、藏粮于技战略，推动粮经饲统筹、农林牧渔结合、种养加一体、一二三产业融合发展，走产出高效、产品安全、资源节约、环境友好的农业现代化道路。

2017 年党的十九大报告中再次明确提出，要坚持新发展理念，继续推动新型工业化、信息化、城镇化、农业现代化的同步发展。同时党的十九大报告中提出了"实施乡村振兴战略"的重大决策部署，旨在坚持农业农村优先发展，按照产业兴旺、生态宜居、乡风文明、治理有效、生活富裕的总要求，建立健全城乡融合发展体制机制和政策体系，加快推进农业农村现代化。

2020 年中共十九届五中全会通过了《中共中央关于制定国民经济和社会发展第十四个五年规划和二〇三五年远景目标的建议》，其中提出，要优先发展农业农村并全面推进乡村振兴战略，强化以工补农、以城带乡，推动形成工农互促、城乡互补、协调发展、共同繁荣的新型工农城乡关系，加快农业农村现代化的实现。

第二节　传统乡村聚落的类型及空间构成

传统乡村聚落的具体形态主要包括两个方面内容，一个是传统乡村聚落在平面上的形状组成，其组成了不同特点的传统乡村聚落类型；另一个是传统乡村聚落内部空间构成元素的布局特点，包括建筑形式与布局、街道连接与交叉、村落边界与对外交通等。不同的地域、不同的气候环境、不同的时代所形成的村落具体形态有极为明显的差别。

一、传统乡村聚落的类型

传统乡村聚落的聚居位置、分布情况和平面形状组成，受到不同区域的气候特性、资源特性、地形地貌特性等自然因素影响最为巨大，其中资源特性是决定村落分布区位的主要影响因素，从中国全域范围看，传统乡村聚落多数分布在各大江河流域附近的平原、河谷和丘陵之中，其次才是广袤草原和地貌多变的山地之中。

传统乡村聚落的平面布置方式，多数为自由式发展和布局，最终形成了传统乡村聚落的三种基本形态类型，分别是散列形村落、带形村落、团块形村落。

散列形村落属于传统乡村聚落最初始的平面布局形态，在平原和江河资源丰富的地区，开始有少数人或家庭发现某地适合定居。因为土地资源丰富，所以这些定居者会根据自己的喜好和感受，选择某处进行定居，没有聚居的规划，所以就会呈现出居所散列在某一个区域的布局特征。

这种村落平面布局显得非常松散，甚至两个居所间会隔离极远的距离，但随着时代的推移和需求的不断增加，对资源更加合理利用的直觉逐渐会促使散列形村落变得更加密集，土地使用的规划也会更加合理，并逐渐向另外两种村落发展和过渡。

而在丘陵地区或山较多的地区，因为地处丘陵或山区，受到地形地貌影响，整个村落的用地范围并不规则，中心不明确且街巷、道路系统也并不明显，但整体会围绕山丘、可用耕地农田，最终形成数个分散组团，组团之间可能相隔较远，形成了较为散列形的村落。受到地形地貌的影响，丘陵地区或山区这种散列形村落会成为主体，但也会随着时代的推移和发展，逐渐变得密集，空间运用也会更加合理，只是整体呈现的特征依旧较为松散。

丘陵或山区此类村落多数是由迁徙而来的多姓混居村落发展而来，或少数民族村寨发展而来，或受气候、地形地貌影响不得不如此发展。即使村落的平面布局呈现为散列形，但也会逐渐发展得更为立体化，即建筑会沿着坡道等的变化错落排列。如广东沿海低洼处受到气候影响，台风较为频繁且雨水较多，很容易出现地面积水不退的情况，所以乡村聚落会以小山丘为中心，环绕山丘在山丘坡上散列布局。

带形村落的整体平面布局，属于用地呈线状展开，之所以会形成这种布局类型，多数是因为受到地形地貌的限制，最普遍的就是受到江河流向延伸的限制，以及受到山谷边缘延伸的限制。如受到江河流向延伸限制的村落，整体布局会沿着水陆运输线延伸，而河道、沿河道形成的主街就会成为村落延展的依据和边界，最终就形成了带形村落。黄土高原受到黄河冲沟限制，很多村落就会沿着黄河冲沟、山谷边缘来延展，也会形成带形村落。江南江河水网地区，因为水陆分支行极多且不断交叉，所以村落也会沿着河岸修建，从而形成带形村落。西南山地较多，虽也有江河但河岸陡峭，所以可用的建筑用地很少，乡村聚落多数会沿着河流的岸边两侧呈一字延伸，属于带形村落中的一字村落。

团块形村落多数是由带形结构逐步发展、延展、丰富之后形成，属于大型传统乡村聚落的典型格局，通常团块形村落的整体布局呈长方形、正方形、圆形、扇形、多边形等，基本骨架为纵横相交的街巷，街巷通常比较平直且以直角相交，承担着村落内的主要交通，主次非常分明，街巷将村落划分为数个团块建筑区，而且团块形村落内部通常会有一个或数个点状中心，也许是水塘、也许是集市、也许是广场、也许是戏台等，通常其点状中心在以前是祭祀中心或食物存放地，或者是水源，整个村落的其他建筑围绕中心区域层层展开，逐步延伸扩散，最终形成了团块形村落。

带形村落和团块形村落，是平原地区、江河资源丰盛地区最为常见的村落布局类型。

二、传统乡村聚落的空间构成

传统乡村聚落的空间构成元素，最为典型的是五类元素，分别是建筑、标志、场所、道路、边界，这些元素最终形成了村落的整体空间形态，通常最典型的特征为，场所、标志会成为村落中心，道路等会引导村落的方向，建筑、边界和道路最终会组合为区域和领域，见图2-3。

（一）传统乡村聚落的建筑

建筑是承载人类居住、生活的重要场所，同时也是聚落的基本元素和聚落空间形成的关键载体，不同的村落会因为所在区域的气候、文化、习俗、地形地貌等特征，形成不同的建筑风格。

北方平原地区，因为平面空间极为充足，所以大部分村落中的住宅建筑为前院后房式或前房后院式风格，建筑排列较为整齐，顺村落主道路或主布局方向顺序排列，所有建筑坐北朝南，以便获得更充足的阳光照射，建筑前后距离较大，避免了阳光遮挡，建筑密度适中且高度均衡。

典型特征
- 场所—中心
- 道路—方向
- 区域—领域

聚落建筑
- 承载人居住生活的关键场所
- 聚落空间基本单元和关键载体
- 不同地貌、气候、文化、习俗建筑风格不同

聚落标志
- 通常为聚落空间体系的中心
- 具有共同性和唯一性特征
- 社会属性和物质属性同时具备

传统乡村聚落的空间构成

聚落场所
- 特定人或事占据的特定空间
- 物质环境：可承载特定的人或事
- 社交精神：可满足人们的不同活动需求

聚落道路
- 满足村落人员的基本交通需求
- 聚落空间形态的基本框架结构
- 贯穿村落的主道路和四通八达的分支道路相辅相成

聚落边界
- 划分功能区域的隐形线性元素
- 可以在心理和功能两个角度划分区域
- 具有可渗透性，可增强村落空间辨识度和区域性

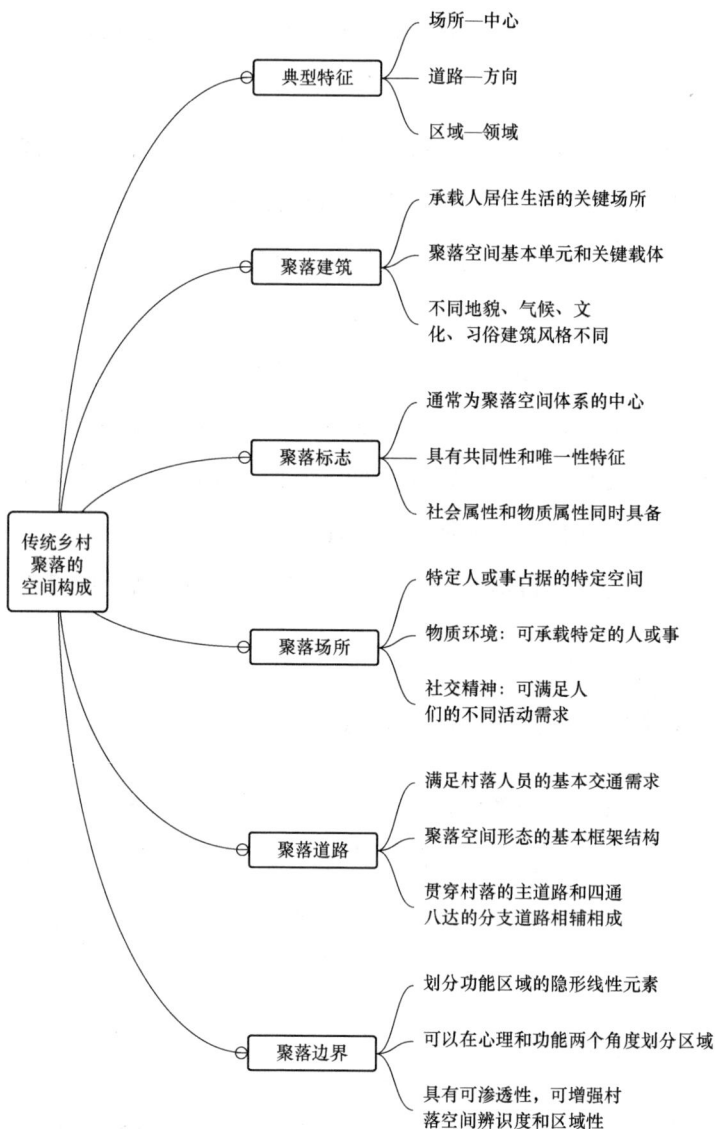

图 2-3 传统乡村聚落的空间构成

　　南方山区，建筑平面空间有所不足，且地形地貌变化较大，所以建筑会顺应自然坡度走势，屋面随地势变化而变化，形成整体延伸，通常会沿一条斜穿式道路的等高线建房，最终形成村落。村落的路多数为人工砌筑或凿就，建筑分列两旁并顺道路坡度呈台阶式布局，建筑阳光充足且视野开阔，这样能够形成密度较高的建筑风格，合理运用有限的平面空间。因为平面空间有

限，所以多数建筑平面空间并不大，但却会向垂直向延伸，形成了干栏式二层（或三层）住宅单体，有时为了方便交通，还会在建筑之间构建楼梯、通廊等辅助空间，显得整个村落的住宅错落有致、顺山延伸。

（二）传统乡村聚落的标志

传统乡村聚落的标志通常是村落空间体系的中心，通常拥有两个特性，一个是共同性，指的是村落中的各种活动过程都会和该标志有关，且会和村落多数成员产生联系；另一个是具有唯一性或少数性，标志在整个村落的空间体系中仅有一个或仅有少数几个。

上述所说的共同性属于标志的社会属性，而唯一性或少数性则属于标志的物理属性，两者同时具备才能够称之为村落的标志。另外此处所说的唯一性或少数性，其实是针对不同社会活动而言，可以是视觉中心（能够为村落内大多数人看到的物质，且能够成为一定的参照物），也可以是活动中心（能够引导村落内多数人前来活动），抑或者是心理中心（对村落中的多数人而言属于精神寄托），还可以是权力中心（村落中权力最集中之处）等。

村落的视觉中心通常范围广、高度高、视觉冲击力强，具有较强的物质代表性，如钟楼、高塔；村落的活动中心则通常范围广且自由度高，能够容纳村落多数人前去活动，可以承载村落重大的节庆活动等，如巨大的广场、操场、健身场；村落的心理中心通常是村落的祖堂、灵堂、祭祖之所，承载着整个村落的精神和信仰；村落的权力中心则通常是集中议事的场所，具有较强的代表性。

（三）传统乡村聚落的场所

传统乡村聚落的场所指的是村落之中由特定的人或特定的事所占据的特定环境区域，通常表现为特殊建筑物或公共活动场所。村落的场所是村落形成和发展过程中，由所有人员使用习惯、营造建筑过程中所形成的一种承载特定共同活动的空间物质环境。

51

也就是说，村落的场所除了外显为特定的空间物质环境外，还承载着村落中人员的社交精神内容，而根据不同的社交精神就可以分为不同的村落场所。

村落中的娱乐场所，通常是戏台、广场等；村落中人们的婚庆场所，以及各种聊天场所，通常范围较大且四通八达；村落中加工粮食的场所，通常是扬场、粮库等；村落的行政场所，通常用以召开会议、下达村落通知等。

需要注意的是，村落的场所在不同使用状态和需求下，同一个物质环境也能够拥有不同的内涵，如广场，可以是娱乐场所，也可以是婚庆场所，还能够成为行政场所。

（四）传统乡村聚落的道路

传统乡村聚落的道路，能够满足村落中人员交通需求的同时，又能够成为聚落空间形态的基本框架结构。

村落最初形成时，不论是建筑还是资源开发都较为原始，为了能够更好地到达各个目的地，在人们的不断踩踏之下就形成了具体的道路，因此道路最基本的功能就是能够连接各个局部空间或功能空间。

然而村落在形成和完善过程中，道路不仅需要满足基本功能，还需要和聚落整体空间协调，于是就出现了较为原始的道路规划，如大部分村落都至少拥有一条主道路（多数存在于带形村落）能够贯穿整个村落，或者两条交叉的主道路，能够在四个方向贯穿村落，主道路承载着贯穿功能，在主道路之上会分支出一条条辅路连接各个局部空间和场所，最终形成了村落中的道路网络。

道路是划分村落空间框架，连接各个空间元素的主体，同时各条道路还能够组合成一个完整的网络，将整个村落的各处空间元素关联起来形成整体。也就是说，道路不仅需要满足基本的交通需求，同时还需要贯通整个村落的各个场所、局部，使各个空间元素能够依托道路框架的支撑形成完整统一的空间体系。

（五）传统乡村聚落的边界

传统乡村聚落之中，还存在着一种划分功能区域的线性元素，其会在心理，以及功能方面划出一个范围限定，这个限定就是边界。村落的边界通常是两个片段、区域之间的隐形界线，能够将一个区域和相隔的另一个区域进行区分，具有一定可渗透性，同时也是两个区域相互联系和结合的缝合线。

在传统乡村聚落之中，边界元素虽然不具备道路那种引导和明确方向的主导性，但却能够让人们在心理层面形成对不同区域功能的不同认识和区分，从而会延伸到行为之中。

如村落的祭祖区域或祖堂区域，通常都有一个极为明确的边界，这个边界会随着代代相承被村落中的每一个人了解，当人们跨过该边界之后，就会油然而生一种对先祖的敬意，从而在心理上对自己的行为产生约束。

传统乡村聚落的边界虽然看似无形，但是却能够将村落之中不同的地区归拢在同一个范围内，形成一个具有特色功能和作用的单独区域。在整个村落之中，其实边界无处不在，小到每个建筑内的各个布局之间，大到不同村落与村落之间，都存在着这种心理层面的屏障，最终使村落的空间形态更具辨识度和区域性。

第三节　传统乡村聚落的空间演化过程

传统乡村聚落的形态并非一蹴而就，而是拥有一个空间演化的过程，受到历史时代和发展模式的影响，是历史和动态共同存在的一个过程，通常都会经历定居、改造、发展、成型的流程。综合而言，传统乡村聚落的空间演化过程主要有两种模式，一种是随着时代推进形成的自然扩张型演化，另一种是社会经济影响下的促进型演化。不论哪种演化模式，均具有同样的持续发展特征。

一、自然扩张型演化

传统乡村聚落的空间演化和发展，最初始时主要受到地形地貌和气候资源的限制，绝大多数会以极为分散的散列形存在，从而最初形成的村落多数为散列形村落。而随着村落各种资源被挖掘，村落人口规模会不断扩大而形成自然扩张。

散列形村落会在自然扩张之下，逐渐以主道路、河流走向为骨架进行聚集演化，从而成为带形聚落，土地利用率会逐渐提高，散列式的住宅会逐渐聚集到紧密连接，村落规模得以扩大，群体人员也会不断增加。

带形村落在自然扩张之下，人员会不断增多，住宅也会越来越紧密，为了能够扩大村落规模，发展到一定程度的带形聚落就会开始沿着垂直于道路或河流走向的方向，开辟新道路并形成十字形建筑布局，进而发展为井干形道路或日字形道路骨架，依托骨架的成型，最终发展为团块形村落。

传统乡村聚落在发展初期，是以血缘关系或地缘关系形成内在联系，这种内在联系特点就决定了乡村聚落的空间发展演化拥有内向型特点，如以地缘关系形成的乡村聚落，需要根据地形地貌特点和走势，按照地域原型潜移默化形成符合村落发展的方向和基本秩序，这种方向和秩序由地域原型特征决定，逐渐会成为村落发展的规则，因为地域原型的影响，会让村落虽然看似并未制定规则，甚至整个村落的形态建设、规划没有专业人员参与，最终也会表现出一种极为契合地域原型特点的秩序与和谐性。

在地域原型影响村落形态演化格局的基础上，血缘关系也会推动村落表现出一种源自自身的秩序，如村落住宅的形制会形成一套独有的规范，多数住宅的外貌外形和功能大体一致，多数是村民之间互相模仿、依血脉传承之后的结果；另外住宅的组合也会受到功能机制的限制，北方平原区域村落住宅通常会含有院落，这主要是由气候、农业生产需求所限制，而南方多雨高温地区村落的住宅通常会远离地面，立体空间占用率更高，平面布局显得较小，这也是由气候和防潮功能所限制。

自然扩张型演化，是中国传统乡村聚落最常见也最主要的一种空间演化形式，尤其是在传统农业社会，以农业经济为主导的功能需求成了村落空间演化的主要动力，同时结合地形地貌的特征，以及血缘关系和社交需求，最终才形成了全国上下各色的乡村聚落。

二、条件促成型演化

中国悠久的历史进程中，不同的时代、不同的社会背景下，社会、经济、文化追求等都出现了巨大的变化，在这些不同的历史条件变化影响下，传统乡村聚落的空间形态同样会出现对应的演化。

（一）受社会交通因素影响

在传统乡村聚落发展过程中，某些村落会受到社会交通因素的影响，从而经历兴衰变迁，如很多村落是依江河走势而建，江河自然成了村落最主要的交通主体，同时这种能够延伸极远的交通要道还可以为村落带来外界的各种资源，从而发展为一个依江河要道而生存并壮大的村落，但是受到自然影响，有些江河走势可能发生了改变，或因为江河上游水势的巨大变化造成原有的河道干涸，这时原有的江河要道就无法再支撑村落的发展，相当于村落空间形态的骨架无法再存在，此时村落衰落就成了一种必然。

最鲜明的案例就是春秋战国时期所修建的京杭大运河，其自修建完成之时，就带动了一大批沿运河而建成的村落、城镇的快速发展和快速兴起，但是进入 20 世纪初津浦铁路建成之后，铁路交通的快速发展极大弱化了京杭大运河的交通优势，这种社会交通因素的影响下，京杭大运河沿途的村落和城镇的发展就呈现出败落之态。

同样有些传统乡村聚落在发展过程中，也会根据水系改造的需要，对水道进行修整并开掘池塘等，兴建水利工程来促进村落的发展和演化。通过这种根据改造需求实现村落发展的方式，就是借助了外界条件，让村落不断演化并向更具优势的方向发展和成长。

（二）受社会经济发展影响

传统乡村聚落发展过程中，也会受到社会经济发展方向的影响，从而促成村落形成空间演化。

有些传统乡村聚落在发展过程中，受到传统手工业和农业的分离影响，开始逐渐从农业经济型村落向商业型村落演化，这种影响就是社会经济发展方向改变所促成的转型。

农业经济型村落通常以农业为基础，村落内并不会出现商业街道、商业中心等，整个村落的建筑、住宅都会以血缘关系或地缘关系为脉络进行联系，如以不同氏族的宗祠、祖屋等为核心，形成团块式发展格局，最终形成了团块形村落，而且全族最大的宗祠会成为整个村落最关键也最主要的礼制中心，所有空间布局和建筑都会围绕该礼制中心和各个宗祠进行构建发展。

当传统手工业和农业出现分离之后，村落之中的传统手工业若能够得到足够重视和快速发展，村落的经济模式就会发生相应的改变，商业会推动整个村落逐渐向商业型村落过渡，如逐渐出现商业街道、商业中心，商业经济会带动村落的整体发展方向改变，当商业街道和商业中心的影响力、重要性逐渐超越礼制中心后，整个村落的空间布局就会悄然发生改变，商业中心空间会愈发宽阔，影响面也会愈发广泛，原本最中心的礼制中心宗族祠堂则有可能会因为商业中心的扩大和道路的改变，逐渐迁移或挪移到村落较为偏僻的位置，宗族祠堂的占地空间也会被压缩，从而村落的整体空间布局结构会出现重心的转移。

（三）受社会文化的影响

传统乡村聚落在发展过程中，还可能会受到社会文化发展的影响，促成村落空间格局发生演化。

最具代表性的就是某些村落会因为入仕人家的不断增加，村落的整体性质会逐渐从农业经济重心，逐渐向耕读文化重心转化，并修建牌坊、祠堂、文官庙等，这些偏重文化精神和底蕴的建筑甚至会成为村落的中心，从而影响村落整体的空间布局。

村落整体对文化精神的注重，还会有效开拓人们的思路，从而对村落的演化和发展产生更加长远的影响，如文化传统的逐渐完善和积累，能够让村落更加注重文化底蕴和教育，从而建设牌坊、祠堂、文官庙，这个过程中也会推动村落积累财富，并借助开拓的思路开发各种商业活动，文人的思想、商人的财富，都会推动村落整个空间形态的演变，村落的建筑会更加追随时代的发展，同时知识的广泛积累也能够促使村落对各种自然资源的利用更加科学。

三、村落演化的同质同构性

人类在发展和延续的过程中，不同的民族、不同的宗族，都形成了各自较为统一的环境概念，这种统一的概念和思想，在传统乡村聚落生产与演化过程中，就会反映到村落营建环境、特定营建理念之中，从而在村落建筑空间和形态布局中呈现，这也会使传统乡村聚落的聚集方式呈现出同质同构性特征。

这种村落演化的同质同构性，主要表现在聚落与环境之间，会形成性质、构成的一致性，聚落之中的各个组成部分，包括建筑风格、环境特性、区块规划等都会呈现出一致性，同时聚落整体与外界环境也会呈现出一致性。这主要是村落在演化过程中，为了能够确保整体与环境契合，就必须相对淡化内部的各种空间形态差异。

当然，村落中的建筑布局、空间形态等并不会在营建过程中被一成不变地复制，而是会随着所处环境的变化、居民数量的增加而不断调整，住宅的营建会综合考虑村落所在区域的自然地形和气候、水资源和植被等基础条件，以及村落所在区域的社会发展、经济水平、交通状况、整体生态环境等，最终呈现出顺应自然基础环境和外界发展特性，并最适宜村落发展的独特空间形态。

这种调整和演化，需要基于村落群体对自然环境、社会环境有充分认识的基础上，同时结合历史和发展脉络，最终才能够作出更加科学合理且切合实际的规划布局，如一方面会根据村落所在区域的气候和地形地貌，进行适应性开发和建设，包括自由调整住宅建筑的基本模型，规划道路布局等；另一方面还会根据不同个体、不同家庭自身的审美偏好和个性需求，对住宅建筑的结构、细节造型等进行调整，以便形成具有独特个性的个体性建筑，最具代表性的就是同一村落之中，会出现不同进数院落的住宅，也会出现不同的大门形象。

也就是说，村落的演化发展，会基于整体同质同构，适应自然环境条件和社会发展特征的基础上，在某些细节之处彰显个性和特点，从而促进村落实现可持续发展。

第四节　传统乡村聚落的空间组织方式

传统乡村聚落的空间形态，受到了很多因素的影响和制约，地形地貌的特性会影响村落的空间形态依地势而建；受气候环境的影响，村落的空间形态会呈现出极强的南北差异；受到经济水平的影响，村落的空间形态会依托商业反哺形成凸显中心和道路的特性。

上述这些因素对传统乡村聚落的空间形态的影响，更多的是整体格局的差异和特性，而在传统乡村聚落内部，其空间形态的发展主要受到村落空间组织方式的影响，主要有三种空间组织方式，见图2-4。

一、内向型团块格局

传统乡村聚落空间组织的内向型团块格局，其形成主要依托于中国传统社会背景下形成的以血缘关系为纽带的宗族社会特性，在村落之中人与人之间的关系主要是以血缘为基础。

血缘关系
为建构核心
  ├─ 同源同组
  └─ 同气连枝

内向型
团块格局
  ├─ 血缘村落
  │ 格局特性
  │   ├─ 独立宗族共同体自治
  │   ├─ 以宗祠、族谱、族地为基础
  │   └─ 拥有完善的组织管理制度
  └─ 空间组织方式
       ├─ 组团型团块格局
       └─ 轴线型团块格局

传统乡村
聚落空间
组织方式

族群性集体
住宅布局
  ├─ 族群集体迁移
  │   ├─ 为了更好的生存和生活
  │   └─ 不断提升族群凝聚力
  ├─ 形成原因：土楼
  │   ├─ 集体住宅布局维系凝聚力
  │   └─ 拥有更加强悍的防御力
  └─ 空间组织方式：土楼
       ├─ 通廊式土楼
       └─ 单元式土楼

地缘关系
聚集格局
  ├─ 地缘村落
  │ 格局特点
  │   ├─ 个体为核心的人情关系网
  │   ├─ 人情关系范围有所限制
  │   ├─ 人情关系呈散射格局
  │   └─ 具有较强工具性，人情维系的互助关系
  └─ 地缘村落
     格局性质
       ├─ 拥有较强的开放性
       ├─ 拥有极强的原子化特性
       ├─ 格局的功能性非常鲜明
       └─ 格局需要个体主动维系

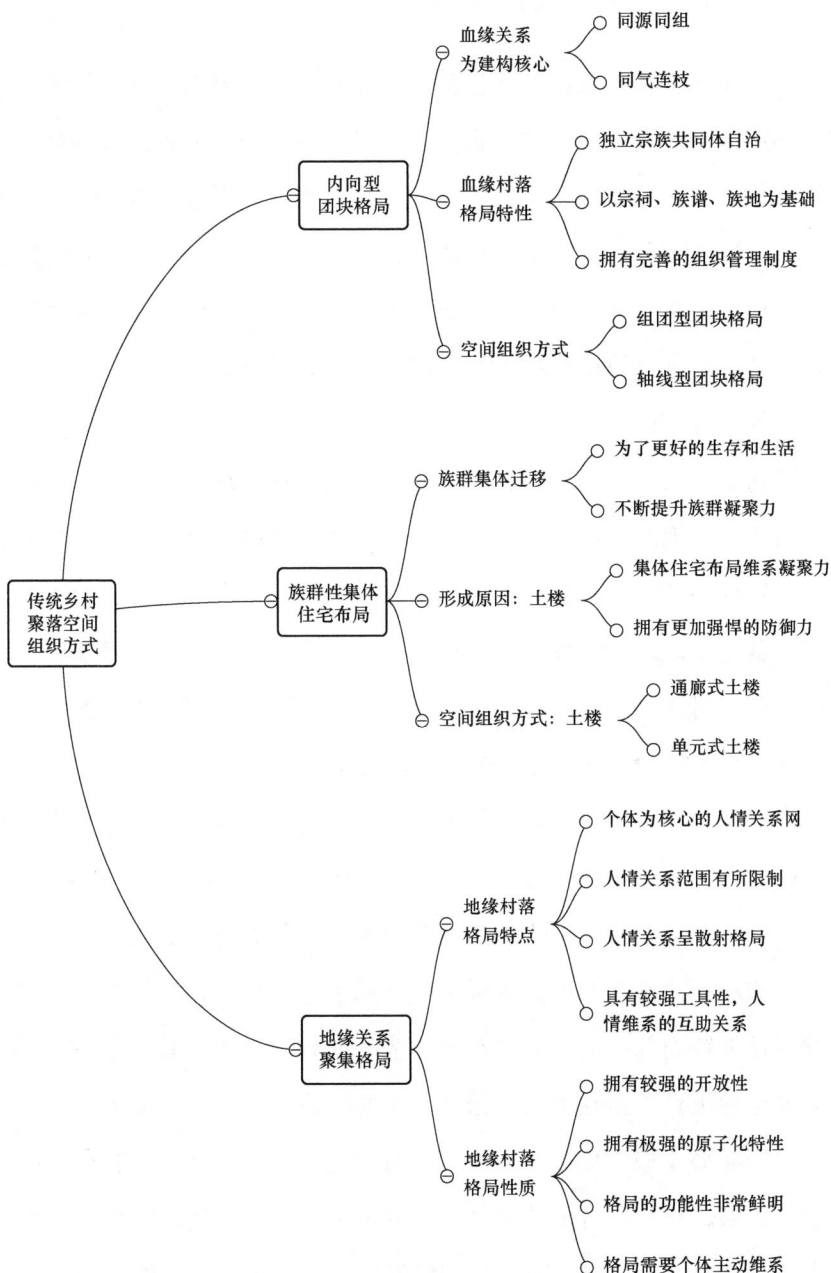

图 2-4　传统乡村聚落的空间组织方式

（一）血缘关系为核心的村落特性

传统社会的村落多数是一个宗族的人聚集在一起居住，这些村落中的人之间或多或少都拥有一定的血脉渊源，或者同源同祖，或者同气连枝，这就使血缘关系不可避免地成为维系人际关系和社会关系的重要纽带。在传统社会背景下，以血缘关系为核心所形成的村落，会以一个独立宗族共同体的方式进行自治，尤其是从宋朝理学倡导宗族制度之后，为抵御社会压力和自然压力，很多姓氏单一的血缘村落得以成形并不断延续和发展，成了基于血缘关系建立的村落空间组织。

这种以血缘关系为核心建立和发展起来的村落，通常会以宗祠、祖堂为村落中心和活动枢纽，最终形成了内向型的团块形村落格局。宗族组织是此类村落的管理团体，整个村落的各项工作、生活都由宗族组织进行管理，包括乡村聚落的地址选择、规划、建设，以及村落内群体居民的道德教育、行为规范，还有村落与环境的和谐关系、村落内的娱乐设施，村落相关秩序、规则的建立和维护，通常都以宗族组织的形式进行完善。

宗族组织为了实现对村落的管理，并确保村落拥有可持续发展的动力和潜力，通常会建造宗祠、编写家谱、设立族地，宗族组织由族长或族内长者领导，建立起一套极为完善的组织管理制度，其中宗祠最主要的作用是凝聚整个宗族的精神，家谱不仅会将宗族成员涵盖，同时也会将村落的规划、概念性发展计划等列入，而设立族地则是为了确保对土地资源的管理。

通过这种极具规范性的管理形式，以血缘关系为核心的关系较为单一的村落组织能够形成极为集中的凝聚力，村落的建设、规划、发展与文化生活关系非常紧密，并通过村落的分区、布局、设施建设等进行展现。最终可以让整个村落宛若一个小型社会，但同时又宛如一个家庭，组织和管理安排都表现出一种条理清晰的有序性，而且因为村落中的人员都属于一个宗族，所以发展过程中也偏内向化，最终此类村落的空间组织就会形成宗法制度下的内向型团块格局。

（二）内向型团块格局的空间组织形式

以血缘关系为核心的村落，整个村落的空间组织方式呈内向型团块格局，村落之中的各个物质环境的主要构成要素也会呈现出井然有序的条理性，包括住宅、街巷、祠堂、书院、廊桥、园林绿化等。在内向型团块格局中，还可以分为两种不同格局形式，一种是组团型团块格局，一种是轴线型团块格局。

组团型团块格局，是内向型团块格局中最普遍的一种形式，其源自于传统乡村聚落形成期的一村一族。族内有族长，族长之下有长房、支房之分，每房之下又包含数量不等的小家庭，最终形成了以族长为核心、以祠堂为象征、以血缘关系为联系、以宗族等级为层级，同时组织管理极为森严的宗族式村落。

通过上至族长，下至小家庭的形式，借助森严的宗族管理制度和宗族观念，最终就形成了以血缘关系远近形成布局的乡村聚落内部结构。其中所包含的小家庭数量不等，所建立的村落规模也就有所不同，少到数个家庭，多达数百家庭，都可以组建成一个成形的村落。

从此类村落的空间格局来看，规模和家庭数量不同的村落，会呈现出层次不一，以祠堂为中心环绕，以团块为单位延续、壮大、发展的村落空间布局。

之所以说此类内向型团块格局是组团型，就是因为村落之中的各层级祠堂，其显示出一个宗族从迁移定居，到发展为多个宗族分支的过程，同时也呈现出不同宗族分支的层次，如最大的宗室会建立最大的祠堂，并处于村落中心部位，而每个分支宗族的分支祠堂，会按照层次的不同分级围绕中心祠堂，每一个分支祠堂又是一个分支族群的居民团体和住宅中心，所以每个分支祠堂就会形成一个团块，分支祠堂和围绕其外的团块又与其他团块最终组成村落，每一个分支祠堂团块就类似于一个单位，所以形成了组团型的空间格局。

通常组团型团块格局，村落之中的各个边界，以及团块的分布状态，就取决于团块所代表的不同分支宗族的势力层级。

组团型团块格局通常会由小团块围绕大团块，最终呈现出较为密集同时分区边界又极为清晰的空间格局。如果组团过程中，小团块并非以围绕的形式布局，而是以排列式发展，就会形成轴线型团块格局。即组团的方式不再是围绕，而是沿着一条轴线贯通，最终形成一条院院、家庭与家庭沿轴线相连的长屋，每一条轴线上的长屋就是宗族之中的一条支系所居住的建筑，村落之中各条长屋的轴线相互垂直，从而显现出宗系和支系的从属关系。

在每一条轴线所代表的支系中，都会以祠堂或厅屋为中心不断向两端延伸，最终就会形成无数井字形团块，沿着一条条相互垂直相交的轴线不断延伸和壮大村落。

轴线型团块格局的村落，若发展极为壮大后，还会分出主轴线、次轴线、亚次轴线等，轴线上每个家庭的房屋之间还会设有巷道，从而成为不同家庭之间的边界，同时也就形成了村落之中呈网络遍布的道路系统，这些巷道还是家庭之间进行联系的主要通道。因为这些巷道都会沿着轴线设置，所以各条巷道纵横交错间，都能够通达各个宗族的祠堂或厅堂，显得层峦叠嶂且极富规律。

二、族群性集体住宅布局

族群性集体住宅布局的构成，主要源自整体族群集体迁徙到其他地域之后，土地资源较为有限，为了能够更好地生存和生活，且能够不断提升族群凝聚力，最终发展形成的一种村落的空间组织方式。

其中最具代表性的族群性集体住宅布局，就是福建客家土楼，其属于一种兼具聚族而居，以及强大防御作用的大型住宅，一般情况下一座土楼就是一个族群乃至一个村落。典型客家土楼形式如图 2-5 所示。

(a)

(b)

图 2-5　客家土楼住宅

（一）独特空间组织形式的土楼形成原因

之所以会形成土楼这种极为独特的聚居布局形式，主要源自以下两个原因。

第一个原因是，客家人属于汉民族的一个分支，因此受宗法制度的影响极深，客家人都是远距离迁移到非故乡的地域，作为同宗同民族，当遭遇困难、危险时，就必须要依托家族的集体力量来克服，这种迁移过程中的团结使客家人在定居到某地域时，依旧秉承着全族团结一心的追求。

一个同族群体到一个陌生地域定居，而且多数群体所定居的场所都是交通相对封闭的区域，整个族群想在这个陌生区域立足，自然也需要团结一致，借助集体的力量。因此客家人采用了集体住宅式布局，来维系、增强整个群体的凝聚力。

客家人迁移到的陌生地域，通常是山峦起伏、地形多变的区域，客家人要在这有限的土地之上从事农业经济，并保证农业生产能够支撑家庭生存和发展的物质基础，但单个家庭的力量毕竟有限，因此在这种农业生产力较为低下的现状下，客家人就本能地开始依靠整个家族、整个群体的力量，最终就发展形成了集体住宅布局的土楼。

土楼在建造时，主要以方形和圆形为主体构造形式，通常由核心体与围合体组成，其中核心主体通常是祠堂类的礼制空间，作为整个族群的精神核心，祠堂通常会位于土楼中心，也是族群团结的精神支撑；围合体则主要用于族群个体的居住场所，以廊屋的形式围合在祠堂外圈，一方面显现出族群对祖先的敬畏、崇拜，另一方面围合体和核心体形成了道德、家庭秩序的象征。

土楼中的各种公共设施，包括祠堂或祖堂、露台、厨房、院落、大厅、书院、杂屋、畜栏、柴房等，都占据着极为重要的地位，任何族群的个体不得私自对其改造，并共同维护这些公共设施，表达了非常强烈的家族性特征和群体性特征。

第二个原因是，土楼不仅是集体性住宅，而且拥有非常强的防御性，客家人在迁移过程中，选择的迁移定居场所通常较为偏僻，而且山高林密野兽出没，同时还需要有效防止当地民系之间、村落之间、外界盗匪的争斗发生，这种集体性住宅就必须要拥有极强的防御性。

为了获得防御性，不论是方形还是圆形土楼，都会构筑非常厚重且高耸的外墙，以便通过高墙封闭内部和外部，外墙之上也开窗较少，仅开启一个大门实现出入，同时会在大门上布置很多防御严密的机关，这种隔绝内外的方式，能够有效提升土楼的防御性。

土楼的建筑形态虽然有方形也有圆形，但圆形更为常见，这主要是因为圆形土楼不仅能够确保族群的居住面积，而且更容易防护外界的各种攻击，没有过分薄弱的夹角、凸出处，同时随着族群的不断发展，想要进行扩展时也可以直接在圆形土楼之外再构建一圈形成合围的建筑，从而形成环环相套的格局。

（二）土楼的空间组织的具体形式

土楼这种家族性集体住宅，其布局有很强的同质性，不论是方形土楼还是圆形土楼，通常都采用的是标准间形式，会按照梁架进行分间，每一个房屋的规格大小都相同，房屋门向土楼内部的祠堂方向开启，一间间紧密相连最终形成一圈。

土楼的房间形成一圈后会围绕出一个内院，内院主要是祠堂或祖堂，展现了客家人对宗族的强烈认同感和凝聚感。土楼通常为四到五层，一户家庭会分到由上到下数层的房间，通常底层会作为家庭的厨房，二层会作为家庭的粮仓，三层及以上则作为住房和杂物房。

土楼的这些房屋通常会采用通廊式或单元式进行组合，且以内通廊式为主，即通廊设置在土楼内圈，形成一个连接为圆的走廊圈，每一层都会在内圈设置一圈公共走廊，每一间房都有门与该层的走廊相连通。这种内通廊式土楼，通常整个土楼仅有三四个公共楼梯以供上下，每一户人家虽然都拥有的是上下数层房间,但都需要通过公共楼梯和走廊到达。

单元式的土楼,则是将每一户家庭上下数层房屋贯通,以家庭内部的小楼梯连接,每一户家庭就形成一个由上至下的独立单元,而且每一户之间不会相通,仅能通过底层的内圈连廊出入。

两种组合形式各有利弊,如单元式土楼每一户家庭的独立性更高,且上下过程更加方便顺畅,但是相对而言也会在无形之中弱化族群每家每户的凝聚力;而通廊式土楼,每一户家庭虽然房屋是上下贯通的楼层,但分层的房间之间并无内部楼梯相通,而是以内圈的公共通廊连接,要到其他层的房间就必须借助公共通廊和公共楼梯,较为麻烦与烦琐,但每家每户之间的联系也更加紧密,更容易形成较强的凝聚力。

三、地缘关系聚集格局

地缘关系聚集式村落的格局,是由村落自身的聚集特性决定,其并非由一个宗族所组成的村落,而是由许多姓氏混合居住在一起最终形成,因为村落属于混合姓氏,所以村落的宗族特性并不突出,亲缘关系、血缘关系相对前两类村落而言不强,因此整个村落的家户之间的关系,主要以地缘基础上建立起来的邻里关系,属于彼此交往过程中形成关联,这种关联又在村落之中得以整合,最终成为一个颇富凝聚力的村落。

(一)地缘关系聚集式村落的格局特点

地缘关系聚集式村落,并非以亲缘关系、血缘关系为核心,而是以人情关系为核心所建构而成,这也使此类村落的空间组织方式所形成的格局颇富特点,具体体现为以下四个方面。

首先,地缘关系聚集式村落的人情关系,属于个体本位形成的空间组织格局,从个体角度来看,地缘村落中的社会关系全部都是由个人建构并形成属于自身的人情关系网络,所以整个村落都可以看作是个体为中心最终所拓展形成的人情单元的联合,这也就决定了此类村落无法形成对所有个体的统合功能。

其次，地缘关系聚集式村落的人情关系均缘起于个人，且每人的人情关系都需要保持在一定范围之内。人情关系的建立由个人主动建构，这也就使得个人的人情关系若范围过大就会导致人情成本增加，甚至使得家庭难以承受，但若个人的人情关系范围过小，也就无法依托人情关系达成彼此日常互助的需求，所以此类村落的格局特性就是每个人需保持一定范围的人情关系，而且这种人情关系的范围并不固定，依人的不同而有所不同。

再次，地缘关系聚集式村落的人情关系呈现出散射格局特征，通俗来说就是此类村落中的人情关系，是两个独立个体之间的关系，这种人情关系并不具备传递性。如甲和乙有人情来往，乙和丙有人情来往，但甲和丙却并不一定拥有人情来往，甲和乙的人情关系程度、好坏，并不会影响到乙和丙的人情关系程度和好坏，整个村落之中的人情关系呈现为散射格局，彼此以个体的关系网为主线形成连接。

最后，地缘关系聚集式村落的人情关系，主要是以地缘关系为基础和核心，最终所形成的人情关系网络属于后天建构的社会关系，建立、断裂等都与建立人情关系的个体主动性息息相关，整个村落的人情关系网络的本质，是为了维系较为稳定的互助关系，因此个体之间的交往拥有较强的工具性特征。

（二）地缘关系聚集式村落的格局性质

地缘关系聚集式村落的格局，是个体与个体的人情联系、个体的行为逻辑、人情的工具性、个体所建构人情关系的范围性等综合决定的，其拥有以下四种较为突出的格局性质。

首先，地缘关系聚集式村落的格局拥有极强的开放性，因为此类村落的地缘基础就是移民传统而形成，所以整个村落的人员可能会随时发生变动，所以以地缘基础建立而成的社会关系有极强的后天性，拥有可替代性和可选择性，只需要个体充分发挥自己的主观能动性，就能够和村落内部的其他人建立人情关系和互助关系，最终逐渐融入村落之中。

其次，地缘关系聚集式村落的格局具有极强的原子化特性，即整个村落虽然形成了一个复杂的人情关系网络，同时又具有一定的凝聚力，形成了超越了熟人关系的人情和互助关系，但这两个关系的建构都是以个体为中心并呈现散射格局特性，这就造成任何一个个体在村落中建构的社会关系都不可能拓展到整个村落，村落仅是地域意义上的范围。

整个村落之中能够清晰看到的只是围绕个体所形成的人情单元和互助单元，每个单元间都相互独立，仿佛一个个原子，最终这些原子组合成为一个完整的地域结构。

再次，地缘关系聚集式村落的格局功能性极为鲜明，地缘村落之中所形成的各种人情关系网，最终的目的就是满足互助需求，因此每个人之间的关系工具性色彩、理性色彩极为明显，情感和伦理色彩则弱化很多。整个村落的社会关系得以维系，主要取决于人情关系是否可以实现特定目的、满足互助需求。从此角度而言，地缘村落的形成，是个体之间的利益整合而成，具有极强的个体功能性，相对于个体而言，也许村落并非自身安身立命之所，所以对村落的情感较低，对村落的责任感也较弱。

最后，地缘村落之中的人情关系，是一种需要进行维系的关系，需要经历长期人情往来，形成较为固定且长期的人情平衡机制和人情互惠机制之后才可以稳定，同时需要个体能够主动参与到人情圈中来维系人情交往的平衡。整个人情关系拥有极为明显的规范要求，任何人在人情交往之中都需要遵守对应的规范，如谨慎避免与他人发生纠纷、冲突，以减少人情关系链条的断裂；如人情交往过程中需要维系好整个人情圈的稳定，日常交往也需要小心翼翼避免对他人形成冒犯。

这样的规范要求使得地缘村落中的个体，不会传播他人的长短是非，所以彼此之间的聊天内容也就会越来越脱离村落内部，即使有看不惯的人或事，也不能当面表达，有矛盾也需要维系表面的和气，最终才能够有效融入整个村落极为复杂的人情关系圈之中。

综合而言，地缘村落通过地缘关系所形成的人情关系，虽然看似散乱而无序，但是借助人情关系需要维系的特性，以及人情关系的原子化特点，使整个村落的秩序能够显得井井有条且统一稳定，即使有个体退出人情关系圈，也不会使村落秩序失衡而陷入混乱，而是村落依旧能够保持一定集体行动能力，并通过村落之中各个相关个体的主动维系，达成较为和谐的人际关系，以及较为稳定的村落秩序。

从上述分析可以看出，地缘村落和血缘村落属于中国传统乡村聚落最为常见也最为关键的两类村落，因为不同的联系核心，所以形成了截然不同的空间组织格局，其中血缘村落具有极强的宗族性，传承延续时间也更久，村落的结构更加稳定规范也更加完善，相对拥有较强的整体性和封闭性；而地缘村落则主要是移民文化下逐步聚集形成，所以形成时间较晚，多数是明清时期移民潮影响下形成的，拥有很强的开放性和主动维系性。

在中国社会发展和时代推进过程中，除了上述两类村落之外，还有一种较为独特的聚落格局，即村落同样是移民聚集而成，但移民以宗族形式整体迁移，最终两三个大姓宗族在同一地域聚集，最终形成兼具血缘性质和地缘性质的联合式村落，村落之中的各个宗族、不同姓氏之间以地缘关系为核心维系关系，而宗族内部、姓氏内部则以血缘关系维系关系。

第三章 传统乡村聚落空间的内涵

第一节 传统乡村聚落空间的结构体系

传统乡村聚落的空间体系，主要是由不同构成层次的基本空间元素组成，而这些基本空间元素的构建就受到传统乡村聚落空间具体形成时的特征影响，最终才形成各具鲜明个性的传统乡村聚落空间结构体系。

一、传统乡村聚落空间的形成特征

传统乡村聚落空间的形成，受到众多因素的影响，且在这些因素的作用之下，形成个性鲜明且独具特色的各种传统乡村聚落空间。如今中国的传统乡村聚落空间，主要集中在人口相对集中的中部、东部、边境地区（主要为少数民族村落）等，其地理分布方面共同的特征是交通运输不够便利，位置相对偏僻且经济相对落后，正是因为受到的外界因素影响较少，所以能够在特定的地理位置和人文历史环境下保留、传承、发展。

（一）传统乡村聚落空间的形态类型

中国拥有极为悠久的历史，且在很长一段时间中一直处于农业经济为主体的发展阶段，围绕农业经济也就形成了多如繁星的传统乡村聚落，其按照不同的分类方式可以分为不同的种类。

从空间角度来看，传统乡村聚落空间的形态类型主要有两大类，分别是空间集合式聚落和空间分散式聚落。空间集合式聚落还可以再细分为带形村落、团块形村落，族群性集体住宅的布局则属于环形村落，其中带形村落和团块形村落最为普遍。

空间分散式聚落则多数是散列形村落，不同的发展阶段也就形成了不同的空间形态，包括受限于地形地貌的一字形村落，以及以井字形道路或日字形道路为支撑形成的字形或非字形村落等，甚至还有一些更加松散的点状村落。

（二）传统乡村聚落空间形成的影响因素

传统乡村聚落空间的不同类型，均受到多种因素的影响，包括自然环境因素、农业因素、军事因素、商贸街道因素、宗族血缘因素、宗教信仰因素等，且受到单独一种因素影响形成的很少，多数是受到上述因素中的数种乃至全部的共同作用影响，最终形成了极为多样化的空间形态。

综合而言，传统乡村聚落空间的形成和发展，离不开特定的地理环境、地形地貌、气候特性的影响和作用，同时也受到人文历史因素的影响。

早在农耕文明时期，传统乡村聚落就已经开始成型并逐步发展，因为受到生产力不发达因素的影响，人们追求的是尊重自然、敬畏自然，并期望借助自己的力量去利用和挖掘自然，以便通过自然力量来确保自身的生存和延续。

在这样的背景下，传统乡村聚落空间在形成过程中就形成了建筑风格、建筑材料、布局形式等均与自然息息相关的特性。如不论是建筑的内在结构还是外在形式，无论是建造过程还是建筑材料，都秉承适应自然环境特征的特性，北方冬季绵长寒冷，所以北方的传统乡村聚落均拥有较大的院落以便满足日照条件，同时建筑外墙也更厚，所用材料更加适合贮存热量，以便满足寒冷的冬季对温度的需求；南方四季潮湿多雨，且普遍温度较高，所以南方的传统乡村聚落更追求通风散热和防潮，建筑会高于地面并形成隔离，以便减少潮气入室，建筑材料也以木材、竹子等适合通风的材料为主，房檐向外延伸也较长，以便起到遮雨的重要作用。

另外，传统乡村聚落空间的形成，还受到社会要素，以及文化要素的影响。从社会要素角度来看，村落空间的形成主要是为了满足人们聚居、生产、生活、防御危机、彼此互助等，因此其空间形态和布局形式都和不同地域人们的生活习惯、生产力水平有关。

江河冲积平原地域，土地肥沃且水资源丰富，所以村落的布局更显秩序性，排列整齐且建筑大小均衡；黄土高原地域，因为水资源较少，且风沙较大，所以村落的布局会有所不同，耕地资源会更靠近水源或处于低洼处，便于浇灌和存续水资源，居住场所则依土山挖窑洞而建，既稳固又能有效防风沙；如山区地域，山多谷深，耕地资源较少，所以村落的布局多依山而变，从而形成了错落有致、高低相间的空间结构。

从文化要素角度来看，村落空间的形成是一个不断发展变化的过程，文化要素会在村落空间的变化之中实现传承和演化，如血缘关系为核心的宗族式村落，必然会在村落中心布置礼制中心、祠堂等，宗族各家庭则根据族人血缘关系层级逐步环绕祠堂而布局；如客家人的土楼则是以中心祠堂，外围环绕一圈制式住宅的方式进行布局，以满足族群迁移后的凝聚力和村落的防御性。

在上述各种空间形成要素的影响下，推动着传统乡村聚落空间形成要素内在表达的完善，最终构成了传统乡村聚落空间的聚居性、血缘性、内敛性、封闭性、自给性特征。其中聚居性，是农业社会生产力和防护力较低的社会因素，以及地形地貌、气候环境等自然因素综合影响形成；血缘性则是宗族体系和迁移的历史人文因素所影响形成；内敛性和封闭性，则是社会因素和历史人文因素综合影响形成；自给性则是农业经济的社会因素和自然因素综合影响形成。

二、传统乡村聚落空间结构体系分析

传统乡村聚落的空间，是人民聚居在一起，从事生产和生活的主要场所，而空间结构则是在村落的发展过程中，人们为了更好地提升生产力、更好地进行生活延续，通过对活动的环境体系、空间形态的内在机制、空间要素间的理性组织方式进行综合考虑，最终所形成的空间结构体系，其属于人的生活和各项活动体系的总和。

传统乡村聚落空间结构体系主要包括三个组成部分，分别是自然生态空间、人工物质空间和精神文化空间，这三者通过有机结合最终形成了统一整体，从而支撑起了传统乡村聚落空间的有序发展和不断延续，对于三者的具体分析如图 3-1 所示。

（一）绿色空间：以自然生态为载体

人类作为地球生态环境系统之中的一分子，不论科技发展到何种程度，生存和生活都必然与自然密切相关。作为人类发展过程中所形成的传统乡村聚落空间，其本身就是以自然生态为载体最终建构而成，因此传统乡村聚落空间结构体系必然受到自然生态这个空间载体的影响。

自然生态主要是由山川、土地、河流、气候、植被等各种元素组成，其中的水资源、土地资源，则是人类得以生存、繁衍、发展的根本所在。作为拥有悠久文化历史的中国，自古以来就极为崇尚自然，古人总结的"天人合一"所表达的就是古人对人与自然关系的深入认识，强调了人要与自然互动与和谐共处，方能得到发展底蕴并不断繁衍。

正是这种秉承"天人合一"的思想，使得中国人在构建传统乡村聚落空间的过程中，必然会选择和创造一个尊重自然内在法则、充分并适当利用自然资源、美丽绿色的生态环境的村落外部空间。

以自然生态为载体打造绿色空间的具体做法，表现在以下三个方面，首先是选择宜居、优美的地域来营造聚落，广袤的中国大地上拥有着千变万化的自然风光，自然也就拥有了无数多姿多彩的村落；其次是构建聚落时因地制宜、顺应自然，不论南北东西，各个区域的传统乡村聚落均是择物而建，以自然资源来构建更适宜生活的村落，西北的窑洞、南方的竹居、北方的土

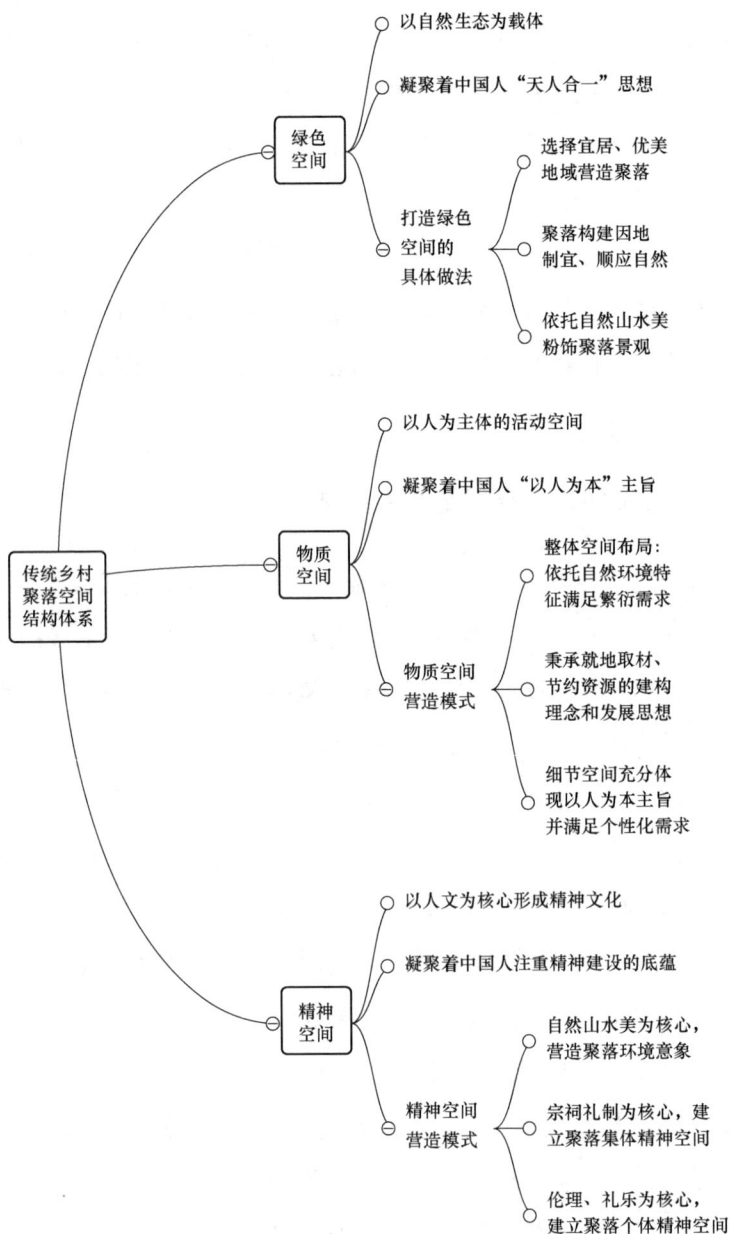

图 3-1　传统乡村聚落空间结构体系

墙、山区的梯田，无不体现着人们顺应自然且因地制宜的构建思想；最后是依托自然山水美来构建聚落的景观，从来不会刻意破坏自然的山水景色，而是依山而居、依河而建，从而营造出了与自然完美交融的美丽村落。

（二）物质空间：以人为主体的活动空间

传统乡村聚落的整个空间结构中，人工物质空间是人们日常生活起居、生产劳作等多项活动的主要空间，也是以人为主体的重要活动空间，通常需要人们通过自己的劳动改造最终建构完成。

在建构人工物质空间的过程中，人们一直秉承的是突出以人为本的主旨，将土地、河流、山川、树木、光照等自然元素视作本源，在充分利用自然元素的基础上来有效满足人们自身的活动需求，包括各种生产活动、社会活动、行为活动、心理活动等，整个建构过程都是以生存和更好的生活为目标，以尊重自然、就地取材、因地制宜、节约资源且不破坏自然生态环境为原则，最终通过统一的章法，对聚落的住宅和整体布局进行规划、设计、建造。

这一点从传统乡村聚落的整体空间布局就可以清晰感受到，村落中的巷道、住宅、广场、边界等空间，通常会依托自然环境特征，在不对自然生态环境造成破坏的基础上，最大化利用和挖掘自然资源，以便满足人自身生活、生存、生产、娱乐的各种需求，最终来实现人类繁衍生息、实现本我的目标。

传统乡村聚落的建设，最基础的目的就是满足人们的农业生产，在满足基本生活所需的基础上，确保住宅舒适、交通方便、生活便利，同时还需要能够承载人们的精神文化需求，所以就形成了各个在气候不同、环境不同、资源不同基础上截然不同的村落布局和建筑风格。

但不论哪个区域的村落，都会顺应自然地形地貌特征，如道路以江河流向为依托，住宅布局、整个村落的空间布局自然也会以此为依托；如住宅布局以山川坡度为依托，道路和整个村落的空间布局自然也会以山川坡度为主要依托。

另外，不论哪个区域的村落，在进行空间布局和各种空间建造过程中，必然都会就地取材并有意识地节约资源进行构建，如北方平原地区很少看到纯木质的房屋，多数是以木材为梁或柱，以起到建筑主体支撑的作用，还可以有效节约资源，同时构建墙体所用多数是土，最大的效用就是满足保温、防寒的作用；而南方地区湿热多雨，村落房屋的主要材料选用的就是木材和竹材，一方面是此类资源丰富；另一方面则是为了借助这种材料构建房屋来起到通风防潮的作用，既满足了舒适宜居的要求，又能够就地取材极为方便地完成建造。

除此之外，传统乡村聚落空间结构中的院落布局、室内空间布局等，则更显多样化和个性化，充分呈现出了以人为本、满足人主体活动习惯的特征，如村落的道路节点、巷道布局、院落大门方向和位置，都和当地的风俗、民众的行为习惯息息相关；如每个家庭房屋的地基选址，室内空间的秩序、布局的轴线和模式，则会和个体的风水理念、舒适感受、使用需求等息息相关，极具个性化色彩，从而呈现出了不同家庭不同室内空间布局的效果，即使是福建客家人土楼，虽然个体空间都是制式空间，但具体内部的结构、使用空间的形式等，也均由个体来决定，从而反映出了丰富多彩的个性化特征和空间使用特征。

（三）精神文化：以人文为核心的精神空间

人类之所以能够在短短几万年间，就发展到如今万物之长的地位，最主要的就是人类在发展过程中逐渐丰富了自身的精神文化，形成了支撑自身发展和繁衍的内在动力和底蕴。

人类的精神文化，其实就是以人文为核心所构建而成的精神空间，这种人文主义精神展现的是人类追求哲学范畴内自我存在的价值，其体现在传统乡村聚落之中，就是在人类于各个区域找到宜居生活的地点定居之后，开始在阳光之下进行生产和丰富生活，同时物质条件的逐渐丰盈，物质空间的逐渐拓展之中，人们也开始注重精神空间的建设，如强调以道德情感、文化氛围来教育后人。

这种精神空间的建设，体现在传统乡村聚落空间结构之中，就是依托自然景观、田园生活习惯、宗族血缘关系、邻里地缘关系等所建立起的，带有朴素、自然、淡雅、丰富的韵味，又充满自然趣味、生态理念、人文气息的居住场所。当然，不同的处理手法会建构出不同的精神空间，具体而言主要有以下三种处理手法和精神文化。

其一，是以自然山水之美为核心，所营造出的聚落环境意象。这种尊重自然、贴近自然、融于自然的环境意象，是人类在发展和生活繁衍之中对自然生态的敬畏和大自然馈赠的感激，最终所形成的一种精神文化。

体现在传统乡村聚落空间的结构方面，就是村落往往会选址在景色秀丽的山水之间，或者环境优美、植被丰厚、水资源富足的沃土地带，而在这样的自然风景中营造村落，自然而然就描绘出了一幅绿水青山、肥田沃野、人与自然和谐共处的美景。

在村落发展延续过程中，人们也会借助自然景观来营造村落的环境，依托自然景观和山水的变化来寄托情感、感悟伦理道德，最终就形成了借助自然生态之美承载人文情怀，并歌颂自然、敬畏自然、欣赏自然美景的精神意识，从而建构出了以自然山水之美为核心的聚落空间环境，其意象本身就拥有极强的自然感悟和情怀。

其二，是建立了以宗祠礼制为核心的聚落集体性精神空间。传统乡村聚落在形成、空间规划、空间布局过程中，因为宗族、家族、多姓聚居是聚落空间结构形成的主体，所以逐渐形成了以宗祠为核心的精神空间，如通过建立以祠堂为核心的祭祖、礼拜活动空间，借助对血缘关系的重视和对祖先的崇拜来教化和增强聚落的情感凝聚力；通过营造同姓同宗的多代人共同生活的合院，来组建出家庭共同活动的空间，从而有效提高同宗族的合作精神；通过构建幽静的巷道空间连接不同家庭的整齐住宅，来建立每家每户之间的联系，并以此为纽带形成集体生活空间，增进家庭之间的联系；通过构建水井、凉亭、广场、风水树荫等公共空间，来拓展村落中人与人的交往空间，从而有效增进邻里乡亲的感情；通过营建拥有浓郁乡村文化、风俗特点的各种空间和装饰，来有效提升村落整体环境的文化品质和文化底蕴等。

这些都是以尊亲、礼仪等宗祠礼制的理念为核心，最终建立而成的传统乡村聚落的精神空间，承载着村落之中人们的生活理念、家园精神和风俗习惯特性，支撑着村落中人们的各种精神生活。

其三，是建立以伦理、礼乐文化为核心的聚落个体精神空间。传统乡村聚落的空间结构体系中，聚落环境意象是从村落的整体空间布局和结构来展现，而宗祠礼制核心的精神空间则是从村落的精神重心、重点空间布局来展现，其他的民族、个体相关的精神文化特性，则会以散布在村落之中的各种具有精神内涵的空间来展现。

这些空间包括标志性、纪念性建筑，如歌功颂德的牌坊、碑亭，能够体现村落中民众的精神面貌；如匾额、对联、石雕、木雕、砖雕，能够表现出村落中民众的人伦常理，历史传说和精神诉求，涵盖的是村落中民众的普遍民族精神和朴素的精神追求；村落之中一系列的乡村文化活动展示空间，则能够塑造和凝聚村落中民众的朴实娱乐精神，最具代表性的就是传统乡村聚落空间中的戏台、广场等。

这些形式多样、结构不一、布局不定的村落空间结构，承载着不同村落的不同文化精神特性，均具有强烈的精神感召力、朴实感染力和精神追求支撑力，也是传统乡村聚落空间结构中必不可少的存在。

从上述传统乡村聚落空间结构体系的分析来看，传统乡村聚落空间结构主要包括物质和文化两大部分，物质层面主要以村落空间整体形态、空间布局形式、空间连接网络，公共空间节点和界面，家庭建筑组团形式和连接布局，个体建筑空间格局和个性特征等组成。

精神层面则主要以自然为核心、以人为本的天人合一思想，宗祠礼制为核心所形成的制度规范，民族风俗习惯和行为准则，个体的精神诉求和风水理念等组成。

第二节　传统乡村聚落空间的物质内涵

物质层面的各部分内容和精神层面的各部分内容相结合，最终就形成了传统乡村聚落多样化的空间结构体系，也使得传统乡村聚落空间不同物质空间元素拥有了不同的物质内涵。以下从传统乡村聚落空间结构体系中最基础的四个空间层面来分析其具备的物质内涵，如图 3-2 所示。

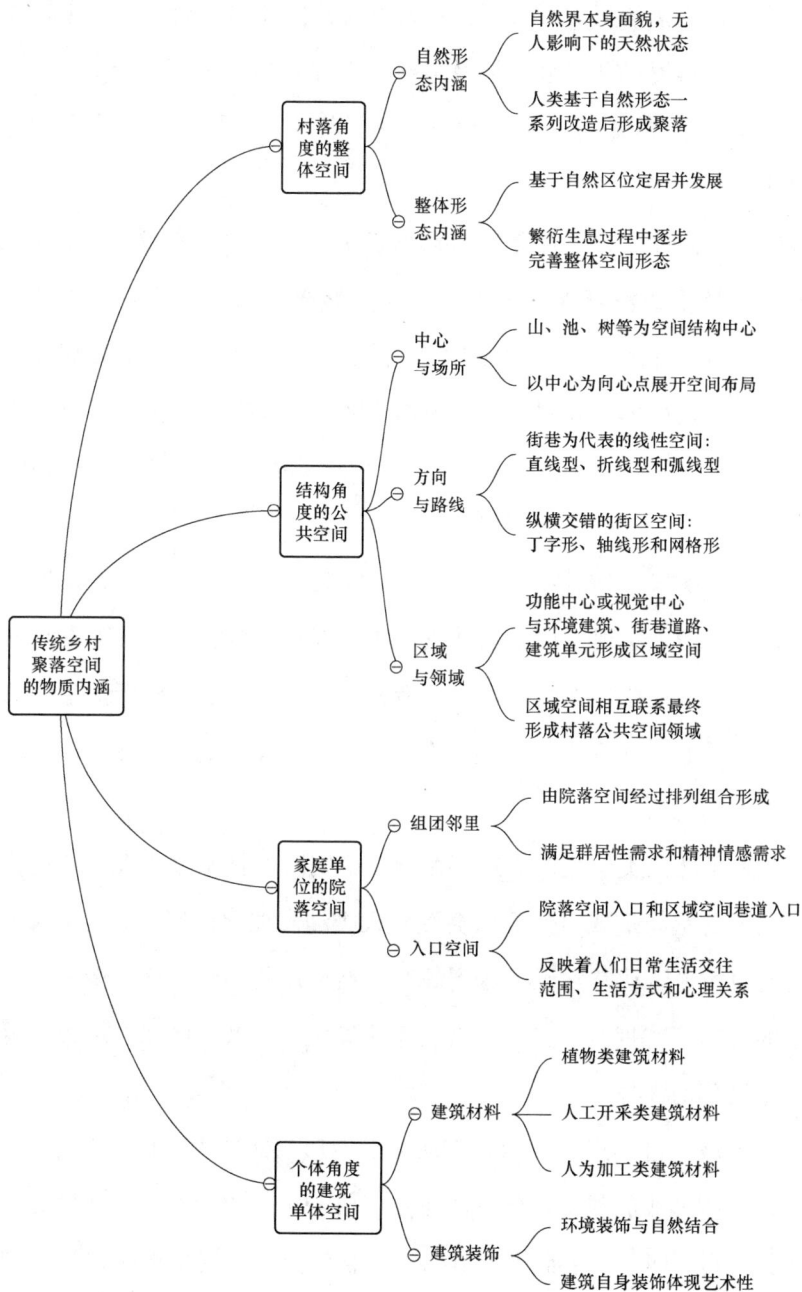

图 3-2 传统乡村聚落空间的物质内涵

一、村落角度的整体空间

传统乡村聚落的形成和发展，是人类与自然和谐共处过程之中，依托自身生产力的不断提高和发展，以及自身生存和生活需求不断变更的过程中，逐步完善和成型，从村落的整体角度来看，传统乡村聚落的整体空间包括两方面内涵。

其中一个方面是自然形态。自然形态指的是自然界本身所具有的面貌，是自然生态环境在没有人为影响下的天然形态，如原始社会村落尚未形成时，人类先祖会择地而居，寻找山洞、树冠等较为隐蔽之处进行居住，以便起到减少生存危机的主要目标，这种模式之下，人类不会对自然形态的空间进行加工处理，所以属于纯天然的居住状态，类似以天为被、以地为床的天然状态。

而随着人类第一次社会大分工出现，农业开始成为人类生存发展过程中的重要活动，为了实现定居生活并发展农业经济，传统乡村聚落真正开始形成，因为人类是依托自然生态环境营造村落，因此传统乡村聚落空间的形式一般都是在原始自然形态的基础上进行一系列人工改造，最终得以呈现出基于自然形态的村落。

而且，虽然人类的生产力在不断提升，同时科技水平也在不断提高，传统乡村聚落的空间形式自然而然会受到人类动态变化的影响，但是从根源而言，人类的各种活动常常无法达到破坏自然形态的地步，这就造就了传统乡村聚落的空间形态拥有了自然形态的基本特征，所以从自然形态角度就可以大体确定聚落的大体形状。

如某区域的自然形态为两条江河交汇所形成的冲积平原，那么以江河交汇处为根基所形成的村落，会自然而然形成十字形空间布局，并以此为根基不断延伸发展，即使发展到非常壮大，其整体空间布局依旧是以江河交汇处为根基所形成的十字形空间布局。

另一个方面则是聚落的整体形态。当传统乡村聚落选定具体的区位开始发展后，在村落民众的推动之下，整个聚落会经历一个极为漫长的繁衍生息、迁居定居的过程。

此过程中随着人口数量的变化、资源状况的变化，聚落会通过不断积累而不断发展壮大，并且会在村落居民的生活、生产需求下，出现纵横交错的道路、街巷，也会出现大量公共空间和设施，同时会出现越来越多的居民住宅，整个聚落的空间形态会逐渐发生变化，即规模不断扩大，整体空间形态日趋完整饱满，最终村落的整体形态会基本确定，后续的发展自然会在此整体形态基础之上进行发展和再度完善。

二、结构角度的公共空间

从空间结构的角度来看，传统乡村聚落的公共空间就是其空间结构的具体表现，具体可以从三个角度进行公共空间分析，分别是中心与场所、方向与路线、区域与领域。

（一）中心与场所

传统乡村聚落的中心通常就是村落的核心场所，可以将其视为村落的中心成长点，整个村落的其他空间元素都会以成长点为中心，向外以同心圆或放射状，呈均衡或不均衡方式不断拓展和延伸，最终构建成为传统乡村聚落的空间结构体系。

通常，传统乡村聚落的中心及核心场所，是戏台、祠堂、家庙、寺庙、广场、主道路交叉口等，多数会采用以山、池、房、树、空旷广场等为中心，以此为向心点进行空间布局，组建各种其他的建筑或环境空间，最终形成整体的村落空间结构。

传统乡村聚落整个空间结构的中心，宛若一个中心点支撑起整个村落的空间布局，也能够让整个村落拥有一个具备中心地位的支柱点或者精神支柱点，最终从空间结构或精神结构方面支撑起村落的布局。

（二）方向与路线

不论是哪个空间，都具有不同的方向，人类在空间结构之中进行不同空间的转移，就需要借助方向，而转移形式就是人类行走的路线。在传统乡村聚落之中，方向的呈现主要为路线，也就是村落中的街巷、道路等，这些路线构成了整个空间结构的布局脉络，属于支撑整个村落空间形态的骨架，更是公共空间的重要组成部分，使各个空间区域、空间元素得以形成联系，并最终组合为整体的纽带。

传统乡村聚落中的街巷道路，按照规模的大小可以分为街巷和街区两类。

街巷属于连续的线性空间，通过连续的线路将不同的空间场所进行连接，从而使整个村落的所有空间元素形成统一的整体，且因为不同的街巷形式会随着村落的发展而不断演变和延伸，最终形成了各具特色的传统乡村聚落的街巷空间。

街巷空间属于线性空间，主要包括三种类型，一种是直线型，即整个线性空间呈直线状，属于最简单的空间形态，空间层次性交叉，但是便于人流疏散；一种是折线型，即线性空间有转折，具有一定的空间层次性，能够有效连接不同空间层次的空间，具有引导空间的作用，也能够有效吸引人的流动；还有一种是弧线型，即线性空间具有一定弧度、婉转，且这种弧度和婉转并不一定处于平面上，也可以出现在立面上，从而显得空间极为丰富多变，拥有很强的步移景异之趣，带有较强的艺术审美感，多数存在于山区村落之中。

街区是在街巷的延展和扩张，在街巷的基础上形成具有规模的扩充之后，街巷向四周形成延伸并贯通，最终就能够形成纵横交错的街区空间。也可以理解为街区属于一条街巷或多条街巷，以及其中的各种建筑组合后形成的统一空间布局，通常街区空间同样包括三种类型。

一种是丁字形，是一种由主建筑或建筑群体，还有建筑前后的东西向横街巷和南北向纵街巷组合衍生出的街区，其中街巷会形成丁字形，而整个空间结构处于中心地位的是主建筑或建筑群，这些建筑形成了村落的视觉中心或功能中心。

一种是轴线形，是一条街巷之中构建各种重要的公共建筑，这些公共建筑是整个街区空间的轴线节点，其他建筑则沿着街巷和重要公共建筑形成的轴线分布在两侧，这种空间结构中心极为明确，且空间结构布局呈流线形，极为清晰顺畅。

还有一种是网格形，通常是在轴线形空间结构基础上发展而来，即在保持重要建筑已有轴线空间布局的基础上，在两侧增加街巷和对应的建筑，最终使整个空间结构中心明确的同时，又能够不断延展和扩张，其中的街巷既有中心又呈网格式局部，纵横交错形成极大范围的街区空间。

（三）区域与领域

传统乡村聚落之中的居民住所单元，通常呈现为矩形，这些矩形单元和四通八达的街巷道路组合之后，就会使整个聚落公共空间呈现出几何状网格，整个聚落公共空间的布局虽然通常看似非常随意，显得自然又生动，但借助几何状网格的划分，就使得整个聚落的公共空间布局在随意之中又具有一定的规律。

整体而言，传统乡村聚落的公共空间，会由核心节点空间（中心点）、街巷空间、街区空间，最终串联组合成一个面空间，这种外在表现就是村落公共空间中的点、线、面架构空间结构的直观体现。

在整个传统乡村聚落的公共空间中，核心节点空间并非仅有一个，以不同核心节点空间为中心，以街巷道路为连接线和纽带，以不同的环境要素和空间辅助建筑或景观为修饰，最终就会在村落之中形成一个个不同的区域，这些区域均有不同的功能中心或视觉中心，不同区域之间通过街巷道路为界线，连接着其他区域，最终就会形成一个完整的村落，并与外部空间相接，从而使村落宛如一个独立的领域存在于某个区域。

村落之中的每个区域都会有不同的功能重心，区域自身通过建筑单元和街巷道路建构出一个协调的区域空间，区域空间又通过建筑群体和街巷道路界线彼此相连，协调共存，最终区域空间自身及相互之间，就会形成多样化的指向关系，如起始与结束、连接与疏通、凝聚与分流、停留与转折等，从而形成了功能多样、空间结构彼此联系又多样化的村落公共空间领域。

三、家庭单位的院落空间

传统乡村聚落是承载人们居住和生活的主要空间，而不同的家庭会以院落空间的形式成为村落之中的家庭单位，这些院落空间借助巷道、入口、邻里关系等最终形成村落的主要建筑群。家庭单位的院落空间的结构布局，主要依托组团邻里和入口空间予以呈现。

传统乡村聚落的形成源头，是人类聚集而居的需求，这就使得村落之中的建筑，家庭住宅所形成的院落空间占据的比重最大也最密集，甚至能够占据到整个村落空间的九成以上。

作为人们日常生活的场所，院落空间会以家庭单位的方式，与其他院落空间进行组合排列，最终形成组团邻里，一方面是为了满足人聚集而居的群居性需求；另一方面则能够让使用者感受到居住空间的舒适性，从而满足自身的精神和情感需求。

村落中的院落空间最终形成组团邻里，需要依托对应入口空间产生联系，入口空间一方面表现为每个院落空间的入口，包括院落大门的开合方向、对应方向、大小等；另一方面则表现为连接多个院落空间形成的区域空间的巷道，以及巷道入口的方向和走势。

这两个入口空间反映着人们日常生活中的交往空间范围，同时也反映着人们的生活方式和彼此之间的心理关系，通常巷道入口空间能够反映出该巷道内所有院落空间的使用者之间的关系更加紧密，而相邻院落空间的入口彼此靠近，对应的则是邻里之间的心理关系也会更加紧密，最终通过不同层次的心理关系和入口空间范围，呈现出错落有致的空间结构布局和不同疏远程度的邻里关系。

四、个体角度的建筑单体空间

从个体角度而言，传统乡村聚落空间的主体就是建筑单体空间，其建筑特征是在多种因素影响下生成的。中国疆域辽阔民族众多，在悠久的发展历史中，不同地区不同民族在不同的历史背景、时代背景下，以及不同的自然环境特征和区域地形地貌特征影响下，形成了不同的文化传统、生活习俗，同时不同的个体也有不同的生活经历和家庭成长环境，这就造就了不同地区、不同民族、不同村落、不同家庭的审美观念差异巨大，从而呈现出了差异性极大的传统乡村聚落的建筑特征。

上述影响传统乡村聚落建筑特征和建筑风格的各项因素中，最关键的因素就是自然地理环境因素和人文社会因素，其造就了村落建筑风格的巨大差异，这种差异主要表现在建筑材料和建筑装饰两个方面。

（一）建筑材料

任何建筑都是由物质材料构建形成，因此建筑材料承载着建筑空间的物质属性，同时也是建筑空间形成的主要元素。传统乡村聚落中，建筑单体空间是人们日常生活中的重要空间，同时也是整个村落空间结构体系的重要组成部分，其所运用的建筑材料，表现了村落营建过程中的自然地理环境特性和人文社会特性。

传统乡村聚落的建筑单体所运用的建筑材料主要包括三类，第一类是植物类材料，如木材、竹材、植物秸秆，村落建筑的材料运用，就体现着村落所在区域的自然环境特性和人文社会特性，中国自古就秉承着天人合一的行事思想，在营建村落时同样融入了天人合一思想，植物源于自然且资源非常丰富，因此传统乡村聚落的建筑材料中植物类材料非常常见。

如南方潮湿多雨且气候温暖，为竹类植物提供了良好的生存环境，且竹类植物生长迅速，同时又韧性十足坚固耐用，因此成了很多南方村落建筑的主材；北方气候寒冷，树木众多生长缓慢，所以木材硬度和密度都极高，承载力很强，所以就成了很多北方村落建筑梁和柱的主材，另外北方平原地区农业发展较快，农作物秸秆还被用于建筑屋顶的铺盖，以便起到防风、保温的作用。

第二类是人工开采类材料，主要是砂石、土壤、石灰等，以及三者混合后的混凝土，此类建筑材料同样体现了自然环境特性和人文社会特性。如北方气候寒冷，土壤和砂石等拥有很强的蓄热性，为了抗寒所以村落的建筑会以土墙为外墙，并将其加厚来提高保温性能，同时借助采光在白天蓄热，夜晚则能够缓慢释放热量确保室内的温度；如山区山川众多，坚固的石材自然就成了村落中极为常见的建筑主体材料。

第三类是人为加工类材料，主要包括砖石、瓦等，而且随着时代和科技的发展，人为加工类建筑材料的种类更加丰富和多样。砖石和瓦均是烧制品，由黏土混合物经过高温烧制后形成，坚固耐用，且搭配人工开采的石灰材料，能够使建筑更加结实耐用和安全。砖石和瓦都是由黏土混合物烧制而成，所以这种建筑材料在山区的村落中就很少见，同样体现了因地制宜、就地取材的生活原则。

（二）建筑装饰

建筑装饰主要分为建筑环境装饰和建筑自身装饰两类，其属于建筑艺术和建筑风格得以表达和展现的重要措施，能够将建筑的美学价值、使用者的审美理念进行更好地表达。

传统乡村聚落的建筑单体，其建筑环境装饰完全体现了中国自古以来就重视的人与自然环境和谐共处、追求天人合一和自然山水意境的审美情趣，而且不同民族、不同区域、不同文化和不同习俗的村落，建筑环境装饰也会有所不同，呈现的是不同区域和习俗影响下人们不同的美学观念。

最为常见的村落建筑单体的建筑环境装饰，包括屏风、影壁等，拥有呈现丰富空间变化的作用；包括游廊、厅轩等，拥有组织交通和引导方向的作用；假山奇石、花鸟鱼虫、树木植被等，拥有装点院落、表达使用者审美观念的功能，呈现出的是个体的个性化特性。

建筑自身装饰就是在营造建筑过程中，对建筑外表进行装饰，以便呈现出地域文化特色和民族文化特色，以及对应的审美理念和审美情趣。传统乡村聚落中建筑自身的装饰按照建筑部位可以分为建筑结构系统装饰和建筑围护系统装饰。

因为中国传统乡村聚落的建筑多数采用的是砖木为主体材料，所以建筑自身装饰主要从砖木等外表的修饰进行展现，其中，建筑结构系统装饰通常表现在建筑外表的雕刻方面，如斗拱的装饰花纹、木作的花雕、砖雕；而建筑围护系统装饰则通常表现在门、窗、瓦等围护主体的艺术处理方面，如窗花、屋檐。

第三节　传统乡村聚落空间的文化内涵

传统乡村聚落空间的文化内涵主要包括两个层面，一个是物质文化，能够通过有形物质作为直接载体予以表现；另一个则是非物质文化，通常以非物质文化遗产为载体予以表现。相对而言，物质文化的呈现更加具象化和形象化，因此更易被人接受和认可，而非物质文化则较为抽象，需要深入挖掘和拓展。

一、传统乡村聚落空间的物质文化

物质文化指的是人类在发展过程中所创造的各种物质产品及其体现出的各种文化内涵，是人类发明创造的技术和物质产品结合显现的内容，其本质是一种文化或文明状态。

中国传统乡村聚落发展历史极为悠久，其构建而成的村落文化景观，就是聚落空间物质文化的外在表现。传统乡村聚落的空间形态，受到了中国传统文化的深刻影响，其蕴含的物质文化主要表现在以下几个方面。

（一）天人合一的有机生态思想

中国传统哲学极为讲究天人合一思想，强调要将人看作大自然的一部分，因此在营建村落的过程中，也极为注重对自然山水的保护，讲究的是与自然环境和谐共生，借自然之力达成自身生存和生活的需求。

这种天人合一的有机生态思想，在传统乡村聚落空间形态方面主要表现为对自然的利用和对自然的适应两个层面。

如村落构建背靠山川，能够有效借助山川自然之力抵挡冬季寒潮的侵袭，村落构建面朝江河湖泊，能够有效借用水利进行生产、生活、灌溉、行船，同时还能够借助水资源来迎纳夏日清凉气息，从而有效调节村落区域的小气候；村落之中的各个建筑构建时均坐北朝南，则能够有效利用太阳的照射，获得更加充足的日照；村落之中的各种植被，不仅能够涵养水源、保持水土，同时还能够丰富聚落的景观并调节村落区域小气候，使得村落之中空气清新充满自然芬芳。

另外，传统乡村聚落会借助聚落选址和空间布局，来实现与地方生态环境紧密衔接、和谐统一的效果。如聚落的建筑取材多数会就地取材，西南山区生产石材木材和竹材，所以村落的建筑多数是干阑式木结构，以及石砌建筑群；闽西闽南则因为采石用土极为方便，所以土楼建筑群极多。

正是这种对自然尊崇并有效进行利用的观念，造就了传统乡村聚落"枕山面水、坐北朝南、植被茂盛"的综合生态环境。

在尊崇自然生态环境特征，有效利用自然资源的基础之上，传统乡村聚落空间形态还表现出了对自然极强的适应能力，不同气候不同区域中所形成的截然不同的聚落景观、建筑形制和空间格局，其实都是聚落对自然环境的一种主动适应。

如四川很多区域山势陡峭，江河纵横，这就造成四川区域的村落整体建筑空间较小，不如平原地区广阔自由，于是就形成了吊脚为楼的建筑空间格局，同时建筑之中还多数设有天井和出檐较为深远的坡屋顶，这种空间格局和建筑形制，不仅能够有效节省建筑空间，还有效增加了建筑使用面积，同时能够达到降温排水，缓解四川气候炎热潮湿的目的。

（二）借景取意的符号景观特征

中国传统哲学思想的发展和完善，一直遵循以自然为基础与核心而不断进行延伸，体现在传统乡村聚落空间形态的物质文化方面，就形成了借景取意的符号景观特征，其主要表现在满足人们心理需求的两个层面。

1. 趋吉避凶的心理需求

中国自古以来就追求顺应自然、适应自然以满足自身趋吉避凶的传统心理需求，在这样的心理需求推动下，使多数传统乡村聚落会选择在有山有水、有田有林，且相对封闭不易被外界侵扰的地理环境，从而做到自给自足、心旷神怡，最终建构一个理想的趋吉避凶的生活场所。

不仅选址的过程中传统乡村聚落会寻找土地肥沃、生活便利、风光优美、人身安全的场所，在营造村落的过程中，还会通过对周边地理形制、村落空间形态的调整和构建，来形成极为特殊的象征性符号，以便满足人们趋吉避凶的传统心理需求。

如有些古镇从总整体空间布局来看，选址是背山面水风景宜人之所，而且村落所依靠的山通常山势蜿蜒、山脉层层拔高且植被繁茂，山谷有若干河流汇集，村落就处在河流相交的夹角中，背靠山脉面朝江河，以便承载福气汇聚宝地之意，村落周围小山环绕，兼具环护村落以展现护卫寓意。

如有些古村落会选择地形平缓、环境安定祥和、物资丰盈之地，天然的地形地貌和植被萦绕的自然生态环境，本就能够给予村落中人们一种环绕和安全感，同时村落周围存在数个环绕的山头，也会被人们命名为护卫之名，如村落周围有四座山头形成护卫，就会以中国传说中的护卫之兽"蛇、龟、象、狮"来命名，以便满足人们趋吉避凶的心理需求。

2. 借形抒意的心理需求

传统乡村聚落的营建不仅十分重视选址，为了能够保一方稳定且平安传承繁衍，在营造聚落的各种建筑和空间的过程中，也会在空间布局和空间形态方面做足文章，从而以特殊的空间格局来借形抒意，最终满足人们潜在的心理需求。

通常情况下，传统乡村聚落受到地形地貌因素的制约和限制，通常规模较小，所以极为强调尊重自然因地制宜，而且此过程中为了满足人们的某些心理需求，还会以借形抒意的方式予以呈现。

如传统社会中人们十分讲究尊重地形和地物，也就形成了习惯在自然中寻求秩序的心理，以便达到尊崇自然秩序来满足心理诉求的目的。有些传统乡村聚落就表现为对自然地形中的特定自然物崇拜和尊重的行为，在营造村落和规划设计村落空间布局时，就会在重要的节点处，保留特定的自然物或栽种特定的植物，以此物来寄寓村落兴衰祸福，形成极为特殊的心理寄托。最具代表性的一种是将特定植物视为村落吉祥安定的象征，如云南大理的白族就将大榕树视为象征，所以每个白族村落的中心都会以大榕树为地标，整个村落的空间形态和布局都会以大榕树为中心展开，从而形成了极具特色的节点景观式布局。

有些传统乡村聚落会以特定的期望和愿景为核心，来引导整个村落的规划设计及空间布局，从而使整个村落形成极富寓意的空间形态，以承载对应的期望和愿景。

浙江温州永嘉县岩头镇下辖的芙蓉村，是中国著名古村落，整个村落的空间形态和布局，就承载了营建村落的古人的期望，渴求村落后代能够人才辈出且子孙发迹鼎盛，以七星八斗为规划构思和立意之本，村落以七个标志物为核心形成七星之态，通过东西南北四条主要街道连接七星，架构为整个村落的主要道路系统，又以八斗为中心布置了村落的公共活动中心和住宅区，最终构建为八个相对独立的区域，又以供水和排水系统将八个区域进行沟通串联，呈现出了八斗套七星的独特空间格局。

二、传统乡村聚落空间的非物质文化

非物质文化与物质文化是相对应的关系，属于人类在各种社会实践和活动之中所创造和形成的各种精神文化，可以大体分为三类，第一类是与自然生态环境相适应所形成的自然科学、自然艺术、自然哲学等；第二类是与社会发展和人文环境相配合所产生的文字、道德、语言、文字、公序良俗等；第三类则是与物质形态、物质文化相配合所产生的传统技艺等。

此处从自然哲学中的宗法制度、公序良俗和传统技艺三个角度来分析传统乡村聚落空间的非物质文化内涵。

（一）宗法制度对聚落空间的影响

中国古代是一个极为典型的以血缘关系为纽带而发展延续的宗法社会，聚族而居、家族迁徙的宗族意识，以及遵循血缘关系的宗法制度也就成了传统乡村聚落空间形态的一种重要思想指导，并最终外化于聚落生活秩序、建筑形制和空间组织的各个方面。

宗法制度给中国社会的发展带来了深远的影响，如导致了中国父系原则的广泛实行，从而形成了嫡长子主传承的思想；宗法制度有效捍卫了宗族的集体利益，促进了宗族体系的发展和延续；宗法制度促成了家国同构的治理观念，从而导致个人、家庭和国家子民的品质需要和谐统一，忠孝成为中国道德和伦理本位等。

宗法制度同样对传统乡村聚落的空间形态、空间布局产生了巨大影响，在很多村落的空间布局就可以深刻感受和认识到其背后蕴含的非物质文化内涵。

最为突出的就是以血缘关系为核心形成和发展的传统乡村聚落，多数是以宗祠为村落核心，并以此为中心呈向心式进行空间布局。而且宗祠建筑在建筑形制、建筑体量、建筑材料、建筑色彩等各个方面都会呈现出与其他建筑截然不同之处，以便让宗祠建筑能够在村落之中众多建筑中脱颖而出，最终成为整个村落和宗族的精神空间和精神支撑。

　　另外，受到传统尊老爱幼习俗、尊卑贵贱等级思想的影响，传统社会中以血缘关系建构而成的村落，通常会以宗族中族长和长老的领地为中心，由内而外逐渐扩展，最终形成若干居住组团，而且会约定俗成地以东方为长房以西方为次房，就形成了极具秩序且分区明确的聚落空间组团形态，整个村落的空间布局就呈现出了宗族理念。

（二）公序良俗对聚落空间的影响

　　公序良俗是公共秩序和善良习俗或风俗的简称，其中公共秩序指的是国家和社会层面的基本秩序和根本理念，属于国家和社会层面整体利益相关的基础性原则和价值，强调国家和社会层面的价值理念，属于宏观性原则；善良习俗则指的是社会主流所遵循的道德观念或良好道德风尚，细化包括良好风尚、商业道德、社会公德等，其具有一定时代性和地域性，会随着整个社会成员普遍道德观念的变化而发生变化，突出的是民间道德观念和基于民间道德观念之上形成的各种习俗及风俗。

　　从公共秩序层面来看，传统乡村聚落空间形态的形成和发展，都与国家和社会的发展历程、秩序标准息息相关。如传统乡村聚落是人类第一次社会大分工之后广泛诞生的，因此与农业息息相关，在之后数千年的发展过程中，传统乡村聚落一直秉承的都是农耕土地不论是数量还是安全都必须得到保障的理念，而这种理念就是国家和社会发展中所形成的重要的公共秩序之一，也是农耕经济的关键所在。

　　这种公共秩序也就造就了传统乡村聚落整体空间布局，都是以耕地为重点，在确保耕地面积、质量和安全的基础上，再因地制宜营建村落的住宅和其他空间。如传统乡村聚落的选址多数会依山傍水，其本质目的是借助自然水资源对耕地进行更加便利的灌溉；山区很多村落根据山川走势而建，形成了错落有致、高低相间的空间格局，其同样是为了将较为平整且适宜农耕的土地筛选出来从事农业生产。

　　另外，传统中国社会长期处于农耕经济阶段，这也就形成了农耕经济为主体和重点的公共秩序，从而在传统乡村聚落发展过程中所形成的商业化城镇聚落，也需要以村落的农耕经济为核心，服务于村落，从而有效推动了传统乡村聚落空间形态的延伸、发展，但同时又不会影响到农耕经济的主体——农田。

从善良习俗层面来看，其主要体现在特定时代和社会发展背景下形成的社会道德观念和风尚，有时代性和地域性，突出的是基于道德观念和道德风尚所形成的习俗和风俗。

习俗和风俗的形成，就是个体或集体在特定社会文化区域，受历代人遵守的行为模式和规范影响最终所形成的约定俗成的传统风尚、礼节、习性等，其中因为自然条件不同所产生的不同行为规范被称为"风"，而不同社会文化背景和时代背景所造就的行为规则的不同则被称为"俗"，因为其本身就是在特定区域、特定社会和文化背景影响下逐步形成的，所以对该区域集体中的各个成员的行为举止等均有很强的制约作用。

善良习俗影响传统乡村聚落空间形态和布局的主要元素，包括民族风俗、节日习俗、传统礼节等。很多民族风俗和节日习俗，都是在农耕文化影响下逐渐形成并完善，因此多数和土地、耕种、气候等息息相关，最具代表性的就是二十四节气，如清明、谷雨、小满、立秋、秋分，均与农耕有极为密切的关系；以及各种传统节日，如春节、端午、中元、中秋、重阳、元宵，则与村落中的各种礼节、理念有密切关系。这些风俗习惯会对村落的场所、农耕行为、人们的心理等产生巨大影响，从而会潜移默化影响传统乡村聚落的空间布局模式和空间形态。

（三）传统技艺对聚落空间的影响

传统技艺是诞生于民间并传承发展而来的技艺，每一门技艺均烙印着深邃的民族特色和民族文化底蕴。传统技艺极为丰富多样，其中与传统乡村聚落空间关系极为紧密的就是传统砖木结构营造技艺，其会通过村落之中的建筑修饰、建筑风格、建筑工艺等物质形象得以展现。

　　传统社会中的建筑主要以木材、土、砖瓦、岩石等为材料，在数千年的传统建筑建造过程中，中国工匠不仅积累了极为丰富的手工艺经验和形成了极为多样且完善的技术体系，而且在传统乡村聚落空间的营造过程中也占据了极为关键的地位。

　　从传统砖木结构营造技艺来看，传统乡村聚落各个空间元素的营造，都以最终独具民族特色和文化特色的物质形象，承载着丰富且极具底蕴的文化内涵，最终将深邃的文化底蕴和内涵极为直观地呈现于世人面前。其对传统乡村聚落空间形态的影响，更多集中在需求满足和未来发展方面，如独特且系统的材料选择技艺、结构呈现方法、加工和制造零件的技艺、施工安装技艺、修饰美的呈现方法等，均会在一定程度上影响传统乡村聚落建筑的空间形式和空间布局。

　　也就是说，传统技艺能够通过物质内涵与文化内涵的相互制约、相互影响和相互融合，对传统乡村聚落的空间产生深刻的影响。而且传统技艺所秉承的理念，也通常会和中国传统文化、哲学思想完美融合。

　　以传统砖木结构营造技艺为例，在建筑空间营造方面其专业分工极为细致，包括大木作、小木作、土作、砖作、瓦作、石作、彩画作、搭材作、裱糊作等，而且占据主导地位的就是大木作，其主要负责构架建筑主体结构部分，如梁、柱、枋、檩、椽、角梁等，同时也负责调整和协调木建筑各部分的比例尺度，从而构建出各色形体外观。

　　从中可以看出，大木构造作为传统砖木结构营造技艺中的一类，对传统乡村聚落的建筑形态、空间布局等都可以产生极为重要的影响，如大木构造通常以榫卯构造为核心，即很少使用金属钉甚至不需使用金属钉，一方面能够有效减少金属锈蚀所造成的使用年限缩短的问题；另一方面也能够充分利用木材资源，减少资源浪费，而且可以通过对应的比例尺度调整让建筑结构和空间形态更加符合使用需求，同时又满足审美需求。

　　而且不同区域的传统乡村聚落，构造建筑的大木结构还会采用不同的建筑构架形式，如最常见的厅堂结构，屋架由长短不等的柱梁组合而成，极为适合建造小规模房屋和少层数房屋，也称为柱梁作，应用极为普遍。

在长江流域、东南、西南地区，虽然建筑构架也属于厅堂结构，但减少了梁的作用，由柱直接承载檩，也称为穿斗式构架，其具有用料少、省工、施工简单且较为经济的特点，屋架中立柱更加密集，所以更便于安装壁板或泥墙，只是房屋的空间会稍显狭窄。

而在北方地域广阔的地域，使用的建筑构架则是抬梁式构架，也称为叠梁式构架，同属于厅堂结构，但结构更加复杂，通常为柱上放梁、梁上再放短柱、短柱上再放短梁，层叠而至屋脊，加工要求更加细致，优点是结构牢固且经久耐用，同时能够让内部空间更大，从而产生较为宏伟的气势和极为美观的造型。

上述两种木作构架，应用地域有所不同，不仅会形成不同空间形态和空间效果的村落建筑，而且能够呈现出不同地域人们的个性特征，如穿斗式构架更显江南区域村落民众性格的温和，情感的细腻，生活习性的恬淡安逸和耐性十足；而抬梁式构架则凸显了北方区域村落民众豪迈的性格和更易展露气势的习性，大气磅礴且生活习性更加耿直豁达。

第四节　传统乡村聚落空间的价值体现

空间本身就是物质存在的广延性存在，借助物质形态的呈现，人类能够对空间形成非常直观的认识，同时也能够通过创造空间来提升物质空间的内涵与价值。

一、传统乡村聚落空间价值的内容

传统乡村聚落空间中包含着极为丰富的元素，不论是村落的整体空间景观，还是村落之中的建筑物、道路、水道、广场、江河溪流、植被，都是传统乡村聚落空间的重要组成部分，这些空间元素通过不同的形态、布局，体现了传统乡村聚落空间的不同类型和结构，同时也反映了传统乡村聚落中居民的物质需求、精神需求、文化需求等，蕴含着非常深厚的艺术底蕴和文化底蕴。

（一）传统乡村聚落空间承载的内容

传统乡村聚落自形成之始，就一直在以物质实体、直观形态的形式，承载着人类社会和文明发展过程中的变迁。其中不仅容纳了先民非凡的智慧、与大自然和谐共处过程中的核心思想，也体现了时代变迁过程之中，生产、生活、文化、自然资源、生态环境等形成相互适应并共进发展的内涵，更承载了不同地域、不同气候、不同民族在与自然和谐共处过程中所形成的文化烙印。

可以说，传统乡村聚落空间用其实体化的外部表现和内部文化特性，高度浓缩了人类在历史长河之中存在的印记，同时也真实反映了人类在发展过程中，处理人与人之间的关系、处理人与自然之间的关系时，所表现出来的生活观念、生存理念、发展方式等。

传统乡村聚落空间通过建筑层面、布局层面的直观体现，承载了极为深邃的内容，这些丰富的内容自然就让整个传统乡村聚落空间拥有了极为重要的价值。传统乡村聚落空间的价值，不仅包括其外在的物质价值，同时还包括其蕴含的深厚、多样的文化价值。

（二）传统乡村聚落空间的价值

传统乡村聚落空间以实体形态留存世间，使得整个传统乡村聚落空间拥有了以下几个层面的核心价值。

首先，传统乡村聚落空间的实体形态是一种有形的资产和文化符号。作为有形的空间布局和建筑形态，传统乡村聚落空间本身就具有很强的资产价值，其能够作为物质文化遗产留存世间，能够推动人类从历史角度、艺术角度、科学角度、技艺角度整体挖掘相关的价值。同时这些有形的物质形态，也承载着独特的文化符号，能够通过布局形态、装饰手法等体现其文化内涵与文化价值。

其次，传统乡村聚落空间是一个民族的集体记忆，从最初的选址到后续的建筑建设、空间布局，都是由第一批聚落居民亲自动手构筑，而随着聚落的发展延续，聚落居民不断更迭、繁衍，同时聚落空间的格局和建筑形态也随着居民的不断变化而发生改变，可以说聚落的空间承载着无数参与和加入聚落建设的居民的记忆，这种集体记忆最终以聚落的空间布局、建筑形态等予以呈现，具有极为深邃的历史底蕴和时代底蕴。

再次，传统乡村聚落空间的外在表现和演化，与时代、社会发展程度，以及演进过程完全匹配，是承载着变化和发展的物质形态体现。其不仅烙印着聚落文化发展的痕迹，同时也融入了传统社会民众的民族精神和生活观念，承载着人与人的关系、人与自然的关系，准确又真实地反映着不同时代、不同社会背景下，人在自然生态环境之中的聚居模式和聚居理念，且其承载的这些内容均是变化发展的。

最后，传统乡村聚落空间承载着中国民间普世化的公序良俗内涵。不论是基于适应自然生态环境的天人合一思想影响下，最终形成的择地而居、因地制宜、就地取材的建筑理念，还是基于宗法制度下，形成的以祠堂、宗庙为中心环绕延伸的空间布局形式，都体现出了民间对适应自然环境、利用自然资源、不对自然进行破坏的公共秩序，以及尊老爱幼、血缘为核心的善良习俗。

二、传统乡村聚落空间的价值分类

随着时代的发展和科学技术的不断更新，如今各地都拔地而起了一栋栋高耸且安全的楼宇，而与这些现代化建筑形成鲜明对比的，就是那些传承千年却依旧默默承载着无数人的传统乡村聚落，整个聚落空间不仅拥有物质文化遗产所蕴含的宝贵价值，同时还拥有承载民间发展理念、文化习俗、朴素哲学思想等精神价值。具体而言，可以将传统乡村聚落空间的价值分为以下几类，分类如图3-3所示。

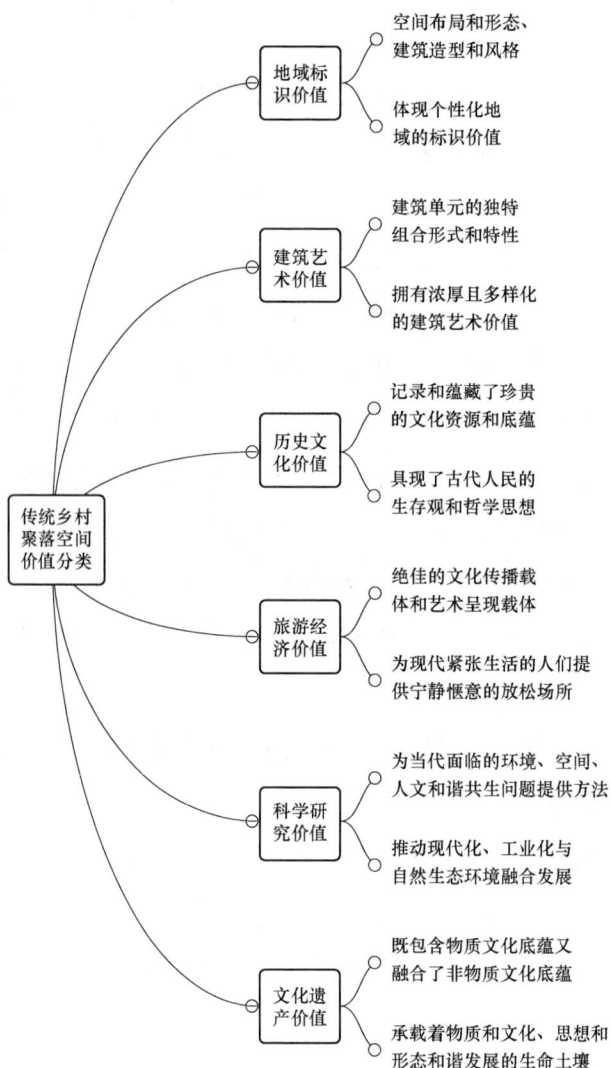

图 3-3　传统乡村聚落空间的价值分类

（一）地域标识价值

传统乡村聚落的空间布局形式、建筑风格、内在文化特质等，都是在不同气候环境、不同地理位置、不同地形地貌、不同风土习俗、不同文化生活理念共同影响之下逐步形成的，尤其是其具体、直观且极具差异的外在建筑形态表现，就形成了独属于某个地域的标识。

不同地域的传统乡村聚落的建筑尺度、建筑形式、建筑符号样式、建筑符号语言、建筑节奏变化等建筑气质和建筑风格，就是该地域本身的个性和魅力的体现，极具地域标识价值。

如北京四合院，体现的就是多朝古都城所形成的内在等级秩序、尊卑关系，是传统社会皇权制的标识性体现；江南水乡的古镇，古桥、流水、碧柳、青砖，则呈现出了江南地域极富诗意和婉约之感的地域特性和人文特性；西北黄土高原上的古镇，朴素厚重的窑洞、俯瞰黄土大地的村落布局，也呈现出了黄土高原那种粗犷豪迈地域特征。

（二）建筑艺术价值

传统乡村聚落空间由各种建筑单元以各种组合方式最终构建而成，因此具有非常浓厚的建筑艺术价值。不同历史时期、不同社会背景、不同地域气候、不同风俗习惯之下，传统乡村聚落空间中的建筑形式、造型方式、空间布局、营造格局、建筑材料、装饰工艺等均会有所不同，这些丰富多彩的建筑特性、建筑组合形式、空间形态表现，都使聚落空间拥有了多样化的建筑艺术价值。

下面以湖南省永州市零陵区水口山镇大皮口村为例，进行详细介绍。

大皮口传统村落位于零陵区水口山镇东南方向，距零陵城区 55 千米。大皮口村海拔 219 米，东经 111°36′47″，北纬 26°12′52″。

大皮口村古建筑保存较完好的是村南院落群，村民叫"五家堂"或"五房堂"，是杨开尧的儿子杨宏昭为他五个儿子杨太巍、杨太崑等所建。祠堂内的烧纸盆有"光绪十九年夏"（1893）刻字，惜字塔有"光绪二十三年"（1897）刻字，由此可推知，五家堂应是清末同治与光绪年间的建筑。

这座民居院落于 2019 年被湖南省列入第十批省级重点文物保护对象。据《零陵梅溪杨氏族谱》上的大皮口村图，五家堂应是五座连屋四个纵巷道，也有人说是"五纵六横十二巷"。五座连屋前面的照墙是宽阔的混水墙，院落前是塘、田，南面由三座独立的横屋环绕着，一座是门楼。五家堂巷巷相通，纵横相连，每栋屋之间用连廊相接，下雨天也可以走遍整个院落而不湿鞋。院落里的门窗、户对、门楣等都采用了或刻或塑的艺术造型，其形式多样，非常精美，具有很高观赏性。

在村北老祠堂内神龛两边的麒麟石雕，右为麒，左为麟，而麟还带着一只幼仔。形象生动，画面圆润，动态感强。特别是麟与幼仔的互相凝望，更是惟妙惟肖。麟面容微笑，眼睛里那种母性的慈祥，幼仔在母亲面前的憨萌娇态刻得非常逼真，这种石雕艺术充分表现了民间艺人高超的艺术水准。祠堂的神龛雕这种仁兽，表达的是村民对美好生活的向往和祈盼。如图 3-4 所示。

图 3-4　大皮口村老祠堂麒麟石雕

除了石雕，大皮口村的木雕也非常具有艺术特色，选用承重的杂木，在粗厚驼峰上刻有各种动物。老祠堂的顶梁上的驼峰刻"狮子下地"；下梁的驼峰要大一倍，刻飞动貔貅；驼峰的木刻猛兽寓意深远，灵动猛兽的艺术美与梁柱承重的完美结合，高超地表现了湘南百姓的审美情趣与工匠智慧。如图 3-5 所示。

大皮口传统村落里的石雕、木刻艺术，可以说充分表现了永州民间艺术的最高水平。既有乡间绅士把自己对传统文化的理解表现在村落的建筑上，充分反映出民间乡贤绅士的文化自觉性，也有民间艺人对各种艺术手法的掌握，以及艺术作品中的文化内涵体现。

(a)

(b)

图 3-5　大皮口村木雕

（三）历史文化价值

传统乡村聚落很多都是自古成形并随着历史车轮的滚动而不断发展和变化，其就如同依旧存活的活化石，记录且蕴藏着极为珍贵且丰富的文化资源和底蕴，具有很强的历史时代感及文化内涵。

在中国悠久的历史上，地形地貌、气候生态环境等均有一定的变化和浮动，同时时代的更迭和科技的发展、文化的丰富等，都会对传统乡村聚落的空间布局、建筑形态、建筑风格和造型特征产生一定影响。不同时代、不同历史背景下，传统乡村聚落的建筑和空间布局随着村落的发展都会形成变化，这就使整个传统乡村聚落空间中，蕴含着极为多样且丰富，同时层次感极强的历史感和文化内涵。

传统乡村聚落空间的这种外在、物质表现形式，将古代人民尊重自然、改造自然、适应自然的生存理念和哲学思想进行了展现，同时也将时代和文化的变迁，通过物化的形式进行了表达和呈现，因此具有非常深厚的历史文化价值。

（四）旅游经济价值

传统乡村聚落能够延续发展至今，其拥有的非常深厚的文化内涵和极具价值的艺术特性，其活化石的存在和宛如传统文化活字典的存在，都使得传统乡村聚落空间能够成为极佳的文化传播载体和艺术呈现载体，完全可以作为真实存在的空间展示其独具韵味的古香古色。

随着时代的快速发展，科学技术的不断进步，现代化、工业化进程的快速推进，使得现代都市的生活节奏愈发紧张，生活与工作的环境也极具现代化气息，自然生态感被极致弱化。而且随着人类对生态环境问题的不断关注，使得现代都市人已经不再仅满足于运用影视作品、社交沟通的方式感受贴近自然的乡村生活，而是期望能够通过近距离接触，真正体会和感悟到乡村宁静、惬意、自然生态且天人合一的生活观念。

从这个角度而言，传统乡村聚落空间拥有极强的旅游经济价值，完全可以依托自身所承载的深厚底蕴和独特风采，向如今处于紧张生活状态下的人们展现自身悠然存于世间的惬意和舒展。

关于传统乡村聚落旅游经济价值，青田县仁庄镇林山村的景观设计是具有典型代表的案例。

青田县仁庄镇林山村地处浙江省东南部青田县，县政府所在地距温州仅约 50 千米，距丽水 70 千米，距青田县中心城区 20 千米，后 5 千米为盘山公路，约有 30 分钟车程，海拔 400 米。因为人口向城市转移，村庄发展失去内部活力，大量农田与房屋闲置，乡村资源利用率偏低，水对景观的串联作用有限。为了振兴该村的发展，该村的景观肌理被进行了再塑造，在满足和提高原有村民生活环境的基础上，以景观带动旅游观光产业，吸引了更多的人回到乡村，将活力重新引入乡村。

具体来说，在村入口设置了景观区，原本放置健身器材的环岛被拆除，改造后的路口入口功能主要为交通、通告、引导、展示，以及部分存在停留和休憩等。村委旁的荒地被改造为停车场，二楼架空为屋顶花园的形式。并将废弃房屋改造为游客服务中心。还在村内设置了太空花卉区，原太空花卉于村庄与村庄东侧梯田交界处，缺少管理。现将其迁移到村庄南侧景观带上，温室结合"鱼"的元素，仿生骨架搭配玻璃构建起框架，花架布置仿照图书馆便于分类管理，同时可以在游客观赏时进行教育科普。共享餐厅位于村庄南侧景观带中部，同太空花卉的温室一样结合"鱼"的元素和林山村鱼灯文化，用类似鱼灯的做法，仿生骨架搭配乡土材料瓦片参考构建起框架。共享餐厅是村庄南侧景观带的支点，连接太空花卉与儿童活动场地，是游客与家人共享美好时光的场所。鱼灯展示体验区位于两条景观轴线的中心相交位置，也是整个林山村的中心位置。展示区建筑起到了林山村特色鱼灯展示、制作体验工坊、特色产品售卖等功能，也是林山村业态的核心区域。梯田栈道区由木栈道和东侧的观景平台组成。木栈道丰富了梯田原本水泥田埂的路网系统，起到了纽带的作用，通过栈道在东侧梯田形成了一条亲近农耕但又不影响农耕的游览路线。栈道末端是架高的云海观景平台，为游客提供了一个更好的欣赏日出与云海的角度。

林山村的案例证明了景观设计在传统乡村聚落建设与改造中发挥旅游价值的重要性，通过创造独特的空间和体验，可以为乡村带来经济、社会的发展。

（五）科学研究价值

自 20 世纪 80 年代改革开放政策实施以来，中国在数十年的时间中得到了巨大的发展，不仅科技水平得到了普遍进步，而且社会经济和民众生活都得到了长足的发展。但是随着工业化、现代化的推进，中国社会也在面临一些发展问题，包括环境污染、自然生态破坏、城乡发展不均衡、传统文化传承危机、传统技艺逐渐消失等。

这是发达国家在工业化进程过程中就已经遭遇过的问题，同时也有中国遭遇的独属于自身的问题，传统乡村聚落空间的变化与发展，能够为上述问题中的困局提供一定的解决思路和解决方法。

传统乡村聚落不仅拥有悠久的历史底蕴和文化底蕴，同时其秉承的天人合一的哲学思想和发展理念，能够促使我们在研究传统乡村聚落空间形态和布局的同时，更好地理解应该如何调整人类自身、工业社会、科学技术、空间形态等，与自然生态、自然环境、天然地形地貌、地域气候等和谐共处。

传统乡村聚落空间的科学研究价值，并非仅分析和研究其建筑造型和材料，而是挖掘和研究传统乡村聚落空间在布局、形态、变化中蕴含的科学底蕴和文化底蕴，以此来拓展天人合一的哲学理念和思想，为现代社会的发展和延续提供新思路。

（六）文化遗产价值

传统乡村聚落空间还拥有非常浓厚的文化遗产价值，这种文化遗产价值属于一种现代视角下新的文化遗产，具体表现在以下四个层面。

其一，传统乡村聚落不同于普通的物质文化遗产，同时也不同于普通的非物质文化遗产，而是包含了物质文化和非物质文化两方面的内容，两者相互依存和谐统一，是不可分割的整体。

其二，传统乡村聚落空间的建筑和布局不完全是古建筑，而是古建筑和现代建筑、古代理念和现代时尚观念完美融合之后的空间形态呈现，因此形成了古香古色、现代化时尚化和谐并存的多样化建筑风格。

其三，传统乡村聚落空间并不是遗迹、遗址，而是民间的生产、生活、生计的承载基地，属于整个社会的民间基本单位，更是构建整个现代化社会必不可少的一部分。传统乡村聚落空间在现代发展理念推动下，也面临着蜕变发展，这直接关系到广大乡村大众的生活、生存质量，因此传统乡村聚落空间必须同时满足保护和发展的要求。

其四，传统乡村聚落空间所蕴含的文化底蕴，不仅包含不同类型的非物质文化遗产，还包括历史和时代的集体记忆、宗法制度和民间礼制的传承延续、不同民族的风俗习惯、不同地域的俚语方言、不同的生产方式和生活方式等，这些文化内容依托传统乡村聚落空间而存在，呈现的是传统乡村聚落的底蕴。

从上述内容就可以看出，传统乡村聚落空间拥有极为丰富且多样的价值，是承载多元化物质文化的根基，也是体现多类型非物质文化遗产价值的载体，更是存续公序良俗和生活哲学的关键，传统乡村聚落这份沃土，是盘活中华优秀传统文化的生命土壤。

乡村聚落空间生态智慧篇

第四章　雅俗共存的乡村聚落空间生态智慧理论

第一节　生态智慧的内涵与内容维度

生态智慧指的是理解复杂多变的生态关系，并在形成系统认知后在多变的生态关系中健康生存和发展下去的主体素质，使之具备生存实践的价值；是广泛存在于自然生态环境中的生命体，在与环境长期相互作用过程中，借助经验逐渐积累形成的各种能够让环境更适宜生存的生存理念和生存策略[①]。

一、生态智慧的文本出处及内涵

不同的理解角度，生态智慧拥有不同的内涵，而对其内涵理解的差异就导致了生态智慧其实还拥有不同的表达，如生态思想、生态哲学、生态知识、生态文明。

（一）生态智慧的文本出处

"生态智慧"一词主要有三个文本出处，分别是中国传统文化领域、城乡规划领域，以及深层生态学领域。

从中国传统文化领域来看，生态智慧发展极早，在数千年的发展过程中，以儒释道为支撑形成的中华文明体系中，早就形成了极为系统的生态伦理思

---

① 寇有观. 智慧生态城市［M］. 北京：中国城市出版社，2017：235-236.

109

想，因此在中国传统文化领域，生态智慧也被称为生态思想或生态哲学。

传统文化中的生态智慧，是中国先民与大自然长期和谐相融过程中形成的一种结合创造力和改造力的能力和智慧，不仅具有极强的哲学底蕴，而且还有很强的实践价值。

从城乡规划领域来看，生态智慧一词源于国际生态智慧学社（ISEW），被当作现代社会发展的一个新议题引入生态实践领域，该机构是以生态智慧为纲领开展对自然生态可实践性知识的理论探索，其将生态智慧定义为一种特殊形态的生态知识领域，由内化于个体或群体之后的知识，来进行生态的研究、规划、设计、管理等，并通过实践来确证该知识体系[①]。

城乡规划领域的生态智慧，是一种建立在认知实践基础上的文本，是基于循证的观念和原则、策略和途径等产生，并能够长久存续的生态工程，能够被谨慎运用在城市可持续性发展领域的实践理论。

从深层生态学领域来看，其创始人和深层生态运动倡导者，挪威哲学家阿恩·内斯提出了生态智慧一词，其核心内容包括自我实现原则和生态中心主义平等原则，以及具体的逻辑体系和生活主张、经济主张、科技主张等实践体系，对西方生态思想和环保运动的发展产生了深远影响。

（二）生态智慧不同表达的内涵

从上述生态智慧不同文本出处来看，生态智慧是一种人在自然生态环境之中生存发展的生态价值观或生态世界观，是一个一直处于发展和变化之中，能够通过人与自然的和谐相处自然而然产生的生态意识和哲学理念，维系的是生态的平衡和生态的和谐。

在很多文本之中，生态智慧被生态思想、生态哲学、生态知识、生态文明等词替代，其实生态智慧与这些词的内涵还有一定的差别。

---

① 张振威. 生态智慧的制度之维——论法律在城乡生态实践中的作用 [J]. 国际城市规划，2017，（04）：48-52+59.

生态思想与生态智慧的内涵极为接近，在一些情况下可以通用，如分析和研究人类在营建传统乡村聚落的过程中，生态思想和生态智慧的内涵就完全相同，一方面表现为生态化的思想，即人类在理解和认知聚落所在区域的气候、地理、人文等生态关系之后，所形成的生态和谐共处的生态观念和生态意识；另一方面则表现为人类在实践过程之中，运用自身技能、智慧、手段、方法，对聚落的空间和建筑进行科学合理的规划、设计、布局，并运用最为朴素的物尽其才措施，将生态环境要素为人所用，体现的是人类与生态和谐共处的生态伦理和生态行动。

但是有些情况下，生态思想仅能够囊括两个维度的内容，即生态观念和生态意识，却无法将生态伦理和生态行动的维度进行融入，这时就会和生态智慧的内涵产生差异，无法表现出主体的素质和价值观念。

生态哲学是一门运用生态系统观点和方法，研究人类社会与自然环境相互关系和普遍规律的科学，是对人类社会的发展与自然生态的变化之间相互作用所产生的哲学观念进行研究的科学。整体而言其强调的是学科属性和哲学范式，追求人与自然和谐发展的人类目标和为人类社会可持续发展提供理论支撑。而生态智慧则涵盖了具体的主体素质，因此属于生态哲学得以获得实践价值的内容，相比生态哲学更加注重实践性。

生态知识指的是人类正确认识自身与自然生态环境关系的基础知识，内容广泛且庞大，包括生态学的基本知识、生态系统的平衡、生态环境保护与生态平衡的关系、国家生态文明建设和布局相关知识、全球生态环境问题相关知识等。

可以说生态知识属于研究自然生态环境和各种人类环境问题的基础理论依据和支撑，如通过媒体宣传来唤醒大众的生态意识。但相对而言，生态知识其实只是生态智慧的一部分内容，或者说是理论支撑部分的内容，是生态智慧内涵的基础。

生态文明则指的是人类文明发展到新的阶段所产生的内容，是继工业文明之后更加契合人类发展趋势和生存愿景的文明形态，涵盖了人类需要遵循自然、社会、人和谐共存、可持续发展这一客观规律下，取得的物质成果和精神成果的总和。

生态文明指代的是一种社会发展形态，基本宗旨就是人与人、人与社会、人与自然、社会与自然之间能够和谐共生、良性循环、全面发展并持续繁荣。能够为人类社会的未来发展指明方向，强调的是社会发展的阶段性特征，涵盖面非常宏观，属于高屋建瓴的人类发展全局把控。

二、生态智慧的内涵理解维度

对生态智慧内涵的理解，需要从两个维度着手，一个是尺度维度，一个是内容维度。

（一）生态智慧的尺度维度

相对而言，生态智慧的尺度维度清晰且简洁，具体可以将尺度维度分为微观、中观和宏观三个范围。

微观尺度主要体现的是个体的生态智慧，即个体在日常生活过程之中的生态智慧；中观尺度则主要体现在社区聚落层面的生态智慧，以本书而言就是乡村聚落的生态智慧，包括个体和群体、聚落整体的生态智慧；宏观尺度则建立在人类基础之上，体现的是人作为大自然中的一类物种需具备的生态智慧。

（二）生态智慧的内容维度

生态智慧的内容维度涵盖了多个层面内容，其骨架分别为生态知识、生态意识、生态观念、生态伦理、生态行动，其中生态知识是生态智慧的基础，生态意识是生态智慧的前提，生态观念是生态智慧的本质，生态伦理是生态智慧的规范，而生态行动则是生态智慧的目标和实践。如图4-1所示。

生态知识是生态智慧的基础，属于人类知识的范畴，知识本身是人类通过实践、经验和总结，所形成的对客观世界，以及自身的认识成果，包括对信息的描述、对事实的描述，以及在传承、实践过程中获得的各种技能，能够在各种途径之中获得，并经过提升、总结和凝练，形成对信息或事实的系统认识，最终通过教育手段进行传承和发展。

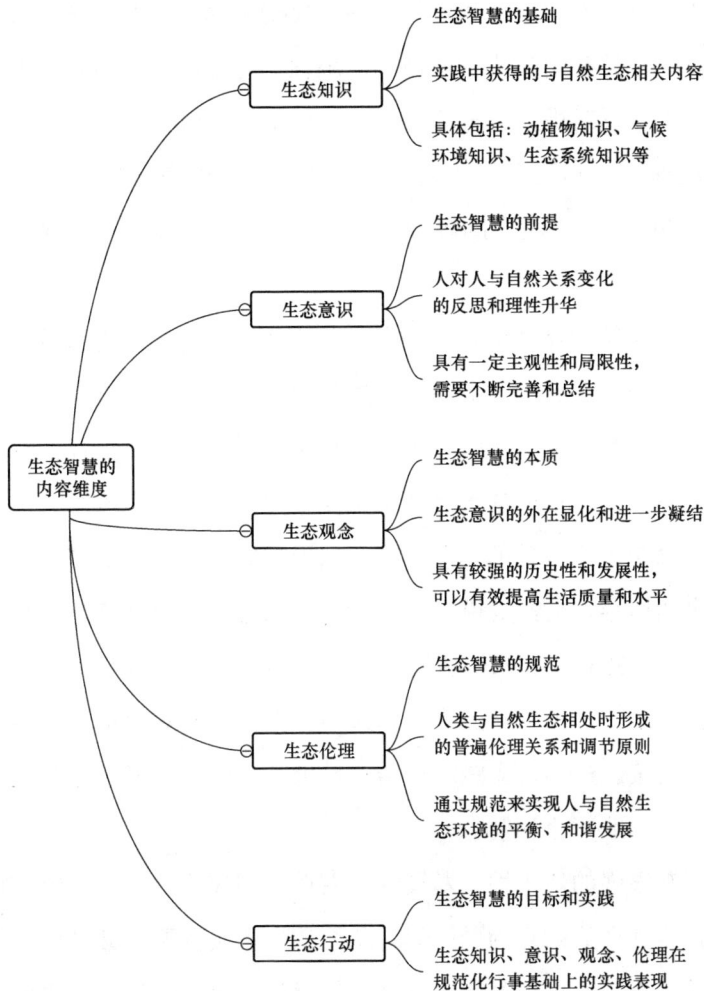

图 4-1　生态智慧的内容维度

生态知识具体而言就是人类在认识自然、认识人与社会、认识生活和生产的过程中，通过实践所获得的各种与自然生态相关的事实、生态技能等，是人和自然进行沟通交流的钥匙，其中所包含的知识内容非常庞大广泛，如动物相关知识、植物相关知识、地理环境相关知识、气候气象相关知识、生态系统相关知识、人与动植物，以及环境相处的相关知识，这是人正确认识生态环境的基础。

生态意识是生态智慧的前提，属于一种反映人与自然和谐共存、互促发展的价值观，也是人对于人和自然关系变化的反思和理性升华。其作为一种意识形态，本身具有较强的主观性和局限性，需要在人类不断认识人与自然关系的基础上，不断进行完善和总结。如最初人类对自然生态的认识和生命内在机制的理解，都缺乏具体且系统的认识，而随着认知水平和科学技术的不断发展和提高，人类借助各种工具和技术对其拥有了更加深入的认识和理解。

中华优秀传统文化之中形成的各种生态意识，已经极为系统且科学，如尊重自然的资源保护意识、敬畏自然的科学评价意识、勤俭节约的生态消费意识、关怀生命的生态平等意识等，以其作为生态智慧的前提，对如今人与自然生态关系的处理方面依旧有极强的指导价值。

生态观念是生态智慧的本质，是意识形态影响思想，最终由主体所表达和表现出来的内容，也就是说生态观念是生态意识的外在表达。在人类生存发展过程中，会针对事物形成主观认识和客观认识，主客观认识进行系统化集合后，就会形成各种各样的观念，人类会根据这些观念进行各种活动，如对事物进行决策、计划、实践、总结、反思、完善，并形成能够不断丰富生活、提高生产实践水平的观念。

观念拥有很强的历史性、发展性、主观性和实践性特征，形成正确且清晰的观念就有利于后续行为的正确，从而做出正确的事，最终提高生产质量并提升生活水平。生态观念是生态意识的表达显化，也是生态意识的进一步凝结，属于生态智慧的本质，具体而言，中华优秀传统文化中从生态意识显化而成的生活观念，主要包括万物生命皆平等的观念、德及禽兽泽及草木的生命关怀观念、运用资源节制勤勉的行事观念等。

生态伦理是生态智慧的规范，指的是人类在进行各项与自然生态相关的活动时，自然而然形成的普遍遵循的伦理关系和调节原则，属于生态观念的具体实施过程中形成的内在价值理念和价值关系，体现的是人类对自然生态系统的道德关怀，而其本质则是人类对自身生存和可持续发展的道德关怀。

生态伦理并不等同于传统意义上的道德伦理，也不会将其诉诸于法律条文之中，但是会存在于人们的生活常识和生存信念之中，其涉及的范围极为广泛，涉及到土地、空气、野生动植物、饲养种植动植物、人与自然和谐关系的处理，人对自然生态的关怀、人在自然生态中的行事规范等，其核心是通过规范来实现人类与自然生态的平衡，以便推动人类的发展和进步，并确保自然生态环境的和谐。

生态行动是生态智慧的目标和实践，即在已有的生态意识、生态观念、生态伦理的规范和支配之下，在生活实践、生产实践中对应的表现，是生态知识、生态意识、生态观念、生态伦理得以在现实活动中体现的重要渠道，也是生态智慧的终极目标。

如中华优秀传统文化中，会对不同区域的土地的土质和地力肥沃程度进行生态划分，结合农业生产经验，将不同需求的农产品进行区分种植，以便将土地资源优势充分挖掘，以生态生产优势的形式予以体现，这就是中国传统生态智慧的完美体现。

第二节　传统文化之中的生态思想

在中国历史悠久的发展历程中，形成了极为丰富且底蕴深厚的优秀传统文化，古先贤以高瞻远瞩的聪明智慧，总结和归纳出了人与自然和谐共处的大道正途，这就是传统文化中的生态思想。中华传统文化中流派众多，但都不约而同提倡人与自然和谐发展观念，其中蕴含着极为丰富的生态思想，以下从四个方面对传统文化中的生态思想进行分析阐述，如图4-2所示。

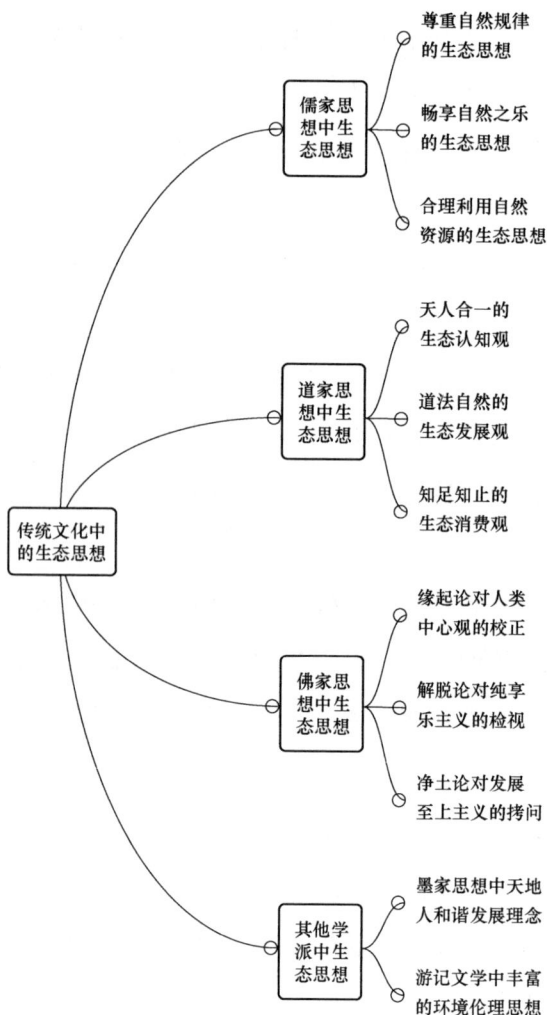

图 4-2　传统文化中的生态思想

一、儒家思想中的生态思想

儒家思想是以孔子和孟子为代表人物创立的思想体系，距今已有两千五百多年的历史，其中拥有非常丰富的生态思想和观念，虽然在儒家思想体系建立的时代人类改造自然和运用自然的能力极为有限，人类行为对自然生态环境的影响并未显现，也没有生态危机和环境问题，但当时的先贤就已经在深入思考人与自然的关系问题，并形成了非常完善的生态思想，其中主要包括以下四方面的内容。

（一）尊重自然规律的生态思想

在传统儒家思想中，大自然有其自身独特的规律，人与大自然相处的过程中，只有尊重自然规律，才能够得到更好的生活与发展，这就是儒家思想中尊重自然规律的生态思想。

《论语·阳货篇》曾言：天何言哉？四时行焉，百物生焉，天何言哉[①]？意思是：天说过什么吗？四季能够循环运行，万物得以生生不息，天又说过什么呢？这里的"天"，指代的就是自然生态体系，其包容了四时运行、万物生息，这是大自然的根本特性，其中融入了儒家所认为的自然本质，体现出了极为不凡的生态思想。

《孟子·离娄章句上》曾言：诚身有道，不明乎善，不诚其身矣。是故，诚者，天之道也；思诚者，人之道也。至诚而不动者，未之有也；不诚，未有能动者也[②]。意思是：要自身诚是有办法的，首先需要懂得什么是善，否则不明善就无法让自身诚。所以，诚是上天的准则，追求诚是为人的准则。至诚之人无法打动人心的事从未发生，而不诚之人则从来无法感动他人。这里的上天就是自然，而诚则可以理解为道德规范，其蕴含的生态思想是自然界本身就有其发展规律，遵循该发展规律，才能够有所收获。

《荀子·天论》曾言：天行有常，不为尧存，不为桀亡。应之以治则吉，应之以乱则凶。强本而节用，则天不能贫。养备而动时，则天不能病。修道而不贰，则天不能祸[③]。意思是：上天运行有其自身的规律，它不会因为有尧这样的仁德之君而出现，也不会因为有桀这样的残暴之君就消失。以导致安定的策略能够使行事顺畅，而以导致混乱的策略就会使行事凶险。加强农作之本并节约用度，人就不会贫困；做足准备以应时机，人就不会有病患；

---

① （春秋）孔子；杨伯峻，杨逢彬注译；杨柳岸导读. 论语 [M]. 长沙：岳麓书社，2018：212-214.

② （战国）孟轲；杨伯峻，杨逢彬注译. 孟子 [M]. 长沙：岳麓书社，2000：116-120.

③ （战国）荀子；曹芳编译. 荀子 [M]. 沈阳：万卷出版有限责任公司，2020：98-105.

遵循自然规律不出差错，人就不会遭殃。体现的就是人需要适应自然并合理运用自然，只有正确处理人与自然的关系才能够获得更好的发展。

（二）畅享自然之乐的生态思想

在传统儒家思想中，人与自然若能亲密融合，亲近自然去体味自然的乐趣，才能够感受到更加真切的人生和情怀，这就是儒家思想中畅享自然之乐的生态思想。

《论语·先进篇》中，提到了一个孔子与弟子的交流，期望各弟子能够各抒己见，阐述自己的才能，曾皙曾说：暮春者，春服既成，冠者五六人，童子六七人，浴乎沂，风乎舞雩，咏而归。孔子喟然叹曰：吾与点也[①]！意思是，曾皙说自己的志向是，暮春三月将春季衣服穿出来，和五六位同年人、六七个儿童去河边玩乐，在舞雩台（即求雨祭天的祭祀台）听风纳凉，唱歌而回。孔子长叹说，我赞赏你的主张。从中可以感受到孔子同样愿意亲近自然体味自然之乐的人生情怀。

《论语·雍也篇》中曾言：智者乐水，仁者乐山。智者动，仁者静。智者乐，仁者寿[②]。意思是：聪明的智者喜爱水亲近水，仁德之人喜爱山亲近山，聪明的智者喜爱运动，仁德之人喜爱沉静，所以聪明的智者快乐，而仁德之人长寿。其中孔子所言对山水的热爱，同样体现了畅享自然之乐的生态思想，以及智者与仁德之人应该具备的审美情怀。

（三）合理利用资源的生态思想

在传统儒家思想中，提倡的是人须顺应自然并保护自然，从自身角度和自然生态发展角度考虑维持生态平衡，这就是儒家思想中合理利用自然资源的生态思想。

---

① （春秋）孔子；杨伯峻，杨逢彬注译；杨柳岸导读. 论语 [M]. 长沙：岳麓书社，2018：143-145.

② （春秋）孔子；杨伯峻，杨逢彬注译；杨柳岸导读. 论语 [M]. 长沙：岳麓书社，2018：72-82.

《论语·述而篇》曾言：钓而不纲，弋不射宿①。意思就是孔子日常之中，去钓鱼不会去用渔网，以避免渔网将鱼一网打尽，去打鸟也不会打巢中的鸟，因为巢中的鸟可能在孕育幼鸟。这种思想就是为了能够确保鱼、鸟的繁衍生息，以便保持自然生态得以延续、循环的生命力，体现了合理利用自然资源的生态思想。

《孟子·梁惠王章句上》中曾言：数罟不入洿池，鱼鳖不可胜食也；斧斤以时入山林，材木不可胜用也②。意思是：不要用过于细密的渔网捕捞，那样鱼鳖就能够繁衍生息多到吃不完；进入山林砍伐木材时要按时令行事，木材就能够用不完。孟子继承了孔子的思想，同样体现的是利用自然资时需要有所节制。

二、道家思想中的生态思想

道家思想是古代极具影响力的哲学学派之一，作为一种哲学思想，其运用"道"来指代万物本质、自然规律，其主张的核心思想就是热爱生命、自然无为，强调了人与自然融于一体的不可分割性。其具体的生态思想主要体现在以下几个方面。

（一）天人合一的生态认知观

道家思想的核心是"道"，天地万物之根源就是"道"，《道德经·二十四章》有言：道生一，一生二，二生三，三生万物。万物负阴而抱阳，冲气以为和。说的就是"道"为根基，产生了阴阳乃至万物，阴阳调和作用产生冲和之气，万物由阴阳而生又归属于道。

这种大生态认知观念下，天地万物虽各有差异，但又同时源自一身，相互依赖共存。道家思想中提出的"天人合一"思想和理念，就是道家思想对自然、人、世界、万物彼此之间关系的大生态认知，同时也是道家思想中所

---

① （春秋）孔子；杨伯峻，杨逢彬注译；杨柳岸导读. 论语 [M]. 长沙：岳麓书社，2018：86-93.

② （战国）孟轲；杨伯峻，杨逢彬注译. 孟子 [M]. 长沙：岳麓书社，2000：12-18.

阐述的人和世界之间的关系及人对待世界的态度。

《道德经·二十五章》中有言：故道大，天大，地大，王亦大。域中有四大，而王居一焉①。其中就将人与天地道之间的关系进行了阐述，四者密不可分且相互平等，人是天地自然的产物，更是天地自然的一部分，因此在行事时需要尊重自然万物，遵循天人合一的思想和原则。

在此基础之上，道家思想还归纳出了万物平等的生态思想，这一点在《通玄经·自然》中就有极为明确的阐述。老子曰：天之所覆，地之所载，日月之所照，形殊性异，各有所安。乐所以为乐者，乃所以为悲也；安所以为安者，乃所以为危也。故圣人之牧民也，使各便其性，安其居，处其宜，为其所能，周其所适，施其所宜，如此即万物一齐，无由相过。天下之物，无贵无贱，故不尚贤者，言不放鱼于木，不沉鸟于渊②。

这是老子的弟子文子对老子言语的记载，意思是：天地之中、日月照耀的万物，形状不同性情各异，但却各有所安，各司其职。欢乐之所以为欢乐是因为有悲哀对比，安适之所以为安适是因为有危机对比，所以圣人在治理天下时会让民众各循本性，让民众住在安适居所，处于适宜生活中，各自发挥自身的才能，这样万物统一平等，就没有理由相互超越。天地万物并没有高低贵贱之分，所以不执着于人为之贤的人，就不会将鱼放置于非水生环境，更不会将鸟沉于深渊之中。

道家思想中天人合一的生态认知观，能够让人不再拥有凌驾于其他万物之上的感受，而是应该将自身与万物放在同等地位，人与自然之间需要建构一种朴素平等的生态观念，通过人与自然相适应、相融合来实现天人合一，才能够在自然中得以生存、延续和发展。

（二）道法自然的生态发展观

道家思想之中，道法自然是核心思想，同时也是人类应该如何合理处理

---

① （春秋）李聃；赵炜编译；支旭仲主编. 道德经［M］. 西安：三秦出版社，2018：58-61.
② （春秋）文子；王光照注译. 通玄经［M］. 合肥：安徽人民出版社，1999：176-183.

自身与自然生态关系的标准，属于生态思想中的生态发展观念。《道德经·二十五章》有言：人法地，地法天，天法道，道法自然①。

道家思想中的道法自然，自然并非简单的自然界，而是天地之中所存在的万物，都应该以自然而然的状态存续、发展，彼此相互适应和关联，顺应本性而运行，即遵循客观存在的天地规律进行发展。

《道德经·三十七章》有言：道常无为而无不为，侯王若能守之，万物将自化。化而欲作，吾将镇之以无名之朴。无名之朴，夫亦将无欲。不欲以静，天下将自定②。意思是："道"永远是顺其自然而发展变化，侯王如果能够遵循这种顺自然发展规律的原则无为而治，万物就能够遵循规律而自我发展变化和成长。当自然发展出各种欲望时，就可以用道的自然真朴来征服，从而使万物发展清静无为，稳定安宁地顺畅发展，即只有遵循自然规律，发展自然就会走上正轨。

上述这种道法自然的生态发展观，就是强调要顺应自然并尊重自然发展规律，在此基础上才能够无为而治，通过遵循规律的形式治理国家百姓才能安居乐业怡然自得，而面对生态，同样应该遵循自然规律和生态规律，不去人为干涉和破坏这种规律，控制对自然界的过度掠夺欲望，才能够更好地处理人与自然界的关系从而实现可持续发展。

（三）知足知止的生态消费观

道家思想之中，知足知止是一种极为凝练的生态消费观，即人类生存需要回归朴素纯净的自然本性，知足知止才能够获得长久的发展，只有对贪欲把握一定的度，才能够获得可持续性发展。

《道德经·四十四章》有言：名与身孰亲？身与货孰多？得与亡孰病？是故甚爱必大费，多藏必厚亡。知足不辱，知止不殆，可以长久③。意思是：

①（春秋）李聃；赵炜编译；支旭仲主编. 道德经［M］. 西安：三秦出版社，2018：59-60.

②（春秋）李聃；赵炜编译；支旭仲主编. 道德经［M］. 西安：三秦出版社，2018：84.

③（春秋）李聃；赵炜编译；支旭仲主编. 道德经［M］. 西安：三秦出版社，2018：98.

名誉与生命哪个更为重要？生命与财富哪个更为珍贵？得到和丧失生命哪个更有害？过分追求名誉、财富就必然要付出更大代价，甚至会遭受更惨重的损失。因此知道什么时候该满足，懂得适可而止，才能够获得更加长久的安乐。

《道德经·四十六章》也有言：天下有道，却走马以粪；天下无道，戎马生于郊。祸莫大于不知足，咎莫大于欲得，故知足之足，常足矣[①]。意思是：天下的治理要合乎规律才能获得长治久安，天下太平无战争，战马就能够返回农田用以耕种，天下纷争战乱四起，就连怀孕的母马都要被迫进入战场甚至在荒野生下马仔。真正的祸乱都来源于不知足，最大的罪过就是贪得无厌，所以懂得知足的人才能适可而止从而获得更多，贪婪无序之人必然会遭受祸端。

从生态思想角度来看，上述道家思想的知足知止观念，正是恰到好处的生态消费观念，人类只有适时对自然资源进行利用，而不是贪得无厌地不停索取，掌握好事物自身的限度，限制无节制开发，才能够获得人与自然的可持续性发展。

三、佛家思想中的生态思想

佛家思想最为注重因果循环，对生命尊重的思想表述也最为完整和深刻，而且佛家思想所阐述的各种理论，均包含着丰富且深刻的生命伦理观念，从生态思想角度来看，其同样蕴含着极为丰富且独特的生态观。

（一）缘起论对人类中心观的校正

人类中心观，就是人类在理解自身与自然生态的关系时，始终认为人是主体而自然是客体，甚至认为自然生态只是人类发展过程中的工具和可以随意挥霍的资源。这种人本位思想观念，就使得人类随着科学技术的快速发展

---

① （春秋）李聃；赵炜编译；支旭仲主编. 道德经 [M]. 西安：三秦出版社，2018：102-103.

不断加速对自然资源无限制掠夺，最终使自然生态环境恶化。

佛家思想中的缘起论，认为世界上的一切事物，都宛如网络般相互联系从而形成整体，只有在每个事物都遵循特定的规则和规律下才能确保存在和发展，才能够呈现出对应的价值。只要破坏这种关系网络，就必然会受到掣肘，无法顺畅地存在和发展。

佛家思想的缘起论，虽然看似没有生态思想，但却能够对人类中心观进行有效校正，从而有助于人类真切认识到自身与自然生态环境之间相辅相成的重要关系，人类只是自然生态环境之中的一部分，属于和自然生态环境系统紧密联系的有机整体，只有克服人类中心观的狭隘与狂妄，才能够获得长久的持续发展。

（二）解脱论对纯享乐主义的检视

在现实生活之中，尤其是随着人类科学技术水平的快速发展和提高，人们的经济水平、生活水平不断提升，消费观念开始成为人们发展过程中的主要观念之一，仿佛人们消费的物质财富越多，生活质量和水平越高，就能够获得更加幸福的感受。

这种过分纯粹的消费观念很容易导致人产生纯粹的享乐感，即满足人类自身各种感官需求，追求快乐至上为目标，这种纯粹的享乐主义很容易让人形成对物质的强烈依赖性，从而开始对自然生态资源进行无限制的攫取。

佛家思想中的解脱论，真正具有借鉴意义的是，人类真正的幸福并非索取，也并非拥有，而是人类的内心状态如何。只有正确看待生命，认清生命本质之苦难，才能够走出享乐主义误区，才能够对自身的人生形成检视。

从生态思想角度来看，佛家思想的解脱论能够让人类认清自己与自然生态环境的重要关系，并认清自身在自然之中的位置，在追求和实现人生幸福时才能够检视纯粹的享乐主义，不以物欲和无止境的攫取为幸福本源，认清如今自然生态危机的根源，以便控制自身的行为，有效维系整个自然生态环境的稳定和持续发展。

（三）净土论对发展至上主义的拷问

在佛家思想中，净土主要包括两层含义，一层是他方净土，即外界圆满的客观世界，一层是自身净土，即个体内在心灵世界的完美状态。在佛家思想的净土论中，净土所体现的就是一种生态和谐观念，这种观念并非以发展为根本目的，而是要自身与外界形成完美融合、和谐共生，最终建设出极具自然之美的世界。

而人类在发展历史中，随着技术的快速发展和提高，为了能够更好地满足自身的各种无止境的欲望和需求，形成了发展至上主义，以一种无限攫取和只关注自身欲望的方式，来不断提升生活条件和物质条件。

但是从生态角度来看，虽然如今人类生活条件和物质条件得到了极大提高，但是外界家园却已经失去了原有的自然之美；甚至人类自身的心灵世界也无法感受到真正的精神幸福感。净土论能够让人类对发展至上主义进行拷问，从而寻找到真正的幸福应该是外界生存条件富足、优越、环境优美、生态和谐，同时内心世界也要健康、完善、关注生命。

四、其他学派中的生态思想

中国悠久的发展历史中，形成了极为丰富且底蕴深厚的传统文化，其中包括的生态思想除上述的儒释道之外，其他学派的思想之中同样拥有对如今有一定指导和借鉴意义的生态思想。

（一）墨家思想天地人和谐发展理念

墨家是诞生于春秋战国时期的诸子百家之一，其主要思想主张的是人与人之间的平等，即兼爱观念；反对侵略战争，即非攻思想；推崇节约并反对铺张浪费，即节用思想；重视继承前人的文化思想和文化财富，即明鬼思想；以及掌握自然规律、遵循自然规律行事，即天志理念。

从上述的墨家思想主旨就可以看出，墨家思想期望从多个维度建构极为系统的天地人和谐发展的理念，平等、无战争、节约资源、传承文化、掌握自然规律等，是从政治、社会、经济、个体等各个角度进行归纳，期望各个环节都能够在整体视域下和谐共生并持续发展。

从生态角度来看，墨家思想其实遵循了顺应阴阳、天人合一的生态之道，同时兼具平等生态认知观念，以及避免无节制挖掘和利用资源、浪费资源的生态理念，受到天人合一道家生态思想的影响，墨家思想更加凸显了各个主体与自然的关系，确证了天地万物自然平等性，以及彼此和谐共存和持续发展就必须有所规范和控制的思想。

（二）游记文学中丰富的环境伦理思想

除上述各个主流文化流派之外，在中国的古游记文学之中，同样蕴含了极为丰富的环境伦理思想，古游记文学萌发于中国先秦时期，在魏晋时期得到了广泛发展，并在唐宋时期发展成熟，最终在明清时期得以兴盛，是一种极具环境美学特色、关注自然生态环境伦理的文学作品形式。

最具代表性的游记文学作品是明朝地理学家徐霞客的散文游记《徐霞客游记》，另外还有一些比较具有代表性的游记文学作品，如南北朝时期郦道元的《三峡》，唐朝时期柳宗元的《小石潭记》，北宋时期范仲淹的《岳阳楼记》、王安石的《游褒禅山记》、欧阳修的《醉翁亭记》《丰乐亭记》，明朝时期袁宏道的《满井游记》等。

这些游记文学作品作为中国重要的文献遗产，因内容通常会和自然环境相关，所以属于对人与自然关系的一种独特视角表达，作者通常会将自身游览各处山川河流过程中的所见所感记录下来，表达自身对自然生态环境的感受，以及自身的审美、追寻自然价值的理想和感悟，呈现了不同时期不同社会背景不同地域和民族文化熏陶下，不同作者对自然的亲和关系和极为朴素的生态伦理思想。

古代游记文学作品中，对生态伦理思想的表现形式多种多样，有些会以主题描写来赞美自然生态的美妙，有些则会通过道德谴责来提倡保护自然，有些还会通过对自我的追寻来表达对自然的敬畏等。其中所包含的自然生态伦理思想，包括尊重自然且珍惜资源的保护生态思想，赞美自然以景会友的自然价值肯定思想，融入自然寻求自身的天人合一生态和谐思想等，是古代民间传统文化中对自然生态伦理关注并关怀的表现。

拥有悠久历史和深厚文化底蕴的中国，其传统文化之中的生态文明思想和自然生态观念，对维系生态平衡、保护自然生态环境和减少生态污染拥有非常积极的促进作用，对如今推进生态文明建设，构建完善的生态智慧都极为重要，是生态智慧体系构建的重要思想宝库。

第三节　雅俗共存的新时代生态文明理念

一、雅俗共存的新时代生态文明的国内外研究动态

（一）国外乡村聚落地理研究的主要阶段

从 20 世纪 60 年代以来，西方地理学的计量革命推动了乡村聚落的研究，强调人类决策行为对改变聚落分布、形态和结构的作用。正因为如此，包括乡村聚落影响因素的研究、乡村聚落的分类及形态研究、乡村聚落生态研究、乡村聚落空间地域组织的研究和关于村镇规划的研究，都取得了喜人的进展。丹麦学者罗伯特吉尔曼发起了生态村建设运动，澳大利亚学者比尔莫里森提出的"永恒文化村"概念，日本学竹内等设计了大城市边缘区、典型农业区和偏远山区 3 种生态村的模式。瑞典的拜鲁德美国的赫德森都在聚落中心研究基础上提出了聚落扩散的 6 个假设模式。还有，日本的"村镇综合建设示范工程"、韩国的新村运动、法国的振兴农村计划、美国的"都市化的村庄"，都为我国乡村聚落研究提供了借鉴。

（二）我国乡村聚落地理研究状况

我国 20 世纪 80 年代初实施了改革开放，经济复苏，为了与乡村发展的新趋势相适应，乡村地理研究开始得到了更多的关注，人们纷纷参与到了研究队伍当中，促使乡村地理相关研究的内容更加丰富和深化。

我国对于乡村聚落的研究主要集中在四个方面，即区域、体系、类型和综合。其分类研究主要是根据乡村聚落职能进行划分，当然有的人也会根据乡村聚落的形态或者规模进行分类，使用的划分方法则是定量方法。乡村聚落体系的区域空间演化总共经历四个阶段，分别是农业社会阶段、过渡阶段、工业化阶段、技术工业和高消费阶段。

相当一批专业的工作者近几年对乡村聚落影响因素的研究、对聚落居民点空间分布特征的分析，都取得了很大的进展。特别是对乡村聚落空废化问题的研究，为探讨空心村整治的调控模式与空间提供了可行性途径。对促进我国乡村聚落研究的发展，推进生态文明建设具有非凡意义。

二、雅俗共存的新时代生态文明理念

（一）传统与现代交融共存

中国传统文化蕴含着许多人与自然和谐的思想和智慧，其中对于推进生态文明建设更是有着取之不竭的智慧。总体上来说，中华民族先辈们所传承下来有关生态文明建设的理念主要包含在传统文化的四个方面中。

其一，"天人合一"是对传统文化中生态文明理念的集中概括，正如张岱年总结的那样：人是天地生成的，与天的关系是局部与整体的关系，人与自然应和谐相处。

其二，儒、道、释思想内核中的生态文明理念体现了对生命和大自然的尊重。《周易》中"有天地然后有万物，有万物然后有男女"。强调了人与自然是同一本源，人是自然的一部分，是一个有机的整体。

　　其三，人本主义精神，关注人与自然的和谐关系。《道德经》说："人法地，地法天，天法道，道法自然"。强调了遵循自然规律，这就是自然之道。"道生万物，德育万物"，为此要尊"道"守"德"，厚德载物。这种顺应自然规律的思想，对人自身的完善，从而影响社会发展都是非常重要的。

　　其四，对生态环境和自然资源进行有效管理，自舜设九官，虞掌山林、川泽、草木、鸟兽等有关资源和环境之事始，几千年来，历朝历代专门管理机构管理生态，见诸记载最早的是夏朝，那个时候就开始了春季"山禁"、夏季"休渔"的命令。这些都是出于物产之考虑，也是基于"天人合一"的敬畏之心，具有平衡生态，保护环境的潜意识。

　　说到底，乡村聚落的生态文明建设，核心在于人的建设。文化观念也好、政策措施也好、外部环境也好，实施或者达到生态文明建设的要求，靠的还是人的落实。因此农民生态文明建设意识是乡村生态文明建设的思想基础。在乡村振兴的战略背景下，必须以绿色发展理念来指导农村生态文明建设，不断提升农民的生态意识。引导和激励广大农民群众不断增强时代所赋予的生态保护责任担当和使命，进而积极主动地献身乡村生态文明建设事业。

　　"生产发展、生活宽裕、乡风文明、村容整洁、管理民主"是对现代化新型农村是乡村振兴的必然要求，也是乡村生态文明建设的目标。而农民在乡村生态文明建设方面的能力和水平会对乡村振兴的进程起到决定性作用，同时对于生态文明建设的效果也具有重要影响。

　　在中国的传统文化中，不难发现其中蕴含了很多人与自然和谐共生的思想，这种生态智慧与当今生态文明思想是相契合的。也恰恰是在这种智慧的指导下，使得中华民族即便是经历了几千年的繁衍生息依然能够经久不衰，从这一点也能看出，保护生态自然是多么的重要。对于目前的生态文明发展来说，对我国传统生态思想中的精华进行继承与发扬，并在绿色发展理念的指导下开展社会主义生态文明建设不管是在理论方面还是在现实方面都意义重大。

（二）以绿色发展推进乡村聚落的生态文明建设

生态文明是一种全新的文明理念，它不仅是对过去文明的反思和扬弃，还包括对现有文明的整合和重塑。人类的文明史就是人类与自然关系发展的历史。随着人类文明的发展和进步，人们也在逐渐认识到自然环境对人类生存的重要性，以及对其进行保护和可持续利用的必要性。在自然环境与社会环境融合的基础上进行扩展与延伸，从而形成了生态文明，生态文明是社会文明生态化的表现。生态文明理念要求应尊重自然，并且要认识到自然的价值所在，从而打造人与自然和谐相处的美好家园。此外，政治文明也应该遵循生态文明的理念，注重平衡各种关系，尊重多元化的利益和需求，防止因为资源分配不公和滥用职权而使生态被破坏，政府和各级管理部门也应该通过制定更加严格的法规和政策，来保护自然环境和生态系统的稳定和发展。

对于乡村聚落生态文明建设而言，推进绿色发展，有助于应对资源环境约束挑战，促进小康社会的全面建成，尤其是对于乡村的生态文明建设大有助益，具有非凡的意义。绿色发展契合了生态治理的现实诉求，创新了生态治理机制，在绿色发展中推进生态治理增进乡村福祉。

三、建设乡村聚落生态文明的核心载体——青山绿水

（一）建设生态文明与保护青山绿水的辩证关系

建设乡村聚落生态文明和保护青山绿水之间是辩证统一的关系。建设生态文明的物质基础、核心承载物，以及价值目标，就是被保护好的青山绿水。

1. 青山绿水是建设生态文明的物质基础

青山绿水是自然界的主体，是自然生态系统的基石。它不仅为人类的繁衍生息提供了物质材料，还为人类改造自然提供了物质条件，也为人类文明发展提供了物质元素。

在人类文明产生和发展中，青山绿水所起到的作用是毋庸置疑的。在乡

村聚落的发展中，人类通过向大自然进行索取而产生并发展人类文明，而在这一过程中，人与自然之间的和谐关系也开始慢慢发生改变，人类赖以生存的自然物质基础慢慢变得脆弱，生态危机成为人们不得不面对的问题。可见，在自然主体中，青山绿水是被破坏得最为严重的，而它的破坏带给人类的惩罚也是最直接且严厉的。

2. 青山绿水是建设生态文明的核心载体

生态文明建设的核心就是建设人与自然的和谐关系，而要想实现这一点，最关键的就是要使人与青山绿水相依相存，相得益彰。所以，在生态文明建设中，青山绿水就必然成为了核心载体。

人与自然相融共存的关系，不是"征服"与"被征服"的关系，乡村聚落的山水林湖草，祖祖辈辈生长于斯，是乡村聚落的人们与之生死与共、休戚相关的重要组成部分。

安徽省宣城市旌德县是全国第一批落实"绿水青山就是金山银山"的实践创新基地，林业资源丰富，辖区马家溪国家森林公园以人工林和天然次生林植被为主，森林覆盖率为89%，林木绿化率为90%。

留住了青山绿水，就留住了鱼翔浅底、鸟语花香、风和日丽、蓝天白云的和谐美景。乡村聚落的生态文明建设，要实现人与自然的和谐相处，要重视对青山绿水的保护。人与自然和谐关系的重建不是简单的人与自然关系的重复，而是人与自然关系的否定之否定，也就是从原始和谐到人绝对统治自然界，再到构建人与自然的新和谐。这一过程将实现人类从自然界的"征服者"向人与自然"共同体"的角色转换，实现人类由对自然界的"绝对索取和掠夺"向对自然资源与环境的"保护和利用并重"的转化，实现人类对自然界和谐关系的理性回归。被保护好的青山绿水就是这种新的人与自然和谐关系直接的自然物证和核心载体。

3. 保护好青山绿水，是乡村聚落生态文明的价值目标

能否真正有效改善人类的生存环境，人与自然和谐发展的美妙景况是否还能重现，代际生存发展问题能否有效解决等问题都与生态文明建设的方方

面面有着千丝万缕的关系。

安徽省合肥市系统实施"碧水""安澜""富民"工程和点源、线源、面源、内源"四源同治",做好"绿链式"保护,避免"铁桶式"开发。使巢湖平均水质由2015年的劣V类转为Ⅳ类,2020年好转为Ⅲ类。2021年6月,巢湖作为全国唯一系统治理湖泊,入选国家第一批"山水林田湖草沙一体化保护和修复十大工程"。

青山绿水的保护不仅仅是乡村聚落中的一项重要任务,更是不能被代替的最直接且最具证明力的价值目标。这个目标的实现不仅有益于环境,更是人类主观能动性的物化表现。随着人类社会的不断发展和进步,人们对自然环境的认识也在不断加深,意识到保护环境的重要性,以及对自身生存和发展的影响。然而,为了生存和发展,人们在过去的很长一段时间内造成了对青山绿水的破坏,危及了自身的生存。但是,在面临环境破坏带来的威胁时,人类也能够发挥自身的主观能动性,反思自己的行为,纠正自身的错误,对自己之前对环境造成的破坏进行治理。而评价的价值目标,就是能否对自然环境予以好的保护,以及是否可以重现之前的绿水青山。

在河北塞罕坝,几代塞罕坝人牢记修复自然、保护生态的使命,艰苦创业、接续奋斗,建成了世界上面积最大的人工林场。与建场前相比,森林覆盖率由11.4%提高到80%,林木蓄积量由33万立方米增加到1 012万立方米。塞罕坝人把修复自然、保护生态、实现可持续发展作为永恒的目标追求。在建设青山绿水的乡村聚落生态文明的时候,塞罕坝精神依然会激励着我们讲好绿色发展的故事。

(二)建设雅俗共存的乡村聚落生态文明的主要途径

目前,乡村聚落生态文明建设已成为当务之急。为了实现这一目标,需要探索符合乡村聚落的现实路径,基于各地的优势与特色,在找准突破口的前提下,把握好工作节奏,平稳进行。

第一,应该以城市作为依托,在城乡融合发展中推进乡村聚落生态文明建设。这意味着需要建立城乡融合发展的体制机制，以及相关的政策体系，在城镇化和工业化的大格局中推进乡村振兴，激发乡村的生态和自然资源资本的活力，加快形成工农互促、城乡互补、全面融合、共同繁荣的新型工农城乡关系。这样才能促使乡村生产得到发展，使农民获得持久的富裕生活，只有改善了农村的环境问题，才能进一步推进乡村聚落生态文明建设。

第二，应该发展产业，从经济上为乡村聚落生态文明建设提供助力。农村各项产业融合发展水平要进一步提升，以实现乡村聚落的经济多元化。例如，在第三产业方面，可以借鉴江苏昆山、浙江湖州等地的乡村建设经验，依托大城市需求，加强快速化的交通网络建设，实施观光园区、森林人家、康养基地、乡村民宿、特色小镇等休闲农业和乡村旅游精品工程，在严格保护中把绿水青山转化为金山银山，实现百姓富、生态美的统一。

第三，量体规划，通过"多规合一"形成科学合理的乡村聚落开发利用空间。在乡村生产及生活中融入现代的生产和生活需求，还要注重对乡村自然景观与人文风貌的保护。例如，江苏的周庄、湖南的张谷英村和贵州的荔波，都是严守生态红线，以及历史文化保护线，将文物古迹、民族村寨、传统建筑、农业遗迹等和优美的生态融合在一起，是聚落形态、自然环境、人文风情和产业发展相得益彰的典型。

第四，严格管控，要防止环境的破坏、退化、恶化，倒逼乡村绿色发展。乡村振兴，生态宜居是关键，生态宜业是支撑，所以，对于乡村聚落的生态文明建设，要严守生态保护红线，对山水林田湖草进行统筹保护，从而实现绿色兴村。在此过程中，要促进现代农村和农业生态化的实现，使农业的生态保护功能得以发挥。

第五，加强建设，把厕所革命、垃圾分类和污水处理作为乡村聚落生态文明建设的抓手。乡村聚落的环境保护基础设施建设，要坚持因地制宜、分类指导，示范先行、有序推进的原则，逐步解决面源污染问题。例如，要探索低成本的规模化、专业化、社会化的环境污染第三方治理机制，确保各类设施建成并长期稳定运行，防止治理设施"晒太阳"，建设资金"打水漂"。

第六，发扬民主，发挥村民和村集体的主体作用。具体而言，可以建立各方共谋、共建、共管、共评、共享机制，确保村民可以有效实行决策权、参与权，以及监督权，让每一位村民都能参与到家园建设中去。这种机制的建立不仅能够激发村民的积极性和主动性，还能够增加他们对乡村聚落生态文明建设的认知和参与度。为了达成这一目标，还需要立足本土，培养一批农业职业经理人、乡村工匠、文化能人等，这些人才不仅在技术和知识方面具有优势，还能够充分发挥自身的影响力，带动更多的村民加入到乡村聚落生态文明建设中来。此外，还需要积极构建示范引领、有钱出钱、有力出力、村民自治的乡村生态文明建设模式，凝聚全社会的力量，充分发挥村民自治的优势，共同推动乡村聚落生态文明建设。

第七，守法依制，全面、深入开展乡村生态文明体制改革。按照国家环境保护法，以及森林、河流、湖田、草原多种法律和政府的文件要求，发展绿色农业，扩大"绿箱"政策的实施范围和规模，保护生态脆弱区和重点生态区，推行三权分置和产权流转机制，激发农村要素市场的活力；保护农村土壤环境，加强生态修复；开展自然资源的有偿使用，大力推行河长制、湖长制等，全方位地开展乡村聚落文明建设。

乡村聚落是乡村振兴的重要组成部分，其生态文明建设情况直接关系到乡村振兴的成败。尤其是在面积广、人口多的乡村地区，生态文明建设更是具有重要的战略地位。为了实现乡村聚落的生态文明建设，需要经过完善体制、健全和创新机制、合理释放制度红利、加强软硬件建设等多方面的努力。从而顺利实现乡村聚落生态文明建设的目标，进而实现乡村振兴的伟大目标。

第四节　龙井村：一个生态智慧理论的实证研究

一、龙井村的历史和地理环境

龙井村位于中国浙江省杭州市西湖区，是一个历史悠久的村落，拥有独特的地理环境和丰富的人文背景。地理上，龙井村坐落在风景秀丽的西湖西侧，紧邻西湖风景名胜区。该地区地势起伏，山水相间，拥有丰富的自然资源。

龙井村周围环绕着茂密的山林和碧波荡漾的湖泊，气候宜人，四季分明。村落中有多个自然泉眼，泉水清澈甘甜，被当地人视为珍贵的水源。此外，龙井村还以其独特的茶叶产地而闻名，茶园环绕整个村庄，为村民提供了重要的经济收入来源。

龙井村的历史可以追溯到公元前 2300 年左右。在宋朝时期，龙井村曾是皇家御茶园的所在地，因此龙井茶得以发扬光大。村落中还保存有一些古老的建筑，如明代的庙宇和民居，展示了传统的建筑风格和文化遗产。

二、传统文化与生态理念的表现

龙井村作为传统文化的重要载体，充满着浓厚的传统文化氛围。传统文化在村落的建筑、农业和生活方式中得到了体现。

在建筑方面，龙井村的传统建筑风格充满了古朴和自然的特点。传统民居采用木材和石头等天然材料建造，注重与自然环境的和谐共生。建筑物通常以庭院为核心，与周围的自然景观相互融合。这种建筑风格不仅美观，而且具有良好的通风和采光效果。

在农业方面，龙井村秉持着传统的耕作方式，注重生态农业的发展。村民们继承了几百年来的耕作经验，采用有机种植和天然肥料，尽量避免使用化学农药和化肥，保护土壤和水源的健康。他们还注重农作物的轮作和间作，以提高土地的可持续利用率。

除了建筑和农业，龙井村的生活方式也体现了生态理念。村民们重视环境保护和资源的节约利用，积极倡导低碳生活方式，如骑自行车代步、垃圾分类等。传统文化中的尊重自然、与自然和谐相处的理念在他们的日常生活中得到了传承和弘扬。

三、新时代生态文明理念在龙井村的实践

龙井村积极融入新时代的生态文明理念,将其转化为具体的行动,并取得了一定的成果。

龙井村加强了对环境保护的意识和行动。组织村民开展环境整治活动,清理湖泊和河流的垃圾,保持水域清洁。此外,他们还积极推动垃圾分类工作,在村庄内设置分类垃圾桶,并开展宣传教育活动,提高居民的环保意识。龙井村大力发展生态旅游,注重生态和经济的协调发展,修复和保护自然景观,改善生态环境,并在此基础上开展旅游业务。村民将传统的茶园和古建筑打造成旅游景点,吸引了大量的游客,为村庄带来了经济收益。

此外,龙井村还加强了生态农业的推广和实践,鼓励农民采用有机农业种植方式,推广生态种植技术,并提供相关的培训和支持。这不仅改善了农作物的品质,还减少了对环境的污染。

四、龙井村的生态智慧理论实践和影响

龙井村将生态智慧理论应用于实践,并取得了显著的成果。他们利用生态智慧理论指导村庄规划和建设,实现了资源的高效利用和环境的可持续发展。

在村庄规划方面,龙井村注重保护自然景观和历史文化遗产,合理规划土地利用,确保村庄的可持续发展。他们在建设过程中充分考虑生态因素,注重生态功能的恢复和保护。

许多地方的村庄开始效仿龙井村的做法,开展生态农业、生态旅游等活动,实现了经济发展和生态环境保护的双赢局面。

第五章　乡村聚落空间的
生态智慧解构

第一节　乡村聚落空间的水生态智慧

从 18 世纪 60 年代第一次工业革命开始，人类进入快速发展阶段，随后的百余年时间里，随着科技水平和工业化水平的不断提高，人类开始在进行城市建设过程中对大自然的资源进行肆意开发乃至无度索取，对大自然的循环状态、生态循环系统和自然生态环境造成了极大的冲击，从而带来了一系列与人类自身生活、生存息息相关的问题，包括干旱、内涝、热岛、空气污染等。

针对这些问题一些追求人与自然和谐共处、调整人与自然关系确保人类获得可持续发展的发展模式被提出，但其中有很多理念和做法需要人工的广泛干预和各种技术手段。而以最少人工干预、减少技术手段的解决方法，则来自于传统乡村聚落空间的生态智慧，其精神内核是道法自然、天人合一思想，强调的是人与自然和谐统一，通过调控人与自然的融合方式来获得长久稳定的发展。

一、传统乡村聚落空间的水生态智慧

水生态智慧，就是将水资源与生态智慧进行融合之后形成的一类生态智慧，通俗理解就是人类与水资源共生的智慧，一方面需要保证水资源的安全

和健康发展，另一方面需要确保人类能够从水资源中获得物质保障和精神保障。传统乡村聚落空间的水生态智慧，拥有成本低、技术低、冲击低但高持续性特征，与现代可持续发展建设目标完全一致。

（一）传统乡村聚落空间水生态智慧的不同展现

传统乡村聚落有很多已经传承和发展千百年，得益于其道法自然、天人合一思想的引导，很多传统乡村聚落至今依旧运转良好，因此成了当代社会城镇和乡村建设过程中确保可持续发展的宝贵借鉴资源。

中国地域辽阔、发展历史悠久，由于不同地域不同自然环境条件和不同地形地貌，形成了极为多样化且极具特色的传统乡村聚落，数千年的农耕经验和道法自然、天人合一思想引导下，也衍生出了各个聚落与当地气候环境和自然地理、生物条件等完全适应的水生态智慧。

如珠江三角洲和长江三角洲地区，水资源极为丰富，相对而言并不适宜人类生存居住和进行农业生产，土地以沼泽与滩涂居多，但这些地域的先民却凭借极为简单的水生态智慧，通过简单填挖土方的形式，营造出环境极为丰富且景象极为美丽，丰产且多样化的农耕体系，形成了桑基鱼塘生态系统，并在历史的演进过程中彻底改变了原本的自然沼泽景观，使该区域成为人类适宜居住的场所和极易进行农业生产的场所。

旱涝交替出现的丘陵地区，随着季节的变化很容易出现旱季和涝季，该区域的先民则通过营建低矮堰坝和陂塘系统，有效调节了旱涝，使涝季水资源有所归有所聚，也使得旱季水资源能够借助涝季集聚的水来有效灌溉和使用，维持了千百年的农耕生态系统，且经久不衰。

南方山区，地形地貌多变，适合农耕的耕田资源极为稀缺，先民则通过营造梯田，在山坡上开拓耕地资源，最终形成了独具特色的梯田水稻农耕生态系统，养育着一代代村落民众。

陕北地区地处黄土高原的台塬区，属于半干旱内陆气候，全年降水量小且降水集中，而且黄土土质疏松湿陷，极易在雨季被雨水冲刷后形成水土流失，在这样的自然生态环境背景下，台塬区的乡村聚落形成了节水治水的水生态智慧。在台塬区传统乡村聚落多处于高地势位置，有效避免了降水集中期易引发的洪涝，因黄土高原土质问题使得水土流失严重，因此村落极为重视树木保留和种植，农田中也会配合旱作种植大量果树，以起到固土阻水之功，地坑式窑洞为主居住地，周边会种植各种树木以保持水土；村落排蓄体系以排涝的冲沟来引导雨水进行农田灌溉，以村落中的众多涝池和每家每户院内的渗井收集和储蓄雨水，最终形成了以涝池定居、错落发展、乔木保土的水生态智慧体系。

这些传统乡村聚落空间会根据不同气候、不同地域特性，基于道法自然、天人合一的思想，借助民间经验形成水生态智慧，以成本低廉又简单实用的改造，实现对区域小气候的改造和利用，能够为大规模国土生态改造和水生态修复提供经验。

（二）传统乡村聚落空间水生态智慧的形成机制

水是生命之源，大自然中的万物的繁衍生息、发展生存，都需要以水资源为根基与核心，同时水资源也是人类文明得以诞生和发展的摇篮。传统乡村聚落是人类在发展过程中为了能够适应自然环境和延续生存自然而然形成的聚居场所，因此从人类发展角度而言，水资源本就是人类的生命基础和精神寄托，这也成了传统乡村聚落水生态智慧形成的两个根本因素，即生存繁衍的外因，以及精神文化寄托的内因。

1. 生存繁衍的外因

人类文明诞生和发展的根基、生命之源就是水，其同样是传统乡村聚落的命脉，毕竟村落中人们的生活、生产时时刻刻都离不开水，因此从生存繁衍角度，传统乡村聚落就需要对水资源进行有效开发和利用，这也推动了水生态智慧的形成。

村落的生存繁衍对水的需求，主要体现在以下几个方面。

首先，人们的生活用水需求。尤其是在传统农业经济时代，生活用水是涉及聚落民众的基本需求和必然需求，不论是生活之中的饮水、交通运输、军事防御、防火等，都与水息息相关，水资源是村落民众生活得以保障、交通运输得以实现、民众得以安居乐业的重要基本因素。

生活用水需求推动着传统乡村聚落空间形成和发展过程中，必须要将民众数量、水资源供需情况、村落发展和扩张、民众的水路交通和水资源运输等考虑在内，这种生活用水的必然需求促进了传统乡村聚落生态治水智慧的产生。

其次，农业生产用水需求。在传统农耕社会，农业生产是人们生存、聚落形成、繁衍生息的食物基础，水作为一种重要资源，是农业生产得以进行并提升产量和质量的重要因素，水资源在农业生产体系，是极为重要的物质资料，更是农耕文明得以发展和兴盛的基础。

只是因为中国幅员辽阔，不同地域的气候条件、生态资源、土壤水文、地形地貌、生产状况等也极为复杂多样，所以农业生产方式也存在巨大差异，这就对水资源的需求、运用、治理等提出了不同的要求，从而产生了极具差异化的聚落水生态智慧。

择水草而居，踏水而歌，顺水而行的水资源利用模式，多数形成于水资源较为丰富且植物资源极为丰富的江南地带；桑塘捕鱼、堰坝防洪的水资源处理模式，多数形成于旱涝极为分明的丘陵地形区域；引水灌溉、打井围池的水资源使用模式，则多数形成于半干旱且水资源不均衡的黄土高原地区。

最后，聚落环境营造用水需求。聚落空间的营建和发展，是居住在聚落空间的人对生存条件的主观选择和改造，水资源不仅是民众生活的必需资源，同时也是农业生产的必需资源，更是维系聚落整体生态环境、调节聚落区域小气候的重要资源。

不过，虽然自然水资源拥有极强的生态功能，如支撑动植物生存所需、美化整体生态环境等，但同时水资源也有极强的不可控性，通常会伴随着水资源的减少形成的干旱、水资源增多形成的洪涝，以及各种降水类灾害，如降雪、暴雨。在这样的背景下，先辈们一直在寻找简易又行之有效的方法，来通过对水资源的有效利用、有效管理、有效治理，从而营造出更加理想、更加优美的生存居所和聚落环境，于是就有了择水而居的聚落选址、借水资源调节聚落微气候、因势利导行洪排涝的水利工程等，这些都是先辈在满足聚落环境营造用水需求的过程中，逐渐摸索出来的减少水灾害对聚落环境消极影响，最大化发挥水资源有益性的水生态智慧。

2. 精神文化寄托的内因

以水为生命之源和延续核心的传统乡村聚落空间的水生态智慧，不仅承载着聚落生存用水的需求，还形成了特定的精神文化，支撑着传统乡村聚落水生态智慧得以代代传承。这种精神文化的寄托和表现就是以水为核心的乡梓情愫。

传统乡村聚落中的治水空间，是聚落民众各种日常生活活动、日常生产活动的重要场所，包括民众的洗衣、淘米、挑水、灌溉等，都会驱使民众围绕治水空间开展，因此治水空间就成了居民日常交往和生活生产的重要空间节点，而随着交际活动的不断延伸，治水空间成了聚落居民乡梓情愫的重要承载体。

当居民与聚落治水空间形成了积极的情感联系后，就会产生基于治水空间的场所依恋，从而引申出对治水空间的维护和管理意识，并最终围绕治水空间形成以治水精神为核心的生态价值观、精神文化信仰等。

最为直观的基于水文化形成的乡梓情愫，就是聚落的水井文化，如滋养生命之井、政治管理之井、军事要地之井、灌溉五谷之井。其居于地下长期蕴藏着聚落民众繁衍生息所必需的水，甚至因为在地下渗透系统的影响下，井水还会溶入一些对人体有益的矿物质，从而具备了防病疗伤、滋养身心的重要作用；另外遍布于各个聚落的水井，除日常民众所需之外，还有防备火患、灌溉良田、保鲜藏物等重要功效。

可以说聚落的水井，就是聚落真正的生命之源，源源不断供给着整个聚落的民众生活、生存、生产等各类活动的使用。正是聚落水井的关键作用和功效，使古人对水井充满了崇拜，从而形成了各色的水井风俗，岁时祭井，期待的是一年的风调雨顺；干旱祭井，期待的是井泉清水永驻；除夕封井，寓意防水外流，为来年起好头、行好运、博好兆头等。这些均是聚落基于水文化形成乡梓情愫，寄托着聚落民众的精神文化，甚至是聚落民众的精神支撑。

二、传统乡村聚落水生态智慧的要素、特征和价值

传统乡村聚落空间所承载的水生态智慧，在如今的社会背景和人类发展阶段依旧极为实用，要想让其传承和发展过程中能够方法明确目标清晰，就需要对传统乡村聚落水生态智慧的要素、特征和价值进行有效挖掘。

（一）传统乡村聚落水生态智慧的要素

传统乡村聚落水生态智慧的要素，需要从物质和非物质两个角度来分析，物质要素是水生态智慧在实体层面的承载要素，而非物质要素则是水生态智慧在传承、发展、完善等各方面的必然要素。如图 5-1 所示。

1. 物质要素

承载传统乡村聚落水生态智慧的物质要素，主要指的是聚落民众为了实现水资源在聚落的空间和时间方面达到平衡，所营造出的物质存在的客观形式，可以细分为两个层面的内容，一个是自然环境要素，另一个则是人工创造要素，其中自然环境要素为核心基础，人工创造要素则是在自然环境要素的基础上进行的改造、加工，以促使其更适宜人类聚落的发展。

自然环境要素主要是依托自然环境特性，对聚落民众的生产、生活、发展等产生直接或间接影响的山水格局，相比于物资和经济发展更加丰盈的城市聚落，传统乡村聚落没有充足人力和物资，因此为了能够推动聚落的发展，民众就需要对自然环境要素进行有效的利用和适度的改造，以便实现天然水资源的合理排蓄和综合利用。

聚落水生态智慧的自然环境要素主要是自然的山水格局，古人秉承因地制宜、因天就势的原则，最终发展为各具特色且丰富多样的传统乡村聚落自

自然山水格局

对聚落产生直接或间接影响

自然环境要素

村落层面：聚落空间布局

村落：因地制宜、因势利导原则

建筑层面：聚落居民建筑

人工创造要素

建筑：多样化营造技艺，坚固耐用

单体层面：聚落治水设施

治水：排蓄水资源、利用水资源能量

物质要素

传统乡村聚落水生态智慧的要素

乡绅、工匠、农户等为主体

水生态智慧传承人

口传心授、将经验进行实践式传承

用于规范和约束个体行动的制度

聚落的治水制度

由上而下形成的规范化治水法规

自发形成且灵活变通的民约制度

非物质要素

基于治水产生的营建技艺

聚落的治水精神

基于治水形成的生产方式

基于治水完善的传统习俗

基于治水形成的精神信仰

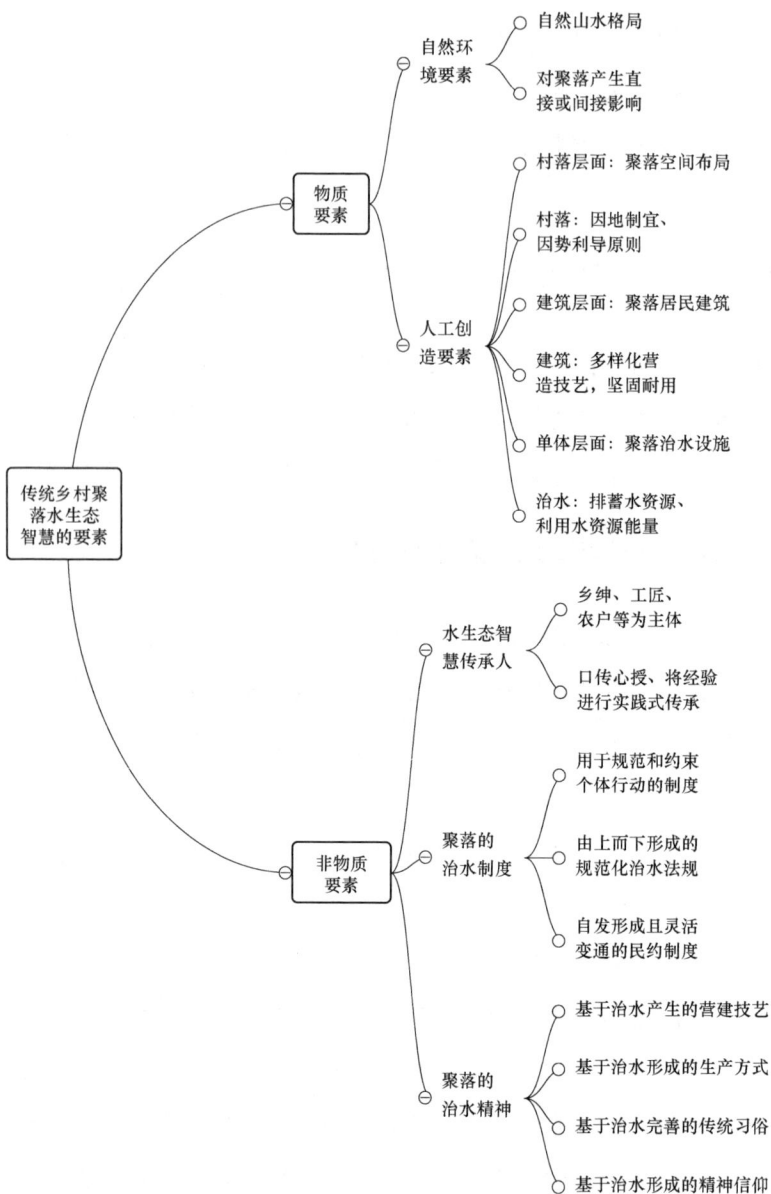

图 5-1　传统乡村聚落水生态智慧的要素

然山水格局。如有些聚落会运用连绵不绝的山脉与山势，巧妙运用后形成错落有致的山势格局，从而阻断山洪径流，避免山洪侵扰聚落，同时又借助蜿蜒相接的山谷和低地来起到水资源汇集和排蓄的效果，以便为聚落提供源源不断的自然水资源。

人工创造要素指的是聚落民众依靠自身的力量进行营造后，所产生的能够有效治水的物质要素，具体包括三个层面内容，一个是村落层面的内容，即聚落内部的空间布局，一个是建筑层面的内容，即聚落内部的居民建筑，一个是单体层面的内容，即聚落中的治水设施。

聚落民众在设计和建构聚落建筑过程中，会对其进行有效布局，从而实现整体布局既可以满足民众日常生活生产所需，同时又可以起到有效治水的目的。其中包括聚落的空间格局、街道的排布和走势、建筑节点的处理、水平面差异排布形成的导蓄系统等，最终融合在一起构成了聚落空间内部的系统水处理体系。其整体布局兼具排水蓄水、泄洪防淹、组织交通、满足公共活动等多种功能。

聚落之中的居民建筑同样是承载水生态智慧的重要物质载体，传统乡村聚落的居民建筑多数是以土质或木质为主材，土质建筑易受雨水冲刷，木质建筑则易受水腐蚀，为了确保居民建筑能够防水防潮且坚固耐用，先民依托大量的实践积累了非常丰富的水生态智慧经验。

如有些极富智慧的营建技艺，能够让居民建筑即使遇到雨水乃至洪水的冲击都可以坚固不摧，而有些聚落还会采用各种技艺来促使居民建筑引导雨水或洪水，如木骨泥墙式复合墙体，会在土墙之中加入一定量经过浸泡的秸秆，这些秸秆入墙体之后能够有效增加墙体空隙，从而起到良好的吸湿防潮作用，而且能够避免墙体吸收水分之后结冰胀裂，有效减少了冻融循环对土墙的破坏，从而可以确保建筑墙体能够持久坚固。

聚落之中的各种治水设施，则是聚落民众通过长久的经验积累和不断改造，所营建的各种日常生活中对水资源进行调节、控制、开发、利用、保护的设施，能够有效利用水资源为民众服务，同时也能够减轻乃至免除水旱灾害、冰雪灾害等，是体现传统乡村聚落水生态智慧的基本功能单位。

最常见的单体治水设施，包括水井、水窖、涝池、水碾、水车、沟渠、谷坊等。水井、水窖、涝池、沟渠等，都是借助自然条件下的地形特征，能够有效对水资源进行引导、排放、积蓄、运用的设施；水碾、水车、谷坊等，则能够起到因势利导、顺应水势,将水资源的势能转化为机械能来为民众日常生活服务的传统治水设施,一方面能够利用水资源所蕴含的能量,另一方面能够减少生活和生产过程中人力的投入。

2. 非物质要素

传统乡村聚落水生态智慧除了物质承载体所代表的物质要素之外,还包括非物质要素,主要包括三个层面的内容,分别是水生态智慧传承人、治水制度、治水的精神等。其中水生态智慧传承人是承载主体,也是传统乡村聚落水生态智慧存在意义和传承的根本。

(1)水生态智慧传承人

传统乡村聚落的水生态智慧得以传承和发展,本质取决于传承人,即在聚落发展和延续过程中,需要通过传承人来借助口传心授的传承方式,将兼具技术性、组织性、民俗性、艺术性的水生态智慧进行经验实践的传承,聚落之中的民众会通过言传身教、家庭教育、村规家规传承等方式,将聚落中持久存在的水生态智慧进行世代相传。

通常聚落水生态智慧的传承,需要借助乡绅、工匠、农户等,在日常生活和生产实践过程中,对水生态智慧的具体内容进行传承和实践,他们是传统乡村聚落水生态智慧的真正掌握者,也是水生态智慧得以传承和受到保护的关键所在。

(2)治水制度

聚落的治水制度,是传统乡村聚落在传承和发展过程中,基于人水共生、和谐治理、适度开发的理念,最终所形成的水资源管理制度,通常会成为约束和规范个体行动的法令、民约、礼俗等,总结而言,承载传统乡村聚落水生态智慧的治水制度,主要包括治水法规和民约制度两个层面的内容。

治水法规是中国历代负责水资源管理的机构,在长久水资源治理实践之中逐渐补充完善的治水规范体系,传统乡村聚落属于最小的行政管理单位,因此其治水法规中也会包含一部分所处地域的地方行政区域所下发的规定和命令,最终这些水利法规会和聚落本身的规范进行融合,从而形成聚落之中治水和理水的水利管理法规。

聚落的民约制度，是指传统乡村聚落在发展过程中，由最初完全自发形成的各种约定逐渐经历实践总结，最终所形成的一些约定俗成的应对干旱、洪涝、冰雪等的治理原则，属于完全发自民间的水利规约。这种民约制度会根据不同聚落的不同水资源特性和气候特征而有所不同，但最终目的都是让聚落民众形成治水意识、节水意识等，并自发参与到治水节水的管理过程之中的灵活变通的生存策略。总结而言就是顺势而为、审时度势、随水而迁、补偏救弊等，这种民约制度通常会以聚落水册、村碑、禁约等形式，代代传承并不断根据聚落水资源情况而完善和变通，以便为聚落民众提供水资源导蓄和维护的规范，促使民众形成对应的义务。

（3）治水的精神

传统乡村聚落的治水精神，是聚落民众和水资源共生共存的过程中，在与水资源不停形成关系过程中所产生的各种思想意识，主要体现在四个层面，分别是基于治水产生的营建技艺、生产方式、传统习俗和精神信仰。

传统乡村聚落基于治水产生的营建技艺，主要包括聚落的选址和布局，以及设施建设的设计、营造和相关技艺。其中聚落的选址和布局是营建技艺的根基与核心，需要秉承天人合一、人水和谐共处的水生态智慧，既满足自身生存生活需求的同时也需要满足自然环境与聚落环境的和谐共荣。

如多数传统乡村聚落会结合自然的地形、地势、水资源条件、水资源变化特性等，进行对应的空间营造和排蓄体系建构，以便实现趋利避害的同时又合理利用水资源的目标。

在进行设施营造、建筑设计的过程中，也会基于水资源情况，采用就地取材、物尽其用的建造技艺，即充分利用大自然所具备的各种材料，作为建筑营造过程中的主材，一方面通过自然产物的合理搭配，来呈现出不同的建筑结构，另一方面凭借世代相传的营建经验积累和传承，来实现减少水资源对建筑和治水设施的损害和冲击。这是传统乡村聚落发展过程中形成的可持续发展生态哲学观的完美呈现，对现代城市、城镇、乡村空间的建设有极强的借鉴意义。

传统乡村聚落基于治水形成的生产方式，是传承聚落传承和发展过程中，结合地域气候特性所逐渐形成的水生态智慧，能够有效保障聚落的生存拥有可持续性。

以农耕为主要生产方式的聚落，会通过对农田农建的改造和利用来实现对水资源的有效利用和合理调配，包括田间沟渠、田埂、梯田、方塘、灌溉水闸等，从而辅助农田用水灌溉；以渔猎为主要生产方式的聚落，主要面临的问题是洪涝灾害，因此会运用水坝、坑塘等治水设施结合鱼塘，完成对水资源的充分利用，比较具有代表性的包括江南区域和广东区域聚落的桑基鱼塘生产方式、塘浦圩田生产方式等；以畜牧为主要生产方式的聚落，则会逐草而居，聚落会沿着水源寻找水草丰茂且适宜放牧的区域进行选址和营建，以便满足畜牧生产对水资源的需求。

传统乡村聚落基于治水形成的传统习俗极为多种多样，这主要是因为中国地大物博、气候多样，因此就形成了传统聚落多样化的节水、用水、治水的传统习俗，所以形成了百里不同风、千里不同俗的特性。

在这些不同的习俗中，有一部分是具有普世化特征的传统习俗，同时也是传统乡村聚落重要的水生态智慧，如中国的历法（干支纪年和农历）、二十四节气，均属于基于生产和生活形成的重要水生态智慧，于是形成了春分无雨划耕田的习俗，以及各种基于地域气候特性的习俗，有些聚落会开展与时令相关的木屋维护活动，完成农耕后对木瓦墙等进行加固，延长其使用寿命；有些聚落会在小满时举行抢水仪式，以便演练农田排灌，为农耕生产奠定基础。

传统乡村聚落基于治水所形成的精神信仰，是在传统农耕社会生产力低下、技术匮乏的背景下，聚落民众所逐渐形成的一种崇拜自然的朴素观念，即在对水资源存在依赖的基础上，也会产生敬畏和自我保护的生存意识，这种对水的崇拜和生存意识在逐渐完善和发展过程中，就形成了普世化的对水的精神信仰，包括水师文化、水乡文化、渔猎文化、森林文化等，都是聚落民众与水相携共存过程中，由水资源而产生的哲理文化与精神信仰。

（二）传统乡村聚落水生态智慧的特征

传统乡村聚落的水生态智慧，是基于自然水环境特性和聚落生产活动需求等逐渐形成的智慧体系，其核心特征主要包括四方面内容。

首先，是道法自然、天人合一的文化价值取向，是聚落在数千年的传承发展过程中，对生命规律的涵盖，所取的是遵循自然规律和法则的价值标准，强调的是顺应自然规律来促使人和自然环境能够和谐相处，在维系自然平衡的基础上满足生存和生活需求，而且这种文化价值取向也会影响聚落治理水资源的具体行动方式和遵循原则，其强调的是经验思维和整体思维，探寻和追求的是人与自然的和谐统一、相携共生。

其次，是因地制宜、化害为利的自然适应特性，中国地大物博、气候多样，因此传统乡村聚落水生态智慧的形成也就秉承了因地制宜的自然适应特性，从而针对不同地域的不同地形地貌、气候条件、土壤环境、水文特征、植被特点和自然生态，形成了多样化的农业生产地域特点。

在聚落传承和发展的过程之中，水生态智慧的主要目标是趋利避害和化害为利，自古以来先民就对水有极深的认知，如水能载舟亦能覆舟，在很久以前就洞悉了水的两面性，一面是水是生命之源，是丰饶、繁荣、创造、生命力的象征，另一面是水具备极强的毁灭性、破坏性，水资源稀少会产生干旱、断绝生机，水资源过于丰盛则会形成洪涝、毁天灭地。

基于古人对水的深刻认识，传统乡村聚落民众经过一代代传承和发展，逐渐总结出了有效趋利避害、化害为利的水生态智慧，经过灵活调配水资源时空，来减少水资源的反面力量，强化水资源的正面力量，以便确保聚落能够生存、发展、延续。

再次，是物尽其用、周而复始的可持续性特征，传统乡村聚落的水生态智慧，扎根于自然资源和生存环境之中，以不超出资源限制和生存环境限制的手段，针对自然已有资源进行分类总结和属性挖掘，通过不同的处理手法和营建策略，完成对有限资源的高效利用，从而形成了物尽其用、因势利导的生态智慧，充分挖掘了资源本身的潜力和作用。

周而复始是最重要的自然循环法则，四季更替、福祸相依，都可以归属到自然循环法则范畴，传统乡村聚落的水生态智慧，同样是以周而复始的自然循环法则为原则，确保了聚落生存发展过程中能够以较低的人力和物力成本，完成聚落水资源的良好运转，最终实现高可持续发展的态势。

聚落水生态智慧物尽其用、周而复始的可持续性特征，对现代社会城市、城镇、乡村的可持续发展有极大的启示意义，要想真正实现可持续性发展，就必然需要与自然生态相适应，并做到适度开发、适度利用，确保自然生态能够生生不息、循环往复，这样才能够真正实现可持续性发展。

最后，是兼容并济、与时俱进的文化内涵，传统乡村聚落的水生态智慧，是人类与自然和谐共处过程之中，不断通过实践并结合经验，对活动、行为、理念等进行调整，通过改变人与自然水资源的关系，借助试错补过的过程，不停吸收和融合不同的文化基因和内涵，以及各种治水理水经验和方法，最终得以形成。可以说聚落的水生态智慧本身就具备动态变化的文化内涵，需要通过不断地试错补过，才能够与时俱进、兼容并济，从而不断成长、完善、蜕变。

（三）传统乡村聚落水生态智慧的价值

传统乡村聚落的水生态智慧，是在依托聚落代代传承和发展的实践基础上，逐步完善和总结最终形成的，其具备多元化的价值，具体而言可以从生态价值、社会价值、经济价值三个角度着手分析。

1. 生态价值

传统乡村聚落水生态智慧是以自然生态环境为根基形成，因此蕴含着最基本的价值之一：生态价值，主要表现在三个方面。

其一，传统乡村聚落水生态智慧能够通过最自然、最简洁且污染最小的方式，解决各种各样的水资源问题，包括水多易涝、水少易旱、水脏难渗等常见问题。

而且不同气候条件下和不同水资源特征下，形成了各种各样的循环生产模式，不乏种桑养蚕、蚕丝织布、蚕沙喂鱼、塘泥肥桑的生产模式，能够以系统内循环的方式，使整个生产流程中产生的废弃物充分发挥作用。整个水生态智慧都呈现出对生态零负荷零污染，可促进生态良性循环发展的特点。

其二，传统乡村聚落水生态智慧拥有调蓄水量的功能和作用，可以将特定季节易出现的水涝灾害、干旱灾害、冰雪灾害等，以极为简易的手段实现化害为利，达到调蓄水量的功能，如借助涝池、水井，确保洪涝灾害易发生阶段实现聚落水资源汇集和积累，并在干旱灾害出现时运用涝池和水井的水资源，完成农耕生产和满足日常生活所需。

其三，传统乡村聚落水生态智慧能够有效调节聚落范围内的小气候。很多聚落的空间布局、建筑营建技艺等，都能够充分挖掘和利用该地域的各种自然要素，从而起到有效调节聚落环境的温度、湿度、通风效果等，最终得以改善局部微气候，使聚落民众的生活环境和生产环境更加适宜和舒适，同时也并未对自然生态环境产生破坏，对于保护山水林田湖的自然生态性有极大的作用，同时对构建人水和谐自然环境有极为重要的参考价值。

2. 社会价值

从社会发展角度来看，传统乡村聚落水生态智慧还拥有非常丰富的社会价值，主要体现在文化认同价值、精神纽带价值和生态保护价值三个层面。

传统乡村聚落水生态智慧是从成百上千年劳动人民的生活、生产活动之中逐步衍生和完善而来，在治水理水层面融合了地域文化和地域生态，同时结合了劳动实践，因此拥有非常浓厚的文化底蕴，具有非常鲜明的文化多样性特征。而且在聚落治水理水过程中，真正实现了人与自然关系的和谐共存，对于延续传统文化和地域民族文化有重要的价值和意义，具有很强的文化认同价值。

传统乡村聚落水生态智慧承载着聚落民众丰富的乡愁和乡梓情愫，其承载着聚落民众的集体记忆，属于极具特色的地域精神文化标记，更是连接人与故乡、维系乡梓情愫的精神纽带。可以说传统乡村聚落水生态智慧是探寻文化血脉和传承文化传统的精神原动力，具有极强的社会价值，也是当代乡村治理的重要补充，有很强的精神纽带价值。

传统乡村聚落水生态智慧还拥有很强的生态保护价值，其背后的伦理观和价值观，是基于自然生态、人与自然和谐发展而最终形成，表现在外的就是聚落中的治水制度和治水精神，能够潜移默化影响聚落民众形成健康良性的生态伦理观念和良知，从而有助于水资源的节约和人水生态和谐发展，进而强化人与自然之间形成相互依存的思想观念。

3. 经济价值

传统乡村聚落水生态智慧的经济价值，主要体现在以下两个层面。

其一是其中蕴含着大量的科学知识和技术知识，拥有极强的技术应用作用，所以具备重要的技术价值和经济价值。

传统乡村聚落在雨洪管理层面的应用，拥有着低成本、低技术、低维护、高持续性特点，有效降低了聚落的整体运行成本，而且没有高污染性和高破坏性，所需成本极低，对如今的可持续发展理念的推行和推广有极强的借鉴意义和极高的经济价值。

其二是传统乡村聚落水生态智慧凝聚了无数代聚落人民的劳动和经验智慧，属于极具稀缺性的文化资源，同时也拥有非常强的实用价值和研究价值，其本身又具备非常独特的文化价值和艺术美学价值，在当今社会发展背景下，还拥有很强的旅游经济价值。

三、乡村聚落空间水生态智慧的传承路径

传统乡村聚落水生态智慧拥有非常深邃的文化底蕴和传承价值，尤其是在当今社会发展背景下，自然生态保护和自然生态平衡维系已经成为重中之重，因此在当今时代和社会发展背景下，城乡规划和发展的水生态智慧需要有效传承传统乡村聚落的水生态智慧，其具体的内容包括传承目标、传承原则和传承再造路径三个层面的内容，如图5-2所示。

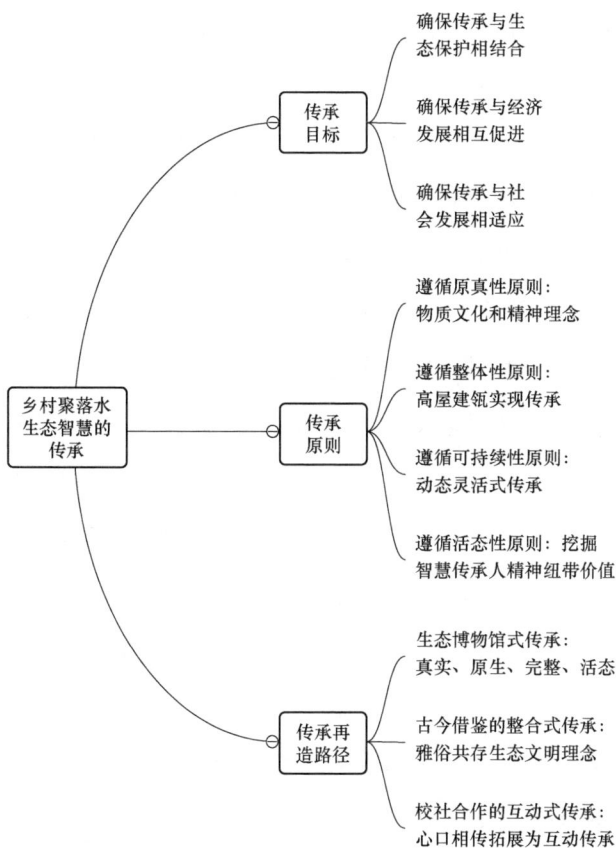

图 5-2　乡村聚落水生态智慧的传承

（一）乡村聚落空间水生态智慧的传承目标

当今背景下，传承乡村聚落的水生态智慧，需要满足以下三个传承目标。

首先，需要确保传承与生态保护结合。传统乡村聚落的水生态智慧，推动人类社会农耕经济的快速发展，同时确保了自然生态与人之间和谐共处的生态关系，因此如今要传承聚落水生态智慧，就需要合理保护传统聚落的山水格局、人居环境、耕地农田、治水空间等固有的生态环境，以便其能够延续和发挥调节聚落生态，抵抗洪涝、干旱、风雪等自然灾害的效能，以及调节聚落小气候的重要功能。

在此基础之上，需要系统地推进传统村落周围区域生态环境的整体保护和修复，秉承聚落水生态智慧逐步将周围区域纳入其水生态治理和管理体系范畴，以便促进聚落及周边自然生态环境和谐共存、健康发展。

其次，需要确保传承与经济发展相互促进。传统乡村聚落水生态智慧已经成为一种支撑聚落延续和发展的文化，文化能够驱动经济的发展，同时经济的发展也能够为文化的延续和传承提供支撑。

从此角度而言，当今社会背景下聚落水生态智慧的传承应该和经济的发展融合，利用文化传承事业推动文化产业发展，有效支撑经济的繁荣，在经济繁荣后也可以反过来促进文化的传承，并不断挖掘文化资源的底蕴，推动水生态智慧文化资源的资本转化，激发出文化传承与发展的内在驱动力。

最后，需要确保传承与社会发展相适应。传统聚落水生态智慧的保护、传承，并非简单的拿来主义，而是应该充分挖掘出水生态智慧的内在潜力，即兼容并济、与时共进的发展特性，推动水生态智慧能够和社会发展相适应。

具体做法是，正确处理传统水生态智慧与当代社会文明的关系，结合技术手段挖掘传统水生态智慧的潜力，在实现传统水生态智慧现代传承的基础上，实现创造性转化和创新性发展，以古人之规矩开现代之生机，完善契合现今社会发展、生活观念、知识体系的当代水生态智慧，促进整个社会能够人与自然和谐发展、共同进步。

（二）乡村聚落空间水生态智慧的传承原则

水生态智慧的传承和保护，以及再造发展，需要着力于聚落自身的治理和发展，以及水生态智慧的文化传承和保护，并结合当代社会的发展需求和本质追求，遵循对应的传承原则以实现水生态智慧的传承，具体而言需要遵循以下四个原则。

首先，原真性原则，这是国际公认的文化遗产保护、评估和传承的考虑因素。传统乡村聚落水生态智慧本身就是一种文化遗产，且属于跨越物质文化和非物质文化两个维度的文化遗产，其保护和传承必须要遵循原真性原则，一方面需要保护聚落本就具备的山水格局、聚落空间布局、街巷形式、建筑工艺、传统营建技艺等，另一方面还需要保护和传承其背后的文化内涵，尤其是天人合一、因地制宜的生态思想和理念。

其次，整体性原则，传统乡村聚落水生态智慧本身就是从大局出发，从整个地域的地形地貌、气候特征、生态资源、土壤特质和水资源状况的整体角度着手，最终以聚落的建筑空间布局、街巷空间格局、公共场所和景观节点、公共基础设施和周边环境、个体建筑与治水设施等整体显化。这就要求水生态智慧的传承和保护也需要从整体着手，将整个聚落的物质空间、文化内涵、精神底蕴等都纳入其中，这样才能够推动传统乡村聚落水生态智慧为现代社会的发展更好地服务。

再次，可持续性原则。传统乡村聚落水生态智慧本就是动态发展、灵活变动的内容，因此对其进行传承和保护，也需要传承和保护方式具有动态发展的特性，以便确保其可持续性发展。如传统乡村聚落水生态智慧的传承，需要有效结合现代化应用和创造性转化，以使传统水生态智慧能够满足现代乡村建设和水生态管理，以及满足文教产业、文旅产业的融合发展需求，而且在保护和传承过程中，也需要秉承可持续性原则，注重适度开发和循序渐进，避免片面追求经济效益的无限度开发。

最后，活态性原则。传统乡村聚落水生态智慧的传承和发展，需要从物质文化和非物质文化两个维度进行传承，物质文化作为有形的内容，更容易实现保护和传承，而非物质文化作为精神层面和技艺、理念传承方面的内容，则需要更多地注重，即水生态智慧传承人的培养和发展、水生态智慧的精神文化和精神纽带作用，都需要自上而下地重视，其中包括聚落传统习俗、生产生活方式、价值取向和价值观念等，而且智慧传承人作为传承主体，才是水生态智慧得以延续和发展至今的根源，同时也是其能够拥有源源不断生命力的根源。这样的背景下，就要求传统乡村聚落水生态智慧的传承与保护必须遵循活态性原则，从智慧传承人的角度确保精神纽带价值的不断延伸和发展壮大，最终才能够使水生态智慧在当代社会发展中发光发热。

（三）乡村聚落空间水生态智慧的传承再造路径

乡村聚落空间水生态智慧的传承再造，可以从以下几个角度着手构建契合现代社会发展的传承再造路径。

一种是生态博物馆式传承，即在传统乡村聚落居民原住地构建保存和介绍聚落民众生存状态的活体博物馆，拥有真实性、原生性、完整性、活态性特征。

构建生态博物馆需要满足三个要素，一个是有形物质文化遗产，包括聚落自然景观和生态环境，聚落居民建筑和空间布局，聚落街巷和路桥走势，聚落的治水理水设施和器物等；一个是无形非物质文化遗产，包括传承下来的生产活动、民俗活动、工艺技术和建筑技艺等；还有一个则是具有文化底蕴和精神纽带价值的各种文物、历史用品等。

这种构建特征，使得其完全采用了生态保护和活态传承的形式，无疑和传统乡村聚落水生态智慧的传承和保护不谋而合，因此可以在传统乡村聚落之中建设生态博物馆，从而对保护水生态智慧起到关键性作用，而且通过构建生态博物馆的方式，还可以提升聚落民众对聚落水生态智慧价值有更深刻的认识，并在实践和发展过程中逐渐向既传承又受益的角度转变，增强民众对聚落水生态智慧进行活态传承的热情，激发他们活态传承的积极性。

一种是古今借鉴的整合式传承，即将古今中外的水生态智慧进行广泛汇集，通过协调、整理、解构之后重新组合，以便使不同底蕴的水生态智慧能够在缓和冲突的基础上形成内部的平衡协作，最终呈现出动态平衡的水生态智慧，以便实现不同文化相互尊重并相互完善的目标。

这无疑也是雅俗共存状态的生态文明理念，完全可以通过古今借鉴，将传统乡村聚落水生态智慧和当今是社会现代化技术之间的冲突进行有效调和、缓解，并在冲突基础之上形成彼此的借鉴，最终形成整合，以便推出最适宜聚落发展和传承的活态水生态智慧。

另一种是校社结合的互动式传承，传统乡村聚落水生态智慧是一种经验性、实践性智慧，主要依托的是心口相传式传承，即通过一代代聚落民众将治水理水的经验技巧和智慧在实践中进行传承，依托的是借助聚落生产生活关系网，通过师徒、乡里、宗族进行延续和传承。

在当代社会发展模式下，这种较为单一的心口相传式传承需要有效进行拓展，可以通过学校和社会相结合的互动式传承实现智慧传承人主体的横向延伸。即通过学校和社会的互动来实现校园人才建立对应的水生态智慧伦理观和价值观，从而有效推动传统水生态智慧在社会层面形成蔓延，并将传统水生态智慧运用到现代化城市、城镇、乡村的建设。

第二节　乡村聚落空间的营建智慧

营建其实拥有两层含义，一层是对建筑的经营，一层是有目的且有计划地建造，也就是说营建同时包括了空间布局设计、建筑实体的建设活动和规划治理活动。当代乡村聚落的营建，若想实现生态化发展，就需要汲取传统乡村聚落的营建智慧，以传统乡村聚落营建智慧为根基进行恰当的现代化转型，以便形成最契合当代乡村聚落发展的营建智慧。

一、传统乡村聚落的营建智慧概述

传统乡村聚落秉自然之势进行选址、设计、规划和建设，同时又通过积极洞察山水规律和自然气候规律，运用创造力和判断力，最终才形成了最适宜传承、延续、发展和生活的聚落空间，从此角度而言，传统乡村聚落的营建智慧应该归属于山水营建实践智慧，如图 5-3 所示。

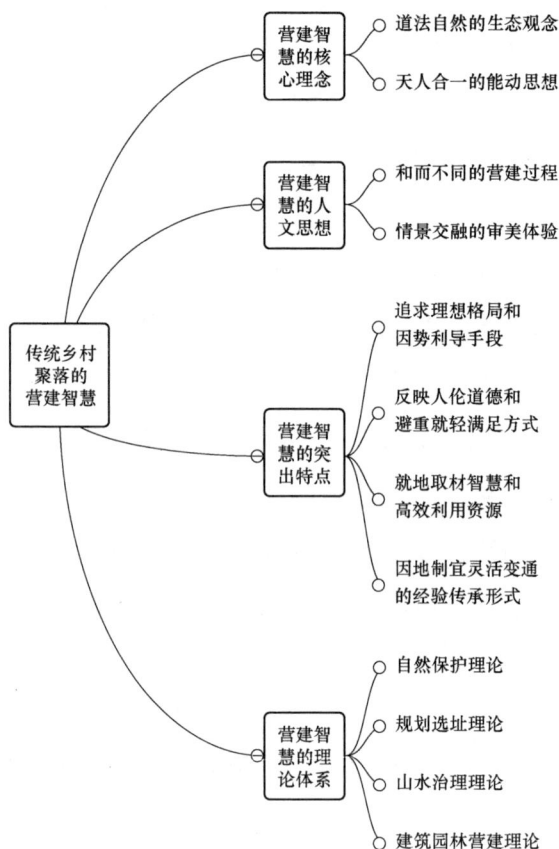

图 5-3 传统乡村聚落的营建智慧

（一）传统乡村聚落营建智慧的核心理念

山水营建智慧属于一种以天人合一思想为核心理念，依托朴素的自然生态观念为指导，以天有其常、人与天调的实践观为根基，以因地制宜的地域观为营建思路进行表达，从而实现人与天地沟通共存，最终形成遵循自然生态发展规律、营建产物可完美融合于山水自然、能够长久延续并适时发展的聚落。

传统乡村聚落营建智慧的核心理念主要为两项内容，一项是道法自然的生态观念。这主要是因为传统农耕社会生产力较低，科学技术发展也并未实现质的突破，所以在与各种自然灾害抗衡过程中，古人借助丰富的经历和经验，对自然规律形成了极为充分的认识和理解，再借助自身的智慧，实现了对自然规律的把控和有效利用，最终呈现为顺应自然生态发展规律，确保人与自然能够平衡发展的生存之道。

这就是道法自然的生态观念的核心。其强调的是人在与自然相处过程中，要实现对自然的适度干涉和利用，顺应天时并结合地利，适度对自然进行利用，同时需要随着自然规律的变化而发展变化。这一点在传统乡村聚落营建方面更为突出，所有的传统聚落空间规划、建筑形制，都不会过分强调象征意义，而是会借助自然环境的变化而灵活变化，不论是在平面布局还是在结构方式，亦或是在装饰艺术层面，都与自然环境有协调对应的关系。

正是这种道法自然的生态观念，使得传统乡村聚落的营建会根据不同地域不同气候的特性形成不同的表现。西北黄土高原干旱地区，雨季集中且水土流失严重，所以传统乡村聚落的选址通常会在较高的位置，聚落中的建筑也会依地势变化而变化，再借助涝池、沟渠等引水设施的建设，来有效聚拢有限的水资源，让水资源更好地为居民服务。

江南鱼米之乡江河溪流极为丰富，水网遍布且延伸范围极广，因此多数聚落会自然地依水而建，建筑也会顺应水网的排布和走势，随着水势变化而变化。

另一项则是天人合一的能动思想。传统农耕社会是依托农业生产体系而发展和完善形成，这种以农业生产为主导的生产方式，让古人很早就意识到了人与自然是相互依存的关系，靠天吃天、靠水吃水，最终形成了天人合一的能动思想核心。

通俗理解就是只有顺应自然规律，平衡好人与自然之间的关系，才能够推动人的发展，也才能够确保人能够顺畅地繁衍生息。当然这种顺应自然规律的观念，并非完全盲目服从和顺应，而是需要充分调动人的主观能动性，以积极心态来处理人与自然之间的关系。

传统乡村聚落的营建过程中，必然需要面对多种多样的实践方面的考验，根据自然生态环境特征，在有效把握自然规律的基础上，为了能够营建出更适合生存生活的居住环境，并满足对应的心理预期，自然就需要聚落营建过程中不断进行调整和变化，因此也就形成了不同地域不同气候特征和不同需求下，截然不同的丰富多样的聚落空间布局和营建构造。

（二）传统乡村聚落营建智慧的人文思想

传统乡村聚落营建智慧的形成，源自于民众对自然万物的观察和思考，以及实践过程中的不断调整和尝试，是真正服务于不同聚落民众的营建智慧，因此其中也蕴含了非常独特的人文思想，具体表现在以下两个层面。

其一，体现着和而不同的营建过程。传统乡村聚落的营建智慧是基于自然万物不断演化和变化而形成的，并经历了长久的经验积累和反思总结，因此聚落营建智慧的核心思想较为统一，秉承天人合一思想和道法自然观念。但因为不同地域拥有不同气候特征和地形地貌，同时也拥有不同的风俗习惯、文化底蕴和现实需求，所以最终就形成了和而不同的营建过程。

即传统乡村聚落的营建虽然受到长久时间跨度的继承和发展，拥有着共同建筑原型、族群信仰、顺应自然规律的生态观念等基本共识，但是处于不同地域的不同聚落也因为地域气候、地形特征、生活方式的不同，逐渐发展出不同的营建构造和建筑形式。

福建客家民系所营建的极具代表性的土楼，其本身都是由客家人代代传承而来，所以拥有着共同的建筑原型和族群精神支柱，也就呈现出天下土楼均具有聚居而建和极强防御功能的共性，同时土楼也普遍形成了聚落中心为族群祖屋和礼制中心的共性布局。

但是因为客家人广泛散落在不同地域，受到当地地理环境、社会民俗、生活方式、营建条件的影响，也就在上述共存的整体规则基础上，形成了各种截然不同的空间布局形式和建筑营建过程，如有些土楼为圆形，有些则为方形，有些甚至呈现为弧形排列层层叠叠的布局形态，最终使土楼的营建过程拥有极多的变化，而土楼最终也就呈现出形态多样又颇具共性的营建特征，正是中华民族人文精神中和而不同理念的完美体现。

其二，体现了情景交融的审美体验。传统乡村聚落的营建，不仅需要满足民众的居住需求、生产需求、族群延续需求，还需要在满足民众生产生活的基本物质需求基础上，满足民众极为朴素又多样化的精神追求，受到中华优秀传统文化的影响，传统乡村聚落营建智慧之中还蕴藏着中国人对物质和精神情感的双重追求，即情景交融的审美体验，并将这种审美体验在聚落的营建过程中进行了集中表达。

传统乡村聚落营建过程中，民众遵循着现实生活之中的自然经验，在满足自身各种需求的基础上，也开始在营建中表达属于自身的理想和精神的追求，这种情感与空间布局、建筑造型、装饰形态等完美交融后，最终就形成了情景交融的审美体验。

聚落民众会将有限的生活空间扩展为无限情感的寄托和载体，从而实现因实景而生发情感，之后再将情感融入营建过程中在实景中具象化呈现，最终体现出情景交融的深邃意境和美学理念。这种营建之中体现情景交融审美体验的形式，也是聚落成为乡梓情愫精神纽带和故乡情怀的根源出处。

（三）传统乡村聚落营建智慧的突出特点

传统乡村聚落在实践过程和不断经验总结下逐渐形成的营建智慧，拥有极为突出的四大特点。

首先，追求理想格局，以及因势利导的营建手段。基于自然生态和自然环境条件下营建而成的聚落，在实现民众聚居抱团共住的生活模式基础上，在营建过程中还会充分考虑各方面因素，尤其是聚落选址时，会充分考虑到所在地的环境特点、地形地貌、资源状况等，尽可能地寻找到资源配置最合理、微气候最和谐的具体地址。

确定营建地址后，会充分考虑实际因素和心理暗示特征，如满足山水环绕的相对独立空间格局，如满足拥有丰富的水资源和动植物资源，如依托情景交融来强化审美体验等，最终构建出最为现实的理想空间营建格局。在聚落营建过程中，民众其实清晰地意识到追求理想格局的美好愿望根本无法在营建实践中尽数得以满足，因此就开始充分利用自然环境条件和特征，形成了因势利导根据实际调整营建状态的营建智慧特色。

如山地自然条件下，聚落民众明显清楚农业生产基地较为稀少，因此就因势利导将较为平整的土地留作农田耕地，而将住宅建筑等修建在坡地、坎台之上，而且通常这种山地开垦不会任意而为，而是会保留整个山脉态势和动植物群落，以便最大化适应自然生态环境的同时满足聚落的生存、生活等需求。

其次，反映了人伦道德，会运用避重就轻满足需求的方式。传统乡村聚落空间不仅是满足居民日常生活和生产的多功能建筑空间，而且是实现人与人之间形成良好交际圈的社交空间，在这样的营建模式下聚落的空间布局也就成了反映人伦道德的具象空间。

传统乡村聚落空间的营建模式通常是居住、养殖和种植三项基础功能合一的模式，而且受到儒家思想影响极深，所以聚落的空间布局中，中心部位通常是宗族礼制中心，居民建筑的中轴线上通常会布置堂屋，并将其打造成仪式空间来充分表达尊崇祖先的宗族人道追求。

而在具体的实际营建过程中，虽然民众均期望居住地能够满足对光照、保暖、隔声等功能性需求，但是考虑到整体布局和体现人伦道德，同时社会生产力和居民经济能力较为有限，很多时候无法全部满足具体的功能性需求，这时就会通过避重就轻的方式，在某些功能需求方面进行弱化，以此来形成更适宜的空间布局，如进深尺度小、采光照明不良，都是这种避重就轻满足需求的方式的体现。

再次，贴近自然的就地取材智慧和高效利用资源的理念。传统乡村聚落的营建，受到居民物力和财力的影响巨大，人力也非常有限，为了能够营建出满足各种功能和需求的建筑，通常聚落的整体营建会采取贴近自然的就地取材方式，一方面能够减少建筑材料的运输成本，另一方面也更容易让建筑和当地自然生态环境相融合。

通过就地取材进行建筑营建，还可以有效降低建筑造价成本，而且不同地域特色和不同气候影响下，不同聚落所在地的自然资源提供的材料还有所不同，所以能够让不同地域的聚落建筑拥有极具地域特色的营建特性，如西北黄土高原以黄土为主建材的窑洞，西南竹资源丰富所在地以竹为主材的傣族竹楼等。

在就地取材进行聚落营建的基础上，传统乡村聚落的居民还充分发挥了自己的聪明才智，凭借不断丰富的经验和实践，对各种材料有了更加深入的理解，也就逐渐能够弥补和改善材料自身的缺陷，最终制造出符合营建需求的各种构件，从而达到高效利用资源的目标。

北方平原地区为了改善普通泥土弹性弱且不耐水的缺陷，发展出在泥土中添加糯米、碎石、白灰等营建手段，使土墙拥有更强大的承载力和更好的耐久性。甚至在不断发展过程中，还开发出了煅烧成砖，以砖砌房的营建工艺，有效弥补了泥土材质的缺陷。

广东地区常年潮湿，因此发展出以夯实的沙土作内里，外部以砖砌的营建工艺，不仅能够有效增强墙体的防御性和承载力，同时沙土也能够有效吸收水分从而达到良好的防潮性能。

而且在聚落发展过程中，多数聚落民众营建过程中还养成了旧材料循环利用的优良习惯，实现了有效资源的高效利用，如运用拆除墙体时产生的碎石碎砖做成砖石混砌的墙，利用旧材料的同时也提高了墙体的坚韧度；广东沿海的聚落，就将海产副产品蚝壳作为墙体构筑材料，不仅合理利用了资源，而且此类墙体还拥有较好的防潮隔热作用。

最后，因地制宜灵活变通的经验传承形式。中国地大物博，因此气候特征、地形地貌、动植物资源也极为多样化，这也使得不同地域的传统乡村聚落在营建过程中，为了构建更加舒适更加契合的居住环境，满足建筑不同的功能需求，会遵循当地的气候特征和地形地貌，因地制宜来灵活改变空间布局和建筑构造，以便遵循该地区的具体环境特点。

而且因为不同地域的气候均变化无常，因此因地制宜的营建手段也就无法完全固定，在进行传承的过程中也就需要以灵活变通的经验为核心实现传承和发展。经验是传承过程中极为重要的内容，也正是这种经验为本传承形式，使得聚落营建知识并未形成固定的体系，而是形成了一套活态化的经验传承形式，通过心口相传得以代代延续，具有极强的传统性、地域性、经验性特征。

（四）传统乡村聚落营建智慧的理论体系

传统乡村聚落的营建智慧是以天人和谐关系为核心，营建时因地因时制宜使天地人三者能够均衡统一，并在实践过程中实现审美和功能统一的朴素发展观念，最终形成了极具代表性的理论体系，具体可以总结为以下四个方面内容。

1. 自然保护理论

传统社会生产力较低，民众对自然的崇拜代代沿袭，传统乡村聚落在选址、营建过程中，出于确保资源永续、聚落长治久安、资源可供利用等目的，聚落的民众在营建聚落之时都会对山水自然的保护利用，制定一些行为约束，也会借助自古沿袭的规范制度，以便实现对自然生态的有效保护。

当然，传统社会背景下聚落营建过程中会对自然生态保护的潜在渴求实现人与天地、人与自然动植物、人与不同季节自然生态和谐共处，自古的五岳四渎并称，其实就是古代对山川河流的崇拜之心和敬畏之心，也潜藏着对自然生态的重视和关注。

五岳即东岳泰山、西岳华山、中岳嵩山、北岳恒山、南岳衡山，四渎则指的是中华大地上孕育着无数生命能够入海的江河，包括长江、黄河、淮河、济水（古水名，源于河南流经山东入渤海，如今水系已消失，仅有源头尚存）。山水的并称其实就是传统社会民众一直认为其均为生存之本，甚至将其视为自然之根，于是就形成了尊重自然生态的观念，也自然就形成了不论从事任何营建活动都需要注重保护自然生态的理论。

这种自然保护理论不仅存在于空间范畴，同时在时间维度也形成了特定的行为准则，《淮南子·本经训》有言：四时者，春生夏长，秋收冬藏，取予有节，出入有时[①]。意思是：天地四季，春季主勃发生育、夏季主成长奋进、秋季主获取收敛、冬季主藏纳积累，不论获取还是给予，都需要有节制，不论是外出还是归来都应该控制时间。其实就是从一年四季应该遵循的时间行为准则，到个体应该遵循的时间行为准则都进行了概括。

2. 规划选址理论

传统乡村聚落的营建过程中，所依托的规划选址理论主要是临场校察地理以便选址、建设、规划空间的方法和原则，即堪舆学。其核心是引导人与地的关系，借助山水之势实现阴阳协调、自然和谐的聚落营建，是依据自然环境选择聚落位置和空间规划的重要理论，其中蕴含着中国古代自然观和生存实践智慧。不仅能够指导乡村聚落的选址和空间规划，同时也能够指导营建完成的建筑维护，从而通过保护聚落周边环境和营建内环境，来维系聚落气候与自然生态的和谐统一，最终实现聚落能够可持续发展和传承延续。

3. 山水治理理论

中国悠久的历史发展脉络中，指导农业生产、指导水利治理的典籍非常丰富，且均是以所处地域的气候特征、地形地貌、山水特性、动植物资源状况等为核心基础，最终所形成的极其适合该地域山水治理的理论。

指导农业生产的理论，通常倡导的是顺应自然地理特征，因地制宜选择最佳的利用方式，在保证不破坏当地自然生态环境的基础上，实现农产品的高投入产出比。其中还有一部分指导农业生产的理论，同样以农本观念为核心思想，但更偏重于对生产技术和知识的普及，属于专业技术性农书，如北魏贾思勰的《齐民要术》和元朝王祯的《农书》，均是技术性较强的农书，对聚落农业生产有极强的指导作用。

另外还有一部从农本观念角度体现农政思想的农书，即明朝徐光启创作的《农政全书》，其中不仅对农业生产进行了指导和理论总结，同时也对水利治理的理论进行了总结，如选择适宜耕地进行不同农作物的轮作和间作，

---

① （西汉）刘安. 淮南子［M］. 长沙：岳麓书社，2015：62-64.

不仅能够有效发挥土地肥力，同时也能够有效提高农作物生产效率；在不同地理环境和气候特征条件下，水利情况会有所变化，农业生产自然也会拥有不同的周期和生产方式，书中均作出了对应的总结，以指导民众的农业生产。

这些山水治理相关的理论和知识，都是历代民众在不断积累的经验和实践基础上，对山水规律的探寻及尝试性应用，不仅对聚落的营建、生产有极强的指导意义，同时一些思想和理论在如今社会发展背景下依旧拥有极强的指导和实践价值。

4. 建筑园林营建理论

聚落的营建智慧中，前几个理论均是准备层面和维护层面的营建智慧理论，最具实践意义和营建指导价值的则是建筑园林营建理论，其中同样普遍存在着古人对自然山水规律的理解、运用。

相关的建筑园林营建理论中，最能够体现山水营建智慧精髓的主要是两个观点，其中一个是追求取法山水的设计意向，以及与自然完美交融的景观效果，也就是所谓的虽由人作，但宛自天开；另一个则是强调对自然生态、自然地形的充分掌握，之后结合自然形意来灵活进行运用，将对自然的感悟融入营建过程中，借助各种技艺来实现合理的借景，最终实现巧夺天工的营建效果。

二、当代乡村聚落营建智慧的传承发展路径

进入 21 世纪以来，随着科学技术的快速发展，中国工业化和城市化进程一直在不断加速，随之而来的能源危机和资源短缺情况也变得日益严重，节能减排、生态环保、保护和维护自然生态已经成为整个社会发展的重中之重。在这样的背景下，推动当代乡村快速发展、构建生态化乡村聚落空间，就成了缓解城乡发展不均衡，并实现保护自然生态环境、打造绿色生态乡村的重点。

打造当代生态化乡村聚落空间，就需要从传统乡村聚落的营建智慧中汲取经验，传统聚落的营建智慧是以地域自然生态特性为核心，经过聚落民众

长久的探索和实践，最终所积累形成的居所空间环境营造方法、建设经验和空间组织形式，拥有自发性和长期性特征。

以自然生态为核心所形成和完善起来的传统聚落营建智慧，不仅能够有效满足居民的正常使用需求，而且与自然环境关系紧密和谐统一，对地域自然生态的影响甚微，对当代生态乡村建设和发展有十分重要的借鉴意义和指导意义。具体的营建智慧传承发展路径需要从以下两个角度着手实现。

（一）当代乡村聚落营建智慧对传统生态观的传承

传统生态观作为一种思想，能够直接或间接影响社会制度和建筑形式，传统乡村聚落营建智慧中的传统生态观，自然也会影响具体聚落营建过程中的空间布局和建筑形制等。

数千年来中国传统乡村聚落的建筑，一直是以尊重自然、顺应自然的理念为基础，追求的是人与自然和谐统一、道法自然和天人合一的朴素思想，最终总结凝集为对当代乡村建设有极强指导意义的传统生态观。

当代乡村聚落营建智慧对传统生态观的传承，需要从三个基本观念着手。

首先，是道法自然的朴素绿色观，中国历史悠久，数千年的生存、经验积淀，也使得传统乡村聚落在营建过程中普遍遵循着道法自然的朴素绿色观念，即从聚落选址开始，到空间布局设计，再到建筑的具体营建，都在不断顺应自然规律和自然生态发展特性，通过动态调整的方式为聚落民众创造着更适宜自然生态和自然环境的生活、生产条件和环境。

这种道法自然的朴素绿色观念与当代倡导的可持续发展理念完全吻合，因此能够成为构建当代生态化乡村聚落空间的核心指导观念。

其次，是天人合一的融合自然观。道法自然的朴素绿色观念，也潜移默化影响着传统聚落在营建过程中，逐渐形成了天人合一的融合自然观念，即聚落在营建过程中，不会对自然生态环境产生不可逆的破坏和影响，而是以顺应自然规律的方式，顺势而为，最终实现居住环境与自然完美融合，人与自然能够和谐统一，真正体现出道法自然。

这种天人合一的融合自然观，贯穿整个聚落营建的过程之中，从选址开始，聚落就需要尽可能借助山水之势，在条件满足的情况下，选址必然依山傍水，以便聚落能够借山势御敌、防灾，能够依水势而更好的生活、生产和交通。

在聚落具体营建过程中，还会依托对山水地形地貌和气候特征的理解，形成阴阳协调格局，借山开垦、借水灌溉、就地取材构筑建筑，依山势或水势进行空间布局规划设计，促使聚落能够更好地融于自然生态环境之中。

甚至在后续聚落空间和建筑的维护中，也会尽可能结合自然生态环境的变化和模式，因势利导实现整个聚落空间和个体居住空间的良好通风、防潮、保温、舒适。

这种天人合一融合的自然观念，能够有效促进人居空间和自然生态环境的深入融合，从而实现人造空间不会对自然生态造成巨大破坏，甚至能够和自然生态形成相互促进的关系，与当代乡村的生态化建设理念相吻合。

最后，是因地制宜的发展地域观。中国地大物博，同时又拥有悠久的发展历史，不同地域的不同自然特征和气候特征，就决定了不同的文化和不同的礼仪习俗等，且不同地域的传统聚落营建过程中，会依托该地域的气候和环境资源，形成极为独特的营建方式和习惯，建筑设计和建筑造型也就会呈现出该地域特有的文化和历史。

这种地域影响下，就形成了传统聚落营建过程中因地制宜的发展地域观念，体现的是处于该地域的民众对独特自然生态环境的理解和经营，是一种极具自主意识和道德良知的营建观念。而且能够久存于世的传统聚落，其营建过程中所呈现出的各种建筑语言、空间规划和设计理念，必然与当地气候、地形地貌、自然生态特征高度适应，也正是这种真实且具有根源感的内在特质才得以让传统聚落得以存在，并且巧借自然资源和自然生态环境的保护，使聚落空间跨越了时间长河，在向后人传递着因地制宜的发展地域观的同时，也表达着蕴藏在建筑和布局之中的设计本源。

传统聚落营建过程中所呈现出的因地制宜的发展地域观，表达了传统聚落在繁杂变化的独特地域自然生态体系中，极具营建智慧的地域特色，对当代生态化乡村聚落空间的建设有非常重要的指导意义。

（二）当代乡村聚落营建智慧对营建技艺的创新传承

中国传统乡村聚落在数千年自发演进过程中，因为地域气候、地形地貌、社会文化、自然生态环境的巨大差异，形成了丰富多样且极具地域化特征的聚落营建技艺，这些营建技艺不仅能够成为乡梓情愫的精神纽带载体，给予人强烈的认知度和归属感，还能够以独特的应对地域自然生态环境的技艺手段，推动不同地域的人与自然生态环境和谐共存、长久延续。

当代乡村聚落营建过程中对传统营建技艺的传承，需要将因地制宜而形成的多样化传统营建技艺，以经验的形式与现代化技术进行有效融合创新，以传统营建技艺的绿色生态核心理念为根基，结合当代绿色技术来寻找更契合当代不同地域乡村本土环境的营建方法和技巧。具体可以从三个角度详细阐述。

其一，是顺应自然的营建技艺。这种营建技艺的诞生其实是传统社会科学技术有限，为了能够更好适应自然生态变化，所形成的一种极为生态化和自然态的技艺。

通常是通过平衡人、建筑、场地、空间，借助建筑设计和自然环境特性，来实现各种需求，如依靠太阳光照实现太阳能采暖；依靠不同散热性和通风特性，借助建筑造型或材料实现降温除湿防潮；借助墙体高低错落和季节变化的自然规律，实现天然采光和自然通风等。

顺应自然的营建技艺多数是依托地域环境特性，在充分挖掘当地天然材料属性的基础上，就地取材来形成极为简洁却作用和功能明显的建筑特点。如山东沿海的聚落，会以石头为墙面以干海草铺顶，夏天可以起到避雨防晒、清凉避暑的效果，冬天则能够起到保暖避寒的效果；西北黄土高原的聚落则会利用地形高差明显的窑洞（外高内地），以黄土为基础建筑材料，形成了冬暖夏凉的居住环境，其实运用的就是热气易上升的物理属性，使窑洞夏季更易散热凉爽，同时借助黄土吸热快散热慢的物理特性，使窑洞冬季更加温暖；云南地区广泛产竹，很多聚落就会以竹篾编制为墙，便于散热通风又有利于防潮，而且材质轻便结实，天然生态无污染。

这种就地取材、顺应自然的营建技艺，不仅完全符合当代建筑设计和营建过程中的自然生态理念，而且经历了时间的洗礼和验证，完全可以应用到当代生态化乡村聚落空间建设之中，注重去挖掘不同地域所拥有的独特自然资源，并在了解各种资源物理属性和特性基础上，借助上述多样化的顺应自然的营建技艺实现应用，最大化挖掘传统营建智慧中的精髓，在避免对当代生态造成影响的同时实现生态化建设。

其二，是克服环境的营建技艺。中国地大物博且气候极为复杂多样，因此很多聚落不得不营建在较为严酷的环境之中，在这种自然环境中仅依托顺应自然的营建技艺，无法有效改善居住环境，在这样的背景下，古人在不断探索和实践的过程中，逐渐形成了克服环境的营建技艺。

其中最具代表性的就是北方聚落中广泛存在的火炕，这是中国北方气候严寒背景下长时间演化逐渐形成的营建技艺和习惯。火炕处于起居室中，但隔墙通过管道连接着厨房的火灶。火炕能够满足居民用餐、休憩、交流、会客等活动，而且火灶可以最大化发挥自身的作用，满足了做饭、采热和夜间取暖的需求。

南方多雨潮湿的地域，很多聚落的建筑不仅会就地取材，而且为了有效通风防潮，会在营建居所和建筑时使其远离地面，如采用竹柱将居所支撑起来，居所的地板高度远远高于地面，形成了居所下部中空透气的构造，最大化减少了地下潮气向上侵袭和渗透；另外居所也会以竹为主材构建，不仅主材取自自然环境，而且竹间缝隙也能够有效起到通风防潮的作用。

山地民族聚落，因为处于山地区域，所以多数会出现适应农耕的田地稀少的状况，而且整个聚落需要克服山地高低错落的地形特征，最终就形成了山—水—田—林—村的整体空间格局，即以连绵的山脉为庇护围绕村落，以流动在山谷间的溪流为水资源供饮用和灌溉所用，以山间稀少的平地为耕田为居民提供生存饮食保障，以树林覆盖山地和聚落来维系生态和自然状态。同时可以有效抵挡泥石流等自然灾害侵扰，聚落则依山而建，不占田地不破坏树林，广泛利用当地存在的石材和木材营造竖向居住空间，从而以吊脚楼和石板房居多。这种营建技巧有效克服了环境的掣肘，并最大化对自然生态优势进行了利用，同时也不会对自然生态和环境产生破坏及影响。

上述这些克服环境局限和掣肘，依托实践和经验所形成的营建技艺，不仅体现了传统聚落朴素的生态建设理念，而且有效克服了困难，在不破坏自然生态环境的基础上实现了聚落的生态化营建。这种因地制宜的营建技艺完全可以称为当代生态化乡村聚落空间营建的借鉴，根据当代不同乡村聚落的不同气候环境和自然生态特征，在不破坏自然生态平衡的基础上，运用就地取材、因地制宜的营建技艺，完成当代人与自然和谐共存的聚落营建。

其三，是适应气候变化的空间设计。传统乡村聚落的建筑空间形式，本质是民众寻求遮风挡雨、防御野兽侵扰、承载生活和生产的庇护空间，因为不同地域的不同气候、地形地貌、自然资源，所以最终催生出极为复杂多样的聚落空间组织形式，以建筑形态类型来划分，大体可以分为庭院型、群组型和独栋型。

其中庭院型是最为常见也最主要的建筑形态类型，其形制会根据不同地域的气候特性有所不同，如东北庭院是矮墙宽院形态，目的是能够适应东北寒冷的气候，实现更多日照来有效取暖；北京四合院则多为高围墙内聚合围形态，最主要的目的是实现家族式聚居的同时，有效防风防沙；徽州庭院场地较小，因此院落也称为天井，其以天井为中心的合围式庭院最主要的目的是实现更多的采光和更有效的通风。

庭院型聚落建筑形态中，空间设计通常极有利于形成通风自组织系统，如两进式空间布局，前院天井较大后院天井较小，并形成前低后高的布局，非常有利于空气对流形成过堂风，还能够利用温差产生热压通风效果，实现了夏季热空气快速排出的效果。

群组型聚落建筑形态，是以宗族文化为主导所形成的建筑形态，最具代表性的就是福建客家土楼和广东杠屋等，一方面体现了家族凝聚力，另一方面也能有效提高建筑防御力，同时还有效节约了建筑材料。

独栋型聚落建筑形态更加多样化，主要出现在地广人稀又气候环境多样的地域，内蒙古的蒙古包不仅轻便环保，而且能够随居民行动而迁徙；陕北黄土高原台塬窑洞，通常会利用夯土凿穴营建技艺进行建造，既能够有效防风沙和雨水冲击，室内冬暖夏凉，而且视野开阔，屋顶坡度依托日照和降水进行有效调整，实现了保证日照时长又减少了日光照射强度的目的，同时会在窑洞外开挖蓄水井，以便满足雨季蓄水，干旱季用水的需求。

上述这些适应气候变化的空间设计，体现了传统聚落营建过程中依托实践和经验形成的科学智慧，在当代生态化乡村聚落空间营建过程中，同样可以广泛应用，尤其是庭院型建筑形态的通风自组织系统，完全能够运用于夏季较长且较为炎热的地域，以便在不破坏当地自然生态环境的基础上，获得更加舒适的居住体验。

其四，是强调务实的构造设计。传统乡村聚落营建过程中，最为主要的功能就是实用性，尤其是很多能够有效满足特定需求同时又极具审美效果的务实性构造设计，这些构造设计同样能够被广泛应用到当代生态化乡村建设之中。

如以木材为主框架的建筑中，榫卯结构和抬梁、穿斗构架，不仅避免了对木材的浪费，而且便于制作和安装，而且此类建筑通常会以木柱支撑房屋，为了避免木柱紧挨地面造成潮气蔓延减少使用寿命，会在木柱根部垫起一个隔离地面的柱础石，虽然有柱础石隔绝木柱和地面，但下雨时难免会有水花溅射到木柱上，为了更好地防潮，还会在木柱根部开呼吸孔或透气孔，从而使木柱根部潮气能够更好地释放。

如南方地区多数夏季湿热，且日照时间较长，虽然庭院型建筑形式的天井、院落同样可以起到通风散热效果，但因为阳光强烈，所以很容易造成夏季高温天气居所因为内辐射热产生高温。为了避免阳光直射，不同地域的不同聚落居民就创造性地运用了独特的遮阳构造设计。有些聚落居民会在天井之下安装活动格栅，格栅下安装滑轮和滑道，放置于导木上，当太阳强烈时则可以将格栅滑出遮阴，需要通风时则可以收起。

江南很多地域的聚落民居，多数采用了庭院型建筑形态，建筑中心为天井，满足采光、通风、排水等功能，但是因为不同地域的气候特征不同，居民需求也有所不同，所以满足采光的形式也被进行了多样化改良，加装天斗，即在天井之上覆盖更高的一层天斗，可以有效遮雨和保暖；人多地窄的聚落中，为了满足更好地实现采光，则在阳面屋顶设置天门，即将屋顶开出裂缝口，将上端瓦面垫高形成双层屋檐式结构，从而实现了有效采光。

上述这些极为务实的构造设计，同样能够广泛应用到当代生态化乡村建设之中，同时还可以在此基础上运用现代技术进行强化和改造，如江南地区增加采光效果的构造设计，完全可以运用玻璃进行替代，形成天窗来实现采光。

第三节　乡村聚落空间的生存延续智慧

乡村聚落自古以来就是民众聚居、从事农业生产以供生存物质资源所需的重要场所，自聚落诞生以来，数千年间一直延续至今，承载和孕育着一代代民众繁衍生息，甚至不论是朝代交替还是天灾人祸，乡村聚落空间一直能够延续传承，之所以会如此，就是因为乡村聚落空间拥有着丰富的生存延续智慧。以下从两个层面来分析乡村聚落空间的生存延续智慧。

一、二十四节气中蕴藏的生存智慧

春雨惊春清谷天，夏满芒夏暑相连，秋处露秋寒霜降，冬雪雪冬小大寒，每月两节不变更，最多相差一两天。这首二十四节气歌是便于记忆中国历法中二十四节气而编成的小诗歌，在民间流传有很多个版本，上述这首属于普遍熟知的版本。

二十四节气是中国民间传统节令，是农耕文明的重要产物，更是先民在黄河流域顺应农时,通过天文观测活动、农耕生产、生活实践等,最终认知一年中气候、物候、时令的变化规律,形成一套完善的知识体系,能够有效指导农耕生产和民间生活。中国传统社会以农耕文化为主,因此二十四节气也就成了传统乡村聚落得以生存延续的智慧。

(一)二十四节气的由来

二十四节气的由来之始,最早可以追溯到三皇五帝时期,传说三皇之一的伏羲根据天象和八卦绘制了甲历,以八卦定八方位分四时,并确定了以冬至为岁首的建制;之后五帝之一的少昊设置历官,有司分、司至、司启、司闭之鸟,以鸟的行踪来作为判断节气的标志。当然,这种说法源自于民间传说。

有文献记载的二十四节气,最早见于《尚书·虞书·尧典》之中:乃命羲和,钦若昊天,历象日月星辰,敬授民时。分命羲仲,宅嵎夷,曰旸谷。寅宾出日,平秩东作。日中,星鸟,以殷仲春。厥民析,鸟兽孳尾。申命羲叔,宅南交,曰明都。平秩南讹,敬致。日永,星火,以正仲夏。厥民因,鸟兽希革。分命和仲,宅西,曰昧谷。寅饯纳日,平秩西成。宵中,星虚,以殷仲秋。厥民夷,鸟兽毛毨。申命和叔,宅朔方,曰幽都。平在朔易。日短,星昴,以正仲冬。厥民隩,鸟兽氄毛。帝曰:"咨!汝羲暨和。期三百有六旬有六日,以闰月定四时,成岁。允厘百工,庶绩咸熙。"①

上述记载中的"日中,星鸟,以殷仲春……日永,星火,以正仲夏……宵中,星虚,以殷仲秋……日短,星昴,以正仲冬……",所说的日中、日永、宵中、日短就分别对应了如今二十四节气中的春分、夏至、秋分、冬至。也就是说早在商周时期,古人就已经确立了二十四节气中的二分、二至。

而且从上述文献中就可以看出,早在商周时期,中国就已明确了传统历法阴阳历,即以阴历和阳历结合而成的完善历法,其中阴历就是以月亮盈亏变化周期为主确定的历法,阳历就是以观察太阳运动周期形成的二十四节

---

① (春秋)孔子;周秉钧注译. 尚书 [M]. 长沙:岳麓书社,2001:1-2.

气，两者结合就形成了中国传统的阴阳历，因该历法主要服务于农耕生产，因此在中国也被称为农历。并以此计算出一年约为三百六十五天到三百六十六天，单纯的阴历主要以月亮盈亏变化周期为时间长度基准，但以大小月纪年时一年仅有三百五十四天到三百五十五天，因此为了克服这一缺陷运用了置闰的方法，即通过若干年内加入一个闰月来明确一年的时长。

春秋战国时期，二十四节气就已经在原有的二分二至基础上增加了四立，在《左传·僖公五年》中记载：凡分、至、启、闭，必书云物，为备故也。[①]其中分和至就是春分秋分和夏至冬至，即二分二至，启和闭则指的是立春立夏和立秋立冬。在《管子》之中同样也有对应的二分二至和四立的相关记载，运用的是春始、夏始、秋始、冬始、春至、夏至、秋至、冬至等名称，前四者对应的就是四立，即立春、立夏、立秋、立冬，后四者则对应的是二分二至，即春分、夏至、秋分、冬至。

可见，早在春秋末期，传统二十四节气就已经完全确立了八个节气。到战国时期，《吕氏春秋·十二纪》就分篇详述了除小满和大雪之外的二十二个节气；西汉时期的《淮南子·天文训》中，则完整记载了二十四节气，也是最早将二十四节气全部统一由两个字进行表述的。

（二）二十四节气的发展

早期二十四节气诞生之初，命名并未形成统一，也就导致了上述文献典籍之中的同一节气命名有所不同，如《尚书》中对二分二至所用的命名为"日中、日永、宵中、日短"，而在《左传》中二分二至所用命名就已变化为"分、至"，《管子》之中的二分则统一用至代替。其他节气同样如此，如《吕氏春秋》中的白露降、霜始降，赌赢的就是白露和霜降；有些典籍中则将惊蛰称为启蛰。

---

① （春秋）左丘明；李维琦等注. 左传 [M]. 长沙：岳麓书社，2001：117-120.

同时，二十四节气也并非自诞生之时就确立了次序，首先是二十四节气之首，在《淮南子·天文训》中就阐明了之前古人一直是以冬至为二十四节气的起点，即遵行的是冬至为岁首的时令。并在《淮南子·时则训》中转变为以立春为岁首。

而且在整个西汉前期，二十四节气的次序也经过了数次调整，如雨水和惊蛰、清明和谷雨，在西汉之前惊蛰为正月节，雨水为二月节，而谷雨为三月初，清明为三月中，也就是说西汉之前惊蛰在雨水之前，谷雨在清明之前，到西汉后期才调整为惊蛰在雨水之后，谷雨在清明之后。

这种二十四节气次序的变化，与气候变化存在直接关联，也代表了在西汉之前，中国黄河流域的气候较为温暖，春播需提早，而在西汉后期，黄河流域的气候发生了细微变化，天气回暖出现延迟，因此为了确保春播后幼苗不受霜冻顺利生长，就需要将惊蛰和雨水、谷雨和清明的次序进行调整。这其中就呈现出了古人为适应气候变化而调整农耕节奏的智慧，同时也蕴含着古人尊重自然生态和生命节律的传统文化智慧。

直到公元前 104 年，《太初历》颁行全国之后二十四节气被纳入了国家历法，此时二十四节气的名称和次序才得以全国统一，并一直延续至今。

虽然从西汉后期的《太初历》开始，中国传统二十四节气就确立了统一的名称和次序，但二十四节气依旧在不断发展，主要表现在二十四节气的时长安排和计算。

西汉之前确立二十四节气，运用的是平气法，主要采用的是黄道计量体系，将二十四节气分别对应地球运动在公转轨道上的二十四个不同位置，所以二十四节气将一个回归年的天数进行二十四等分，等于将一年分为365度，没经过一个节气就增加一个平均值 365/24，即 15.218 天来计算下一个节气的来临时刻。这种将时间平均分安排节气的方法就是平气法。

《太初历》运用的就是平气法计算二十四节气，其将二十四节气等间隔依次安排到农历一年中的每一个月，每月拥有两个节气，并将二十四节气分为两类，一类是节令（也称节气），通常在月初出现，一类是中气，通常在月中之后出现。其中中气分别为雨水、春分、谷雨、小满、夏至、大暑、处暑、秋分、霜降、小雪、冬至、大寒，分别对应正月、二月……冬月、腊月。历法规定中气为农历确定月序的依据，但由于二十四节气以 365 为回归年进行等分计算，所以两个节气之间的时间大于一个朔望月的时间，从而就可能出现农历的某月仅有一个节气或一个中气的情况，为此历法规定中气一定要在本月出现，若遇到没有中气的月份，就将其定为上个月的闰月。

以 2023 年农历和二十四节气为例，2023 年农历三月为小月（29 天），对应中气谷雨，但按农历二月延续下推，农历三月将不再对应中气谷雨，因此将这个没有中气的月份定为农历二月的闰月，也就有了 2023 年的闰二月，同时谷雨会在农历三月初一出现。这种置闰的原则自《太初历》开始一直沿用到了今日，而且将阴历和阳历进行了结合，形成了如今的阴阳历。

公元 570 年前后，北齐的张子信发现太阳在天空中的周年运动有不均匀的现象，也就是说二十四节气之间的时间间隔并非等长；公元 604 年，刘焯在编制的《皇极历》中根据这种节气间时间间隔不等长现象对二十四节气的推算提出改革；元朝初年郭守敬等人编制了《授时历》，对二十四节气的推算方法进行了改良，成为当时最先进也最精确的推算方法。

随着科学技术的快速发展，现代的二十四节气主要是依靠天文学仪器进行黄道赤道交角测算，能够精确到分秒级，更加精准。但如今的计算标准依旧是古代延续，只是计算精度更高而已。

（三）二十四节气对农耕生产的重要作用

传统农耕社会，农业生产力水平较为低下，聚落民众多数是靠天吃饭，只有不违农时才能够让一年拥有更好的农业收成，而中国早期的黄河流域一直是政治、经济和文化中心，因此二十四节气也主要是以黄河中下游的气候和物候为依据建立的农耕生产指导。

对于农业生产而言，水分旱涝和温度寒暑，是影响农业生产力的关键，因此二十四节气中以水分和寒暑命名居多。如黄河流域通常会出现春旱，因此在春季就先后建立了雨水、谷雨节气，体现了古人在春耕春种时对春雨的企盼。

进入夏季后黄河流域多数会进入雨季，因此防洪防涝成为重点，于是在立夏之后建立了小满节气，带有一定的警示韵味，也隐喻此阶段河流湖泊等开始蓄水涨水，需要加强堤坝、预防大满时出现洪涝，民间的谚语：小满小满，固堤厚坝忙到晚。说的就是小满节气的警示。

而在夏秋季节，黄河流域气温较高易出现暑热，所以出现了小暑、大暑、处暑并连的节气，警示农户需要做好防暑、保墒、培肥、嫁苗的工作；到秋季后黄河流域气温变化极快，为了防止农耕生产出现冻害减产，所以出现了白露、寒露、霜降等反映低温的节气；进入冬季黄河流域出现冬寒，因此建立了多个体现冬寒的节气，此时农作物已收获，但需要注意家畜、耕牛等重要农耕生产助力的防寒和保暖，以确保来年能够六畜兴旺五谷丰登。

正是因为二十四节气是以黄河流域的气候和物候特征为核心所建立，所以二十四节气对其他区域而言只能作为时间制度予以参考，但在发展过程中，中国各地州府都会根据所辖范围的气候情况和农事特性制定符合当地的农事历，而且为便于农户能够依照农事历进行耕种，所以很多地域将二十四节气对应的农耕活动等编成了通俗农谚以便传播和推行。

因为不同地域气候不同，农事特点也有差别，同样的农作物在不同地域的播种时间等也会有所不同，因此就有了多种多样的地方农谚。黄河流域的"春雨贵如油"，隐含的就是雨水节气就要开始一年的农耕活动；华北地区还有"立秋摘花椒，白露打胡桃，霜降摘柿子，立冬打软枣；立秋忙打靛，处暑动镰刀，白露割谷子，秋分无生田"的农谚；山东则有"处暑种高山，白露种平川，秋分种门外，寒露种河湾"的农谚；江淮地区则有"立春天气暖，雨水粪送完，惊蛰多栽树，春风犁不闲，清明点瓜豆，谷雨要种棉"的农谚；河南地区有"白露早、寒露迟，秋分种麦正当时"的农谚；南方双季种稻地区，则有"谷雨栽早秧，节气正相当""秋前插秧谷满仓，秋后插秧草盖房"的农谚；长江流域主要是单季稻种植区，因此有"过了芒种不种稻，过了夏至不栽田"的农谚；海南地区处于热带区域，农耕为一年三熟，北方冬季时正处在冬稻抽穗扬花期，因此就有了"小雪收晚稻，大雪栽冬麦"的农谚。

在中华民族悠久的传承史上，二十四节气经过了长久的传承和发展，从黄河流域扩展到了整个广阔的华夏大地，且在各地域不同民族聚落民众的经验智慧总结下，形成了符合当地气候和农耕需求的地方农事历，不仅为不同地域的聚落民众提供了农耕指导，也使二十四节气在民间拥有了生生不息的强大生命力和放之四海而皆适宜的广泛适应性，为中华民族农耕文明的积累、发展、传承作出了极为重要的贡献。

（四）二十四节气对聚落民众测天占候作用

二十四节气中所用的气，其实就包含气象和气候的意思。古人自伏羲时代所创八卦来定八方位，并将八方位分四时，之后又在六十四卦中拿出十二个特殊卦形对应一年十二个月的月候，历法则将五日分为一候，一月共六候。同时将震卦、离卦、兑卦、坎卦与一年中的春夏秋冬四季相匹配，四卦中的二十四爻则分别和二十四节气进行匹配，一爻主一节气，所以也就有了民间通过二十四节气进行测天占候的做法。

在正常年份二十四节气的气候波动不会太大，但是有些年份或有些节气会因为复杂的自然因素产生极大的气候波动，从而非常容易引发农业歉收，传统社会的聚落民众在长期利用二十四节气指导农耕实践过程中，发现了某些节气出现异常后的物候征兆和导致的灾害结果，因此最终形成了借助物候异常预报灾害，或者借助物候特点预报中长期天气状况的手段，这就是运用二十四节气进行测天占候的具体方法，是一种实践经验总结出来的普世化手段。

这种借助二十四节气进行测天占候的方法，民间同样运用占候谚语进行了传承。如民谚中有"水淋春牛头，农夫百日愁"的说法，指的就是在立春举行打春牛民俗仪式时若遭遇下雨，春季就很容易出现春旱，从而可能会造成农耕大量减产。

即使同一节气中同一物候出现，但处在不同地域，则预报也会有很大不同甚至完全背离，如陕西的民谚中有"夏至加端阳，田里不打粮"的说法，即夏至如果和端午相近，陕西地区就可能出现农田减产；而山东民谚则有"夏至端午近，麦子满仓囤"的说法，即夏至若和端午相近，山东地区的农田就可能小麦高产。同一物候就呈现出了两种不同的预测后果。

另外还有一些民间借助二十四节气物候进行的即时预测或中长期预测，这种预测并不一定是灾害性质的内容，只是以此来为民间人们的生产生活或后续一段时间的生产生活进行指导，以便人们提前进行安排。如民谚中有"清明钩钩云，一天落不停"的说法，指的是清明节若上午出现钩钩云的云相，就可能一天一直下雨；另外的中长期预测则有民谚"打雷惊蛰前，月半不见天"的说法，指的是黄河流域若惊蛰节气前出现雷雨天，之后的一个半月时间可能都是阴雨天气。

二十四节气以民间谚语的形式，为聚落农户的生活生产行动进行了恰当的指引，这些预警能够让人们可以提前作出相应的防范，如改变农耕种植方式和节点，以便起到减少灾害、避免生产下滑的目的。

从上述内容可以看出，二十四节气作为中华民族传承数千年的民间传统文化，不仅能够有效指导聚落农户的农业生产活动，还能够有效服务于农户的日常生活，以农谚、民谚的方式传递各种物候、气候相关的传统知识，潜移默化影响和引导着人们的生活、生产和行为习惯，从而成为大自然的受益人。

二、不同气候和地域条件下的乡村聚落生存智慧

中国传统农耕拥有非常悠久的历史，前面所提到的二十四节气源远流长，成了乡村聚落空间非常主要的生存延续智慧，同时中国地大物博，拥有多样化的气候和地域条件，在不同地域不同气候环境下的乡村聚落，也在传承和延续过程中形成了极具地域特色的生存智慧，以下从北方民族聚落的生存智慧、东部沿海海洋气候聚落的生存智慧、发达水系水灾严重聚落的生存智慧三个角度来着手分析。

（一）东北渔猎民族聚落的生存智慧

中国东北渔猎民族的民众在长久延续生息的过程中，与大自然和谐共存、生存抗争时从各种实践活动中积累了极为丰富的经验，这些经验随着聚落的传承和发展，逐渐成为聚落的生存智慧。

一方面这种生存智慧体现为东北民众对自然环境、自然生态的认知与和谐的互动方式，逐渐形成了多样化的地方性知识，具有与自然生态相适宜的特点。如东北民众对自然资源的利用和开发非常深入，包括运用生存环境之中对应植物的不同部分来治疗不同的疾病，或者利用自然环境中存在的各种物资来作为滋补延寿的物品，均是东北民众长久实践过程中逐步总结和凝聚出的实践经验。

在日常生活和生产过程中，东北民众还在实践中经过反复验证和积累、总结，最终形成了很多带有极强实证性和科学性的生存智慧。如要测验农田土质，可以通过查验一定方位中蚯蚓的数量来评判，多为肥沃少为贫瘠；测验水质则可以查验一定方位中蝌蚪的数量来评判，通常数量少为水流顺畅水质较好，还可以观测鱼鳃来评判水质是否适合饮用等。

另一方面这种生存智慧体现为东北民众对地域内自然资源的利用和能量转换方面，如东北传统饮食习俗中，会将发酵后的玉米面以碱调制，蒸制出来的面食更加可口也更富有营养。虽然聚落民众在理论层面不可能知晓玉米和碱混合食用能够产生人体必需的氨基酸，但是这不影响聚落民众依托生活经验开启智慧。

另外东北民众在生存实践过程中，因为季节变化非常明显，因此形成了一系列对自然生态转变周期有补救作用的生产和生活习俗，如东北地区冬季漫长，自然界的食物链会在冬季中断，而夏季万物在肥沃土地和丰盈自然资源的支撑下极为丰韵，为了能够在漫长寒冷的冬季有效调剂饮食，聚落民众创造出了通过风干、冷冻、晾晒、腌制、熏制等处理食物的习俗，用以长久保存食物；还创造了通过挖掘地窖来贮藏蔬菜的保鲜方法等。

　　还有一方面生存智慧体现为东北渔猎文化中所蕴藏的生态意识。东北地区拥有极为多样化的动植物种群，拥有广阔的森林、雪原，以及绵长的江河和丰盛的海滨，很长一段时间中东北民众都是以渔猎为主要生存和生产方式，所以形成了极具特色的渔猎文化导向的生存智慧。

　　渔猎生计模式和需求，强化了东北民众需要拥有丰富的地理知识和对地域范围内可摄取资源的强认知，所以东北民众传承和练就了极为卓越的洞察力，能够对自己生存相关区域内的各种动植物习性和生息规律了解至深，也借此开发出了无数渔猎手段。在狩猎过程中，猎人会用狍哨来引诱狍子，采用蹲碱泡子的方式伏击驼鹿和鹿等大型猎物，合格的猎人能够从自然环境中极为轻微的痕迹中判断猎物状态和习性；在捕捞过程中，捕捞者则会对各种江河海内的生物有极深的认识，包括辨识多种鱼类特性和名称，还会根据不同季节不同鱼类的特性，到对应的栖息水域进行捕鱼。

　　这种渔猎生计模式，使东北民众通过民谚的方式传承了丰富的经验和智慧，如"九月狐狸十月狼，立冬貉子绒毛长，小雪封地没营生，收拾押关打老黄"，说的就是农历九月狐狸皮毛最好，十月狼的皮毛最好，小雪节气之后没其他营生，黄鼠狼的皮毛最好，更适合打猎对应的猎物；如"打春的狍子，立夏的猫子，要吃它们的肉，不如啃棉花套子"，则说的是立春和立夏节气，并不适宜打猎，其实这些节气动物正好处于交配繁殖旺盛期，通过适时的禁止狩猎能够有效保护动物族群的繁衍和发展，不至于竭泽而渔。

　　而且在长久渔猎生存模式下，东北民众还形成了尊重自然生态发展规律，不浪费任何自然资源的意识，并依此建立了对应的渔猎规矩、总结了对应的山林禁忌等。包括不乱捕乱杀，如"春秋不射鸟，盛夏勿网鱼"的习俗，忌捕杀怀胎和带仔的母兽和幼兽，打猎忌讳断群，即猎取十头以上兽群要放生数头，尤其是幼兽和带仔母兽需要放生；还包括禁止对自然生态造成污染。这些禁忌和规矩，都是为了确保东北民众在生存延续过程中，能够可持续发展，通过保护鸟兽的繁育、保护自然生态的健康，来确保自身拥有更长久的发展。

上述这些生存智慧，是在长久与自然相处过程中，代代传承逐渐积累经验最终形成，能够推动整个族群、聚落更好地发展和延续。同时这些生存智慧，也体现出了东北民众自发的生态伦理和对区域生境的维护意识，折射了东北聚落民众朴素的生态保护观念和自发演变而出的对自然的敬畏情愫。这种对自然资源价值的深刻认识和行为规范，对如今的乡村聚落的发展和延续同样值得借鉴和发扬。

（二）东部沿海海岛型聚落的生存智慧

中国传统乡村聚落建筑体系中，东部沿海海洋气候聚落中的海岛型民居建筑是最为特殊也最具代表性的空间布局，其中蕴藏着对应地域聚落民众深邃的生存智慧。

海岛型聚落通常存在于中国东部沿海的群岛之中，通常拥有非常特殊的地理环境，多数多石而少木，淡水资源极为匮乏，气候为典型海洋气候，四季交替不明显，冬季无严寒、夏季无酷暑，但台风暴雨频发，由此也就诞生了海岛型聚落民众极具特色的生存智慧。

海岛型聚落淡水资源通常非常匮乏，因此聚落民众为了能够获得足够生存、生产的淡水，就需要另辟捷径。很多海岛型聚落所在地的地域都较为狭小，低丘低山地形居多，集水面积也非常小，所以无法形成较大的径流，但同时此类聚落所处地域多有台风暴雨，所以能够为聚落民众提供大量的降水，为了能够有效收集雨水来获得淡水资源，海岛型聚落民众通常会通过特殊的建筑布局和造型，来获取更多天然淡水。

通常海岛型聚落中的建筑，檐口不会像普通聚落建筑采用自由滴水，而是会简单改造成能够有组织性的排水方式，然后对天然淡水进行有效收集。一般的做法是居民建筑中部留有通风天井，在天井的四个角落放置水缸，而在建筑檐口部分增加能够有效收集雨水的落水管，落水管连接水缸，从而确保雨水能够被收集到水缸之中供给日常所用。

之所以采用水缸蓄水，一方面是因为海岛型聚落通常多石，地面坚硬度过高，无法通过简单的开掘和处理构建出蓄水池；另一方面则是因为水缸更容易挪动和清理，能够使淡水使用更加方便。

另外，海岛型聚落在特定的季节，通常会面临台风灾害的侵袭，为了应对台风灾害，聚落在建筑营造方面采取了多种策略，体现出极具经验和特点的生存智慧。

首先，海岛型聚落通常多石少木，因此建筑主材多数是石头，而且石材本身重量大密度高，石砌的建筑墙体也能够更好地抵御台风和暴雨。在石材为建筑主材的基础上，海岛型聚落民众还会在多层建筑的山墙之上，镶嵌上起到加固作用的铁钩，并在屋顶靠近檐口的部分添加石块、砼条等进行压顶，避免屋顶被台风破坏。

其次，海岛型聚落因为身处海岛，海洋台风会顺着海岛的正面不断登陆，为了避免不断目睹台风的肆虐，聚落居民的建筑从来不会构建成面朝大海的方向，而是会自然而然采用背朝大海的布置方式，在建筑的背面，即面对大海的墙面上通常也不会开窗或开窗较少，这样能够在很大程度上减弱台风对建筑的冲击和影响，尤其是对民居内部的影响。除了建筑的面向布局之外，建筑单体通常也会采用 L 形布局，即两端形成一个夹角并突出，建筑单体的入口就会形成一个绝佳的避风场所，从而有效减弱台风巨大风力对建筑和居民的影响。

再次，海岛型聚落的建筑通常会采用紧凑集中的空间布局，整个聚落的布局极为紧凑和集中，居民的居所前后相接且左右相连，从而让所有的居民居所宛若一个整体，在抵御台风灾害侵扰时拥有显著作用。当然，这种紧凑集中式布局，以及背朝大海、建筑朝南的部分较小的风格，也会令居民民居采光不足，为了化解该问题，居民的建筑通常都会采用屋顶天窗或老虎窗采光，虽破坏了建筑的外表整体性，却更加实用且简洁。

最后，台风的风力通常是越高处的破坏力越强，因此海岛型聚落的建筑通常为低矮的单层建筑外形，这种建筑模式能够在应对台风庞大风力时更加稳固；与此同时，为了能够有效减弱登陆海岛聚落台风的风力，海岛型聚落的街道宽度也会适当加大，有些甚至能够达到街道宽度和住宅宽度等同的地步，这种巨大的街道空间、较为低矮的单层建筑、极为紧凑集中的建筑风格，使得整个海岛型聚落展示出一种明显的对比感，同时也显得极为开朗、质朴和豁达。

（三）发达水系水灾严重聚落的生存智慧

中国广阔的区域范围内，有很多地域处在发达的水系区域，因为水资源过于丰富，所以在发达水系区域建立的各种乡村聚落，会面临非常严重的水灾影响，尤其是受到发达水系的冲击，此类地域都会形成一侧较高一侧较低的地形特色。

处在此类地域的聚落为了能够适应这种水灾严重、易受洪水肆虐的自然环境条件，于是逐渐形成了特殊的聚落空间形态，即圈层模式，其中就呈现出了聚落民众基于实践和现实的生存智慧。

圈层模式的聚落空间布局，通常聚落周围会围绕河塘来作为护村池塘，聚落则建造在地形较高的山岗上，聚落中心或后方标高最高，从而形成极为天然的高台基，在台基外通常会构筑挡土墙来加固地基，同时出入口会设置在特定的位置来保障聚落安全，通常会在外围构建一条连续排屋将村落进行包围，中间断开来作为出入口。

聚落内部通常会由多组不同朝向居民建筑紧密排列成片，整体形态会根据地形差异形成三种细分圈层模式，第一种是圆形圈层模式，第二种是半环形圈层模式，第三种是规整形圈层模式。

圆形圈层模式的聚落形如八卦，通常会建立在小型丘陵之上，圆心处为最高点，四周地势逐渐低洼，层级排列，最外层会分布多个水塘。

半环形圈层模式的聚落则形如半圆环，通常会建立在山坡之上，居民的居所会沿山坡逐层布置，高点通常为山顶，另一侧为水塘，山顶为环形中心。

规整形圈层模式的聚落同样建立在山坡之上，但通常山坡横跨度大且坡度小，所以聚落的延伸空间较大，民居通常沿山坡走势布局，地势较低且靠近水面，高点为山顶，外围布置多个水塘。只要地形能够满足，通常规整形圈层模式的聚落较多。

三种模式的圈层聚落，通常建立在洪涝灾害所在地，虽然明知这种独特水资源环境会造成洪涝灾害，但聚落依旧选择在此定居，足以证明聚落拥有与水共生的独特生存智慧，其圈层聚落的布局就发挥着极为重要的作用。

一方面聚落外围普遍为水塘，能够进行水产养殖，同时依山傍水有利于各项生产和生活活动的开展，聚落的公共厕所通常会布置在水塘边缘，这样粪便就可以直接成为水产养殖的营养，而其他剩余部分则会沉入水塘底部被微生物群落分解成为肥沃的塘泥。

一方面则是这些水塘在洪涝灾害来临时能够成为特殊的蓄水池，从而可以有效蓄洪，减轻乃至避免聚落遭遇洪水时所遭遇的侵害和内涝，而且水塘底部的塘泥还可以作为肥料反哺农业生产，从而提升聚落生态安全性的同时为生产提供必要的支持。

再一方面则是这种洪涝多见区域通常处在气候炎热、酷暑漫长的南方，尤以岭南区域居多，这种独特的圈层模式，能够借助水塘有效调节聚落的微气候，从而使聚落在酷暑时节更加凉爽。

还有一方面则是圈层聚落模式可以借助外围地势较低的特点，通过外部强化来保障聚落减少洪涝侵害，通常会在地势较低处设置高耸的挡土墙，高度会依照往年水位经验值确定；聚落外围会建设一条连续排屋包围聚落，间隔十到二十户就会设置一个门楼来解决交通问题；聚落内部会以等高线的道路系统形成极为顺畅的排水通道，从而能够快速解决排水问题；此类地形地貌所在地，水多田少，因此聚落中农户的基地面积会比较小，形成了密布且四处连通的分流渠道，更便于排水和汇水。

上述这种水系发达区域的特殊聚落布局模式，体现了聚落的独特生存延续智慧，形成了与水共存的独特生存模式。

第四节　乌镇：浙江乡村聚落空间生态智慧的具体展现

一、乌镇的地理环境与乡村概述

乌镇是中国浙江省桐乡市的一个历史悠久的古镇，位于杭州和苏州之间，地理位置优越。这个小镇的历史可以追溯到 2 000 多年前的东汉时期。因其独特的江南水乡特色和丰富的文化遗产，乌镇被誉为"中国最后的鱼米之乡"。

乌镇是典型的江南水乡，四面环水，有许多保存完好的古老水道和石桥。乌镇的建筑大多建在河边，屋前就是波光粼粼的河面，这种独特的空间布局形式是中国传统乡村聚落的一种典型表现。乌镇的街道狭窄而曲折，两旁的房屋临河而建，檐下多设有廊檐，供人行走避雨。这些特色反映出乌镇在空间规划和设计上的生态智慧。

在建筑风格上，乌镇的房屋大多为明清时期的传统建筑，以石为基，以木为架，均为硬山顶，双坡瓦屋面，布局严谨，结构精细，具有很高的艺术价值和历史价值。这些传统建筑的保存和利用，反映出乌镇在乡村聚落空间的营建智慧。

乌镇的经济以农业和手工业为主，近年来，由于其独特的乡土文化和美丽的自然环境，旅游业也逐渐发展起来，成为了乌镇的重要经济支柱。乌镇在保护和利用自然资源，发展绿色经济，实现乡村可持续发展方面，展现出生存延续智慧。

二、乡村聚落空间的水生态智慧在乌镇的体现

乌镇是典型的江南水乡，其独特的水生态智慧在以下几个方面得到体现。

1. 水道的规划与利用

乌镇的街道以水道为主，形成了以河为网，街为线，巷为细丝的水上交

通网络。这种以水道为主的规划布局，不仅方便了交通，也有利于排洪和灌溉。

2. 水边建筑的设计

乌镇的房屋临河而建，前门直对水面，后门与街道相接，这种设计既充分利用了水面空间，又便于居民日常生活和生产活动。

3. 水环境的保护

乌镇对于水环境的保护意识非常强烈，村民们珍惜每一滴水，严禁在河里洗衣洗菜等污染水源的行为，这在一定程度上保证了水源的清洁。

4. 水产养殖

乌镇的河水丰富，村民们在河道中养鱼，充分利用了水资源，增加了经济收入，同时也保持了水质的清洁，形成了良好的生态循环。

5. 雨水收集

乌镇的房屋设计巧妙地利用屋顶收集雨水，既节约了水资源，又有效地防止雨水直接流入河道造成的污染。

三、乌镇的乡村聚落空间营建智慧的具体实践

乌镇的建筑风格独特，有着深厚的历史文化内涵，而这些都是乌镇乡村聚落空间营建智慧的具体体现。

1. 与环境的和谐共生

乌镇的建筑设计充分考虑到自然环境的因素，如临河而建的房屋、古色古香的石桥、曲折的小巷，都与周围的自然环境和谐共生，体现了人与自然的和谐理念。

2. 利用本地材料

乌镇的建筑大多采用当地的材料，如木、石、砖、瓦，这不仅利用了本地的资源，也使建筑和当地的自然环境相融合，形成了独特的风格。

3. 考虑气候因素

乌镇的建筑设计充分考虑到了当地的气候条件，如房屋的朝向、屋顶的坡度、窗户的设计，都是为了适应当地的气候，以达到冬暖夏凉的效果。

4. 空间布局的合理性

乌镇的街道、房屋和公共设施的布局都很合理，使得人们的生活和工作都非常方便，体现了人性化的设计理念。

5. 保护历史文化遗产

乌镇在发展的过程中，充分保护了历史文化遗产，如古老的房屋、桥梁、祠堂、庙宇，这些都是乌镇历史文化的见证，也是乌镇魅力的来源。

四、乌镇的乡村聚落空间生存延续智慧

乌镇的乡村聚落空间生存延续智慧表现在以下几个方面。

1. 传统工艺的保护和发展

乌镇有许多传统工艺，如木雕、布艺、染色。这些传统工艺被当地人珍视并且得到了保护和发展，成为乌镇的一大特色，同时也提供了就业机会，增加了村民的收入。

2. 文化传承

乌镇的传统文化得到了很好的传承，如传统的习俗、节日、民间艺术。这些文化传承不仅丰富了村民的精神生活，也吸引了大量的游客，带动了乌镇的旅游业发展。

3. 环保意识的提高

乌镇的村民有着很强的环保意识，如节约用水、保护河道、清理垃圾。这些环保行为不仅保护了乌镇的自然环境，也使乌镇的生态系统更加健康和稳定。

第六章　乡村聚落空间生态智慧的内涵

第一节　乡村聚落空间的生态智慧属性

乡村聚落空间作为人类诞生以来延续至今的生存聚居空间，不仅是数千年农耕文化的浓缩和载体，更是带有极强地域文化特性的物质载体和精神载体，其中所蕴含的生态智慧对当前乡村振兴有着极为重要且关键的启示意义。

在乡村聚落空间的生态智慧支撑下，聚落通常拥有极为顽强的自我生态修复功能，这对如今全球所面临的自然生态系统被破坏，以及如今人类所面临的自然生态危机而言，都具有非常强的借鉴意义和参考价值。要让乡村聚落空间的生态智慧为当今社会所面临的生态问题提供帮助，需要了解乡村聚落空间的生态智慧属性，具体可以从以下三个角度着手进行分析和理解。

一、乡村聚落空间对自然生态环境的适应

乡村聚落空间的生态智慧，充分体现了聚落延续、传承和发展过程中对自然生态环境的被动适应和主动适应过程。

（一）乡村聚落空间对自然生态环境的被动适应

乡村聚落空间主要是为了满足民众农耕生产、抵御各种外界危机、供给

日常生活、确保民众社会交际、提升宗族凝聚力等逐步形成的聚居空间，从最初诞生就充满了对自然生态环境进行被动适应的生存智慧。

中国地大物博且地形地貌、气候特征有很强的地域性变化，这也就造成了中国的乡村聚落空间在被动适应不同地域自然生态环境时，形成了多样化的聚落选址、聚落空间布局，但从整体特性来看，中国乡村聚落空间的聚落选址通常都依山傍水，一方面借山势确保聚落能够更好地抵御各种危机，另一方面借水资源满足聚落民众的日常用水需求和农耕生产用水需求。

虽然乡村聚落空间的选址多数依山傍水，但是由于不同地域的地形地貌、气候特性、生态习性、自然资源等均有所不同，为了能够在特定地域不断传承并发展，聚落民众也就形成了在一定程度上被动适应所在地域自然生态环境的习惯。

西北地区黄土高原的气候干旱、日照强烈、降雨集中，同时因为黄土高原的土质原因和季风原因容易造成水土流失，所以黄土高原的聚落就形成了以窑洞为居所、选址多在台塬的发展模式，借助台塬的高度优势和土山的防护优势，为聚落提供了极佳的庇护。

岭南区域水系发达，气候湿热且降雨丰富，同时山脉连绵植被繁盛，于是就形成了岭南聚落多选址在依山傍水的山坡，既能够借山势减少发达水系的冲击，同时也能够有效借用发达水系中的水资源和水路交通，从而通过被动适应来获得更有利于自身生存和发展的优势。

即使同属山区地域的聚落，也会根据不同特性的地形地貌，形成不同的选址风格和聚落空间布局风格，根据山水配置关系，有些聚落会坐落在山谷平地，有些聚落则修建于山脉缓坡平地，有些聚落则依水而建随水势而排，所有的聚落民居均不强求正南正北朝向，形态也表现为不规则的多方位空间特性，整体布局灵活自由且贴近自然，从而形成了各种独具特色的聚落空间选址和布局形式。

（二）乡村聚落空间对自然生态环境的主动适应

乡村聚落空间对自然生态环境的适应，除了聚落选址和空间布局对地形地貌和气候环境的被动适应方面之外，还表现在对自然生态环境的主动适应方面，尤其是耕田、建筑材料选择和饮食习惯。

山区地域通常适宜耕田的平地较少，为了能够获得更多的耕地进行农耕生产，多数山区地域的聚落会将平缓土地开发为耕田，而将居所依山势走向和特征进行立体布局，从而形成了独具特色的梯田结构。

不同地域因为不同的气候特征和地形地貌，拥有独具特色的动植物资源，乡村聚落在建立过程中会主动寻找适宜聚落发展同时又不会对自然生态环境产生破坏的建筑材料。西北黄土高原黄土资源丰富，因此聚落居所多数为土墙土屋，并将居所的地面挖低，以便有效抵挡季风侵袭；南方竹资源丰富的地域，聚落居所通常会以竹为主材，不仅取材方便而且能够确保居所通风防潮；山区地域山石资源丰富，所以聚落居所则多为石材构建，不仅坚固耐用取材方便，而且能够有效抵挡山洪或泥石流的冲击。

不同地域的不同气候特征影响下，不同的聚落也在延续和发展过程中，形成了独具特色的饮食习惯，这都是对自然生态环境的适应。

东北地区气候严寒，冬季绵长且气温极低，为了能够更好地度过长时间的严寒，东北地区多数聚落形成了借助严寒处理食物的习惯，如冻肉冻鱼冻菜冻水果，熏肉、腌肉、腌菜，都是聚落在发展过程中主动适应自然生态环境所形成的独特生存智慧。

两广地区和云贵地区的侗族聚落，因为聚落所处自然生态环境通常气候湿热，所以食物以糯米为主，糯米不仅黏性大而且容易携带，同时糯米也极为耐饿且不易馊，因此成了侗族居民外出时最适宜携带的食物。

南方湿热环境极多，也就使南方多数聚落形成了以食盐腌制鱼和肉的饮食习惯，通过盐的腌制各种肉类能够更加长久地保存，而且味道鲜美；另外也形成了各种烟熏肉类，通过烟熏的方式在各种肉类食材外部形成一层隔绝空气的防护层，能够让熏肉长久存放。

二、乡村聚落空间对自然生态系统的维护

乡村聚落空间以对自然生态环境的适应为核心，并在发展和延续过程中，形成了人与自然和谐共存的生存智慧，这种天人合一的发展思想，实现了聚落对自然生态系统的维护。尤其是乡村聚落对所在区域的自然生态环境所拥有的各种资源，都会秉承适度利用和开发的理念，对整个环境的维护也极为看重，毕竟外在生态环境就是乡村聚落得以延续和长久发展的核心根基。

乡村聚落空间对自然生态系统的维护，主要体现在三个层面，一个层面是对自然生态环境中森林植被的保护，一个层面是对自然生态环境中生物多样性的保护，还有一个层面是聚落的各种手段有效涵养了水资源和土地资源等。

不论选址在何种气候特征、地形地貌和生物资源的聚落，在确立地址之后，都会依托所在地区的物资特征发展多样化、立体化的生存产业，如华北华东华南地区，因为所处地域为冲积平原，土地肥沃且地形平坦，森林成形率较低，因此多数聚落发展为以农业生产为主产业的生存模式，而且在开发耕田的过程中也会以不破坏所在地域生态平衡为基础，绝对不会做竭泽而渔的无止境开发。

而水系发达区域所建成的聚落，则通常会以农耕产业和渔业相携发展的模式，多数会形成水稻产业与渔业共同发展的态势，以水稻种植提供主食，同时借助渔业来强化水稻种植质量，自然而然发展成了鱼米共生互促的产业格局，有效保护了该地域的自然植被。

通常任何一个地域的自然生态系统得以长久存在，均需要确保该区域的整个生态链完整且发展顺畅，乡村聚落在延续发展过程中，虽然并未总结出自然生态链的理论内容，但是在长久与自然生态共处的过程中，自然而然形成了一套独属于自身的保护生物多样性的行为规范。

如东北地区冬季寒冷且时间持续长，因此多数聚落发展成为以渔猎为主

的渔猎产业，农耕生产主要在化冻期进行，在其他时间则多数会以打鱼狩猎为主要生产方式，且为了确保能够长久发展，不论是打鱼还是狩猎均制定了对应的禁忌和规范，以确保猎物能够持续发展，有效保护了该地域的生物多样性，也确保了聚落能够保持可持续发展。

不同乡村聚落所处的地域均有不同的气候特征和水土特征，而乡村聚落依托该地域本身具备的气候和水土特性进行发展和延续的过程中，均借助自身的智慧对水土资源进行了涵养。

如西北黄土高原地区，因为所处地域的土质和水资源特征，水土资源极易出现流失，所以在黄土高原地区形成的乡村聚落，为了能够生存延续和不断发展，极为注重水土保持，包括通过种植树木来减少水土流失，以及通过广掘池塘和院井来维系水资源，均起到了涵养黄土高原水土资源的目的，同时也获得了延续长久的聚落发展。

乡村聚落空间通过传承长久以来与自然和谐共处的生存智慧，形成了极具特色的生态意识和生态行为，不仅形成了潜移默化影响聚落居民行为的规范，约束了人的掠夺性行为，维护了自然生态系统的平衡，而且依托代代相传的聚落发展，成了聚落民众自发的生态理念和天人合一的生存思想，同时这种生态智慧还具有无可估量的潜力，能够应对各种不同自然生态环境，并形成最适宜聚落可持续发展的习惯，对如今的生态化乡村聚落的建设和发展有极为重要的指导意义。

三、乡村聚落空间对生态危机的屏障作用

随着科学技术的快速发展，工业化快速推进的过程中，由于人的盲目和过度生产活动，使得人类的各项生产活动开始对自然环境、自然资源形成巨大的冲击，从而将原本处于相对稳定状态的自然生态系统打破，生态平衡无法延续，从而致使自然生态环境被严重破坏，整个生态系统结构遭到了破坏、功能和作用的发挥受到阻碍，致使整个生态系统受到严重伤害，甚至使人类的生存与发展受到严重威胁。

在当前社会背景下，生态危机已经在各地广泛出现，这使得人类开始重新认识自身与自然的关系，也开始在快速发展生产和提高生活水平的同时，重视起保持自然生态系统结构的稳定和平衡，以便实现人类社会的可持续发展。

需要注意的是，在各大工业化城市快速发展，生产力不断提高且物质生活水平不断提高的同时，很多工业化城市的自然生态环境已经开始预警，然而在广大生产力偏低的乡村聚落，却依旧沿袭了传承多年的聚落发展模式，其所在地域的小气候和范围内的自然生态平衡依旧保持良好，甚至在一定程度上抵御和消弭了城市发展过程中引发的生态平衡失调，起到了应对生态危机的关键性屏障作用。

这种应对生态危机形成的屏障作用，其实属于乡村聚落空间数千年延续和发展过程中所形成的极为完善的生态智慧的独特属性。每一个乡村聚落空间能够长久延续，根基都是依托所在地域的气候环境特征和自然生态环境，并在代代传承的过程中，形成了独属于聚落的生存智慧，人与自然和谐共存、相互促进的生存理念、营建手段和技艺、与水资源共生的意识等。

乡村聚落空间能够维系动态稳定的生态平衡，根源就是代代相传过程中，每一代居民都需要自发对所处地域的自然生态环境进行保护和维护，这种自发性就是传统聚落心口相传的生态智慧。

也就是说，乡村聚落空间在传承和发展过程中所形成的生态智慧，才是应对生态危机产生屏障作用的关键，任何一个乡村聚落空间对所在地域自然生态环境的适应、改造，以及对地域自然生态环境中资源的利用等，都秉承了天人合一的生态思想，不论是选址、营建、生产、生活，还是后续的延续、传承、发展，都遵循的是尊重自然环境、崇尚自然生态、因势利导和物尽其才的对自然环境最小改动的原则，因此乡村聚落空间所处地域的自然生态环境保存良好，生物多样性也更高，从而形成了乡村聚落空间与地域自然生态环境相互庇护的独特生存模式，这种生存模式就充分发挥了乡村聚落空间的斑块（外观及整体与周围环境明显不同的非线性区域）特性，成了一个极具特色的生态危机的屏障，阻拦了生态危机向聚落范围扩散和蔓延。

在当今社会发展背景下，乡村聚落空间对生态危机的屏障作用极为重要，也成了调节地域自然生态平衡的撬杆和关键，这也是乡村聚落空间生态智慧最为关键的属性之一。

第二节　乡村聚落空间的生态系统认识

乡村聚落空间的生态智慧，是以乡村聚落空间独特的生态系统为载体进行传承和发展，而要认识乡村聚落空间的生态系统，需要从聚落空间的生态系统组成和结构演变、聚落空间生态系统的特性两个角度着手。

一、乡村聚落空间生态系统的组成和结构演变

乡村聚落空间的生态系统中包含着极为丰富多样的组成要素，同时这些组成要素还经历了复杂的发展过程，形成了极为独特的时空结构，而且在所处自然生态环境系统和不同时代社会经济系统的推动和影响下，也产生了极为复杂的发展演变。

（一）乡村聚落空间生态系统的组成元素

乡村聚落空间的生态系统，是由多个层次的结构体系组合形成，其组成元素包括聚落空间的建筑实体、整体自然环境、聚落制度环境等，并以聚落制度环境为文化核心，以整体自然环境为基础载体，以建筑实体为呈现方式，最终形成了独属于聚落空间的场所精神，这种场所精神维系着整个聚落空间生态系统的平衡，并以动态发展的形式实现传承和延续。其具体的组成元素，如图 6-1 所示。

1. 乡村聚落空间的建筑实体

乡村聚落空间的建筑实体是整体生态系统的主要呈现方式，其中包括三项主要内容，分别是房屋建筑、街道路网和公共建筑。

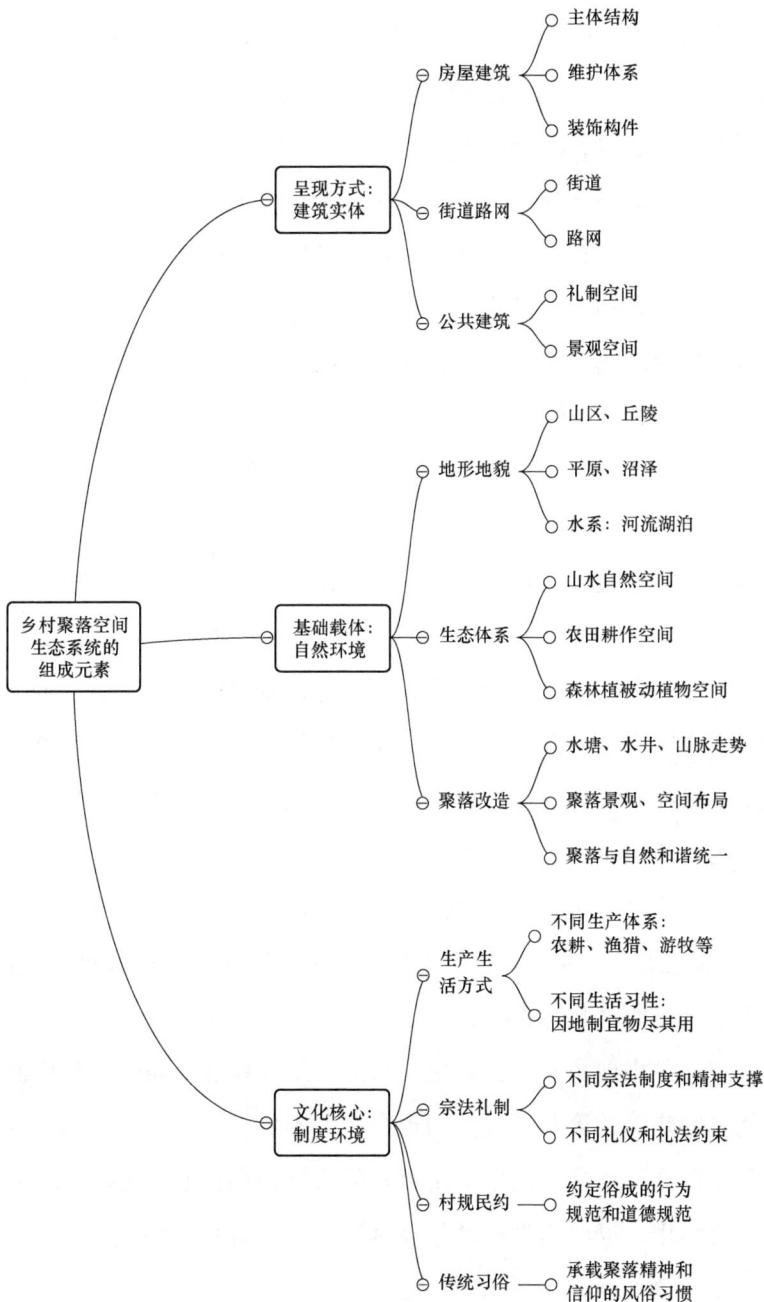

图 6-1　乡村聚落空间生态系统的组成元素

其中房屋建筑主要通过其主体结构、维护体系和装饰构件组成，主体结构是聚落居所的梁、柱、斜撑、屋顶等经过特定的组合支撑起各种各样的居所，以便为居民提供舒适的生活空间；维护体系则是居所之中的屏风、隔扇、围墙、居所具体造型等组合形成，为居民的居所建筑提供特定的防护，尤其是该区域自然气候易出现的侵害，包括雨雪、风沙等；装饰构件则主要由居所内部的各种砖雕、石雕、木雕、院落景观等组合形成，体现的是不同地域中不同民众的喜好和审美风格。

聚落中的房屋建筑，带给人的是纯粹视觉方面的感受，包括空间的大小和物品位置属性、各空间构成元素的大小和形状颜色等，这些都能够给予人极为直观的视觉刺激，从而影响人的心理感受。但更加偏向的是对人的日常生活之中心理感受的影响和刺激。

街道路网主要通过街道的宽度、长度和材质，以及路网的密度、通畅度和形态等组合而成，街道的宽度和长度，以及其材质等会潜移默化影响人的行为习惯，而路网的密度、通畅度和形态等，则主要影响人的交通习惯。

江南水乡因为水资源充足，聚落通常沿水系的走势而形成具体的空间布局，所以水路网络极为发达，聚落民众的交通习惯就会更贴近以水路出行，甚至居所之外就是水路。

聚落中的公共建筑，主要由礼制空间和景观空间组合而成，其中礼制空间包括寺庙、墓地、祠堂等，是承载和寄托聚落居民精神和信仰的主要空间，能够体现出聚落的文化特性。

景观空间则主要由实用公共空间组成，而且具有很强的欣赏价值，不同地域和气候影响下的聚落景观空间也会有所不同，如水井、码头、风雨桥，其不仅是聚落居民日常生活中运用极多的公共空间，还有维系聚落居民社会交际的重要作用，同时造型也通常极具特色，拥有很强的欣赏性和鉴赏性。

2. 乡村聚落空间的自然环境

乡村聚落空间的自然环境是聚落空间得以延续和发展的基础载体，其通常主要由三部分组成，一部分是聚落所在地域的地形地貌，一部分是聚落所在地域的生态体系，还有一部分是聚落对自然环境的简洁性改造。

不同的乡村聚落空间会建立在不同的地形地貌基础上，通常是一种被动的选择，如有些地域为山脉丘陵居多的地形，聚落建立过程中就需要依山而建；有些地域水系发达，江河湖泊纵横，聚落建立时就会傍水而成。

聚落所在区域的生态体系，主要包括三方面内容，一方面是聚落所在地域山水形成的自然生态空间，是大自然在特定气候和地形特征发展过程中自发形成的生态空间。另一方面则是聚落选址之后，进行农业生产所开发的农田耕作空间，通常聚落会尽可能依托自然生态空间的特性来开发农耕空间，不仅能够维系自然生态空间的平衡，而且能够从事农耕生产获得更加稳定的生产资源。还有一方面则是森林植被及其中的动物所形成的动植物空间，是整个自然生态空间中维系生态平衡的关键性元素，通常聚落在建立过程中会尽可能减少对所在地域动植物空间的破坏，以避免对自然生态空间产生破坏和影响。

聚落所在区域的自然环境还包括聚落建立过程中对环境形成的改造空间，通常这种改造必然会依托山水特性和走势，聚落内部的各种建筑和整体的空间布局，也会以天人合一思想为核心，以实现聚落空间和自然空间和谐统一为根本。而且这种改造并不会对自然生态平衡造成影响，只是能够在一定程度上形成聚落小气候，从而为生活在聚落中的居民提供更加舒适的生存空间和生活空间。

3. 乡村聚落空间的制度环境

乡村聚落空间的制度环境是聚落空间沿袭且长久发展的文化核心，体现的是聚落民众对所处自然生态环境的深入理解，并最终以精神和文化的形式得以传承。

制度环境主要由聚落的生产生活方式、宗法礼制、村规民约和传统习俗等内容组成，其中生产方式和生活方式，是聚落民众得以长久延续的根基，也是在适应自然生态环境过程中逐渐形成的一种能够与自然和谐共存的生产生活模式。

不同的自然生态环境和资源特色会形成不同的生产方式，如农耕生产、渔猎生产、游牧生产，也会形成不同的生活方式和生活习惯，如东北地域聚落普遍存在的火炕、冻货。但不论形成何种生产方式和生活方式，聚落通常都会秉承因地制宜、物尽其用的生产生活模式，以与自然生态环境相融合的方式来确保聚落繁衍生息和可持续发展。

宗法礼制通常能够为聚落提供必要的精神支撑，同时也引导着聚落逐渐形成了独特的礼仪特征和礼法约束，如宗族性聚落的祠堂通常处于聚落的中心，拥有提升聚落民众凝聚力和提供对应信仰支撑的重要作用。

村规民约则是聚落在长久传承和发展过程中，所形成的约定俗成的行为规范和道德规范，其受到不同时代社会的发展影响，同时也受到所在地域自然生态环境的特点和变化影响，其涵盖面极为广泛，包括对耕地的尊重、对动植物开发的约束、对自然生态环境的崇尚等。

传统习俗通常是聚落发展过程中，所形成的一种能够承载聚落精神和信仰的风俗习惯，中国传统社会是农耕文化为主导的社会，因此指导农户适时播种、收割等农耕生产活动的二十四节气，就成了整个中国乡村聚落最为主要的传统。而且不同地域不同民族的不同文化，也使得不同的聚落拥有自身独特的传统习俗，如侗族以糯米为主食的习惯和糯米相关的各种节日，而华北华南平原上的聚落，则多数以面食为主。

（二）乡村聚落空间生态系统的结构演变

乡村聚落空间生态系统，是由各种组成元素，通过特定的结构方式架构在一起形成的整体，因为聚落空间所在地域的气候特性、物资状况、文化底蕴等有巨大的区别，因此聚落空间生态系统的结构并无完备的分类方法，不过从聚落的发展历程来看，所有的乡村聚落空间的生态系统的结构均属于时空结构，遵循的发展脉络和演变形式也较为类似，即遵循由点到线，再由线到面的时空结构。

通常乡村聚落空间的生态系统，均是由聚落选址之后所确立的祠堂、广场、公共建筑等为主要节点，之后一些居民建筑簇拥而成，主要占据的是最好的地形和资源条件，同时安全度也较高；随着节点密度的不断增加，这些节点所在空间会逐渐被填充，点的范围也就会不断扩大，同时随着交通流量的增加，这些分散的点就会依托交通线路相互产生联系，最终延伸为点与点之间的线，街道和路网就会逐步形成；在街道和路网形成之后，点与点之间形成联系的线会越来越多，最终成为彼此交叉并普遍联系的丰富路网，线的丰富促进了点的增加，聚落的地域范围也就会不断扩大，从而依托聚落所在地域的地形地貌条件，形成了不同类型的面空间，如带形村落、散列形村落、和团块形村落。

乡村聚落空间的生态系统并非一蹴而就，而是作为一个开放的复杂系统不断与自然生态环境、社会经济系统等进行信息传递、物质循环、能量交换等，最终在时代的发展下不断发展演变的过程。如最初乡村聚落空间生态系统的形成，会与外界自然生态环境和社会经济系统产生基本的物质交换，主要目的是维持聚落居民的基本生活；而随着社会的发展和经济的不断开放，乡村聚落的生态系统与外界的物质交换力度和信息传递力度会加大，从而有效推动乡村聚落空间生态系统的发展和完善。

乡村聚落空间生态系统与外界之间的物质循环、信息传递和能量交换，会随着聚落空间的传承与发展，以及社会经济系统的发展、自然生态环境的变化等，呈现出动态演变特性，如聚落和自然生态环境出现矛盾，聚落经济体系与社会经济体系形成矛盾，聚落内部空间布局也会不断发生变化，最终在聚落生态智慧的指导之下逐渐维系内外发展的平衡，从而演化为动态发展的聚落生态系统。

二、乡村聚落空间生态系统的特性

乡村聚落空间生态系统拥有非常复杂的特性，主要表现为组成结构的复杂特性、环境作用的复杂特性、开放性导致的复杂特性等。

（一）乡村聚落空间生态系统组成结构的复杂特性

乡村聚落空间生态系统组成结构的复杂特性，主要表现在乡村聚落空间生态系统中各个元素之间存在非常复杂且非线性的相互作用，这种复杂的相互作用导致聚落生态系统在时空结构、系统运行中均极为复杂。

从空间层面来看，乡村聚落生态系统是由点、线、面组合形成的统一整体，点和线、线和面、点与点、线与线之间都拥有非常复杂的相互依赖、相互制约的关系，从而形成了乡村聚落不同层次的不同空间体系，这些空间体系又彼此之间相互联系构成一个立体的空间网络。而且不同的乡村聚落建立在不同气候条件、不同地形地貌、不同文化底蕴的区域，因此每个聚落的生态系统在空间层面的结构也有所不同，这就产生了极为复杂多样的聚落生态空间。

从时间层面来看，乡村聚落生态系统的形成都是动态演变的过程，不同的聚落在不同的时间节点，会因为生态系统内某一组成元素的变化，牵引其他组成元素不断进行动态调整和变化，而且受到聚落不同时间段的管理机制的不同，聚落会在特定时间段出现各种变化，包括自适应、协作、学习、收益、反馈和调整等，也就使得乡村聚落生态系统在时间层面具有极为明显的复杂特性。

从系统运行层面来看，乡村聚落生态系统本身就是一个动态演变和发展的过程，其内部各个组成元素之间本身就是相互依存、相互制约的状态，任何一个组成元素出现调整和变化，都会使整个生态系统的运行出现变化。整体而言乡村聚落生态系统的运行，呈现出波浪式发展态势，即生态系统中组成元素出现变化时，整个生态系统的平衡会被打破，为了维系整个生态系统的平衡，各个组成元素会不断进行调整，最终依托自适应、协作、反馈等手段逐渐达成再次动态平衡；动态平衡维系一个阶段之后，随着组成元素的再次发展和变化，动态平衡会再次被打破，最终再次调整，循环往复。

（二）乡村聚落空间生态系统环境作用的复杂特性

乡村聚落空间生态系统的形成和运行，均建立在一定的自然环境和社会环境影响之下，这也就造成整个聚落生态系统的各种组成元素，包括空间布局、空间结构、功能等，都会受到自然环境和社会环境的影响。

当自然环境发生变化时，聚落生态系统因为主要依托于自然生态环境而建成，所以自然也会发生变化，毕竟自然环境是乡村聚落生态系统的物质保证和承载空间，如水系发达区域所建立而成的乡村聚落，当原本支撑聚落空间的水系出现分支或水系干涸时，整个乡村聚落空间的生态系统自然也就会相应发生变化，会根据主要承载基础的变化而自主发展。

社会环境则通常会制约乡村聚落生态系统对生存观念的理解，如社会经济体系的变化，会推动乡村聚落生态系统中的居民，生存观念发生巨大的转型，居民付出努力的方向和动力也就会发生变化，从而反过来影响聚落生态系统。如乡村聚落之中曾经因为有人走上仕途而光宗耀祖，其对聚落的不断反哺就会影响聚落居民对耕读文化的理解，从而更加注重对后代的教育，以便推动聚落更好地发展；如乡村聚落之中因为有人经商而变得更加富足，原本聚落民众对农耕文化的理解也就会发生变化，从而聚落的未来发展也会更加注重经商。

（三）乡村聚落空间生态系统开放性导致的复杂特性

乡村聚落空间生态系统本是一个开放的系统，但是在科学技术和生产力较为有限的传统社会，因为交通不便、社会经济并不发达，所以很长一段时间以来乡村聚落生态系统是一种半开放半封闭的状态。

但是随着生产力的不断提高，聚落民众的生活水平也不断提高，民众对精神文化的需求也会日益增加，乡村聚落极具生态化的综合系统，以及深厚浓郁的文化底蕴，就成了很多人休闲娱乐、体验文化的重要场所，同时随着交通技术手段的快速发展和提升，乡村聚落生态系统开始呈现出全面开放的状态，聚落生态系统与外界自然生态环境的彼此影响也会加剧，从而导致聚落生态系统中的组成元素稳定性发生变化，整个生态系统会在动态中不断发展和调节，直到再次达成另一个平衡。

也就是说，当乡村聚落生态系统全面开放之后，其整个系统会因为外界元素的冲击而出现不平衡状态，且不同的乡村聚落生态系统的开放性有所不同，受到冲击的外界元素也会有所不同，内部调节机制同样有所不同，所以整体来看乡村聚落生态系统的适应和调整，显得极为复杂多元，最终会推动不同聚落形成不同的再次平衡的生态系统。

第三节　传统乡村聚落空间的当代价值

乡村聚落空间的生态智慧传承自传统乡村聚落的生态智慧，其作为延续数千年并源远流长的人与自然和谐相处的智慧，即使在当今社会发展背景下依旧拥有非常重要的价值，其对于当代而言，不仅能够为当今社会提供生态产品和生态服务，同时也能够提供对应的文化分享，从而推动整个社会向更加生态化的方向发展，最终构建出雅俗共赏的生态化乡村聚落空间。传统乡村聚落空间的当代价值，从文化分享层面主要包括以下三项内容。

一、蕴含生态文明的基因

生态文明，是继工业文明之后人类新的文明形态，是人按照人、自然、社会和谐发展的规律所取得的物质和精神成果的总和，是以人与人、人与自然、人与社会和谐共处、全面发展、良性循环、可持续发展为基本宗旨的社会形态。

（一）生态文明的发展历史

生态文明作为一项系统性工程，贯穿于整个社会建设的全过程，包括经济建设、政治建设、文化建设和社会建设的各个方面，反映的是一个社会文明的综合进步，更是人类文明发展的必然趋势，其最初期的目标就是解决工业文明所带来的各种矛盾，并将人类活动限制在自然生态环境可以承受的范围之内，对整个自然界各项基本元素进行综合保护和系统管理。

在漫长的人类发展历史长河中，人类文明已经经历了三个主要阶段，第一个是原始文明，主要指的是人类文明尚在发展初期的石器时代，物质生产活动主要依托简单的渔猎采集等；第二个是农业文明，主要是铁器出现推动人类生产力大幅提升之后，人类拥有了一定的改造自然的能力，从而使生产力和生活水平得到了大幅提升；第三个则是工业文明，从 18 世纪 60 年代第一次工业革命开始，人类正式开启现代化生活模式，生产力得到了大幅飞跃，科学技术也得到了突破性进展，人类改造自然的能力被无限放大，但相应也带来了自然生态环境被破坏，一系列全球性生态危机开始对人类发出警告。

随着工业化进程的不断推进，已持续数百年的工业文明史中，人类一直在征服自然，这种征服虽然使人类物质生活得到了极大提高，但同时也因为过度开采自然资源、广泛的环境污染等，产生了一系列全球性生态危机，这种现状无疑说明地球无法支持工业文明的持续发展，人类需要开创一个新的文明形态以延续生存和发展。

（二）传统乡村聚落空间的重要启示

传统乡村聚落空间的生态智慧中，蕴含着生态文明建设的基因和文化，传统乡村聚落所留下的最大资产，不仅包括其长久延续并不断完善的建筑形态，更重要的是其长久传承与动态发展背后的文化和精神。

传统乡村聚落不仅拥有相对完整的物质文化遗产，包括保存完整的古民居群落、各种独具特色的建筑造型等，而且拥有极为丰富且多样的非物质文化遗产，包括各种传统技艺、传统手工艺、生存理念和生存智慧。

可以说，传统乡村聚落本身就是一座文化传承的宝藏，其不仅体现了农耕文化源远流长中，先民适应自然、利用自然、改造资源的过程中所积累的带有极强实践性的经验智慧和创造力，而且展示了不同地域不同气候不同文化背景下，传统聚落的地域性特征和族群性特征，带有极强的文化底蕴和内涵，对于如今维护文化多元共存、生态多样性保护、人与自然和谐共处均拥有重要的启示价值。

二、为乡村振兴提供动力

（一）乡村振兴战略的提出和发展

乡村振兴战略坚持农业农村优先发展，目标是按照产业兴旺、生态宜居、乡风文明、治理有效、生活富裕的总要求，建立健全城乡融合发展体制机制和政策体系，加快推进农业农村现代化。党的十九大报告提出了多个重要战略安排：2020 年乡村振兴取得重要进展，制度框架和政策体系基本形成；2035 年乡村振兴取得决定性进展，农业农村现代化基本实现；2050 年，乡村全面振兴，农业强、农村美、农民富全面实现。

（二）传统乡村聚落生态智慧对乡村振兴战略的推动力

乡村振兴战略关乎"三农"问题，是有关农村产业、乡村生态、聚落文化建设的综合性课题，涵盖了多个领域和多方面内容。传统乡村聚落拥有经久不衰的发展动力和传承底蕴，其作为传统建筑精髓、群居文化底蕴，是先民留下的一笔极为珍贵的历史遗产。

传统乡村聚落的生态智慧，拥有极为深邃的文化价值和指导意义，深入挖掘其生态智慧并进行现代化改进，不仅能够让传统乡村聚落留下来、活起来，让人们能够看到青山绿水记得乡愁，成为重要的乡梓情愫的纽带。

不同的传统乡村聚落能够在不同地域不断传承、延续和发展，不仅是聚落民众长期与所在地域自然生态环境和谐共处，最终所形成的文化适应模式，而且拥有不可复制和不可再生的深邃文化价值，呈现出了文化的多样性和生态文明的发展趋势，同时也对当下人类社会工业化发展所导致的同质化生活方式起到了警示和反思作用。对于如今所提出的乡村振兴战略而言，传统乡村聚落的生态智慧能够有效推动乡村文化的振兴，并成为乡村振兴战略的重要推动力。

三、成为美丽中国新载体

美丽中国是各学科理论基础上的综合概念，拥有极为丰富的内涵，主要表现在三个层面，一是青山绿水的自然之美，即通过加强生态文明建设让家园更加美丽，山更绿、水更清、天更蓝、空气更清新；二是天人合一的和合之美与生态思想，主要体现在人与自然与社会等相互之间的关系协调方面，山清水秀的同时也要满足人民的强大富裕；三是心灵温暖的人性美，一方面体现在人与人之间的关爱、友爱和感情纽带，另一方面还体现在文化丰盈、精神充裕、内心境界和追求远大方面。

传统乡村聚落在长久的传承和发展过程中，形成了极为完善且先进的生态智慧，蕴含着人与自然和谐共处的深层文化生态价值，不仅包括对自然、土地、动植物进行保护和维护的基本价值观，还包括顺天合气、主动感应和调适，确保聚落能够可持续发展、生生不息的生态价值观，同时还具备产业发展契合自然生态环境，在维系自然环境这个聚落生存发展命脉的基础上适度开发和利用资源的生态经济社会价值观，并通常以村规民约、民族习俗、生态生产方式为主要承载和表现形式。

可以说，传统乡村聚落的生态智慧，和如今的建设美丽中国目标不谋而合，也必然能够为当代美丽中国的建设和发展，提供对应的启示和价值，甚至能够成为美丽中国目标得以实现的全新载体。

第四节　江浙地区传统乡村聚落空间建设优秀案例

一、楠溪江传统民居聚落

位于温州市北部永嘉县的楠溪江，全长 145 千米，从北至南流入瓯江，然后最终汇入东海。其流域如树枝般分布，中间为大楠溪主流，左右两侧则是小楠溪和珍溪，两个较大的支流。东面还有一条名为鹤盛溪的小支流。大楠溪和小楠溪在渠口乡的九丈滩汇流，而九丈到沙头镇的高浦村区段被称为中游，沙头镇以下则是下游。上游和中游的区域被称为楠溪，下游的区域被称为楠江。楠溪江地理位置独特，融合了自然山水、田园景色与人文景观，以其独特的"水秀、岩奇、瀑多、村古、滩林美"的特色而广受赞誉。

楠溪江流域的地形特征呈现袋状，其三面环山，仅在南部开口向瓯江流入，地处东经 120°～121°、北纬 28°～28.5°的亚热带海洋性季风气候区。这里的气候条件适中，年降雨量在 1 500～2 000 毫米之间，四季温暖湿润，适宜亚热带阔叶常绿林的生长。楠溪江流域内的冲积盆地丰富，这些盆地地势平坦，水源充足，土壤肥沃，且一年的无霜期长达 300 天，使得农作物如稻麦可以一年内连续生长三次。因此，人们将传统的民居建在这些盆地中，尤其以岩头和枫林为中心的区域是楠溪江上游最大最富饶的盆地。楠溪江流域早在新石器时代的六七千年前，就有人在此繁衍生息。至汉代初年，越王勾践的七世孙被刘邦封为东海王，建立东瓯王国，后改为回浦县，属会稽郡。三国时期属临海郡，东晋明帝太守元年设立永嘉县，唐高宗上元元年（674年）设置温州，治永嘉，此后一千多年间历史变迁不大。

楠溪江古村落的发展得益于晋代和宋代两次大的人口迁徙。迁移者主要是一些名门望族，他们凭借自身的文化优势和经营才能，成为当地的领军人物，建立了村落，并成为楠溪江流域的地方建筑文化的代表。总之，楠溪江流域的自然环境相对封闭，被四面环山和瓯江包围，形成了一个独立的经济、文化和生活圈。这一特殊的地理环境，使得楠溪江的传统民居聚落具有非常鲜明的个性特色。

如今，楠溪江传统民居聚落以其独特的自然环境、人文历史、建筑艺术等多方面的特点吸引了众多的游客和研究者。

在建筑风格方面，楠溪江的传统民居聚落，充分展现了中国传统建筑的魅力。这里的民居设计理念与自然环境的融合无间，充分考虑到地理、气候等因素，凸显了人与自然和谐共生的理念。建筑形式独特，体现了中国传统的工艺美学。

在人文历史方面，由于这些村落都是在历史长河中逐渐发展起来的，承载了丰富的历史文化信息，如晋宋时期的大迁移、名门望族的兴起。这些历史文化信息为楠溪江传统民居聚落增添了更深的文化内涵。

在可以预见的未来，随着人们生活水平的提高，对于文化旅游的需求也在逐渐增加，这为楠溪江传统民居聚落的旅游业发展提供了良好的市场条件。而这也有利于中华传统文化的传承，同时也可以推动相关文化产业的发展。

二、浙江花岗渔村

花岗渔村，一个神秘而古老的海岛村落，坐落在广袤无垠的太平洋的怀抱之中，历史的记忆在此被海风轻轻地吹过，留下了难以抹去的痕迹。这里是世界上为数不多的直面海洋的古村落，也是历史与现代的交汇之处，村落的每一寸土地都似乎在诉说着一段被忘却的过去。

花岗渔村最引人注目的是那一百多座由花岗石修建的石头房子，如同历史的石碑般傲立于此。这些被当地人亲切称为"虎皮房"的建筑，因其外观如同虎皮花纹而得名。它们的存在不仅是对古老建筑艺术的致敬，也是对历史记忆的保留。风雨侵蚀的痕迹，仿佛让人们看到了那些久远的历史记忆和过往生活的缩影。

设计者们对花岗渔村的独特建筑景观、建筑符号进行了精心的保护和修复，这不仅是对历史的尊重，更是对这个村落文化的传承。同时，他们也致力于保护和传承当地独特的生活方式和文化遗产，这些都为花岗渔村赋予了独一无二的魅力。

今日的花岗渔村，不仅是一个古村落的活化石，更是一个文化旅游的新兴热点。逐渐增加的民宿业态，让游客可以更近距离地体验到村落的魅力。此外，随着更多文旅业态的加入，人们开始可以预见到，这个充满东方特色的海岸小岛，将会成为一个令人心驰神往的度假胜地。这里的每一颗石头，每一片海洋，都将成为让人们无法忘却的回忆。

总的来说，花岗渔村以其独特的地理位置、丰富的历史文化、深厚的人文情怀，正逐渐向世界展示着自己的魅力。无论是历史的痕迹，还是现代的活力，都在这里完美地融合在一起，共同塑造出这个村落的独特面貌。

三、浙江泰顺县徐岙底

徐岙底，这个名字的背后是一个历史悠久的古村落。它始建于宋代，现存的许多建筑都建于清代，这里犹如一部活着的历史书，每一砖一瓦都在诉说着曾经的故事。村落中的建筑群错落有致，以祠堂、忠训庙、红粬工坊、文元院、举人府等为代表，呈现出独特的星状连片分布。它是泰顺县保存最完整的古村落之一，具有深厚的文化底蕴和丰富的历史研究价值。同时，徐岙底也是一个富有传统手工文化的地方，特别是这里的"乌衣红粬"已经有很长的历史，是泰顺非常重要的非物质文化遗产。2012 年，"乌衣红粬"被列入第四批省级非遗保护名录，这标志着这一传统手工文化得到了更高级别的保护和认可。

2018 年，泰顺县人民政府和墟里联合推进了"泰顺'墟里·徐岙底'特色生态旅游示范村"项目，这是一个致力于将徐岙底的独特文化和生态资源进行保护和开发的项目。随着项目的推进，越来越多的乡村生活场景被引入到村落建设中，将当地丰富的文化资源转化为具有商业价值的旅游资源。

2019 年，徐岙底红粬展馆完成建设并对外开放，其主题展览"红地起乌衣"正式拉开帷幕。展馆中的展陈从内容到形式都经过精心设计和策划，不仅服务于当地村民，也为来自外地的游客提供了了解和体验"乌衣红粬"文化的机会。

总的来说，徐岙底的未来将是一个融合了历史文化、生态资源和现代旅游业态的综合体，它将以全新的姿态迎接未来的挑战，展示出一个既充满历史底蕴又充满生机活力的新乡村。

第七章　生态化乡村聚落空间的
再造路径

第一节　生态化乡村聚落空间的传承再造认知

一、乡村聚落的历史传承与空间优化的认知

乡村聚落显性空间是土地系统对人类活动的承载和反馈，其演变实质是人地关系格局演变在乡村地域上的外显。

从原始农业出现前的利用原始工具获取野果、猎物等自然食物，到原始农业时期，人的主观能动性逐步得到发挥，人类也由逐水草而居变为定居；直到传统农业社会，人类的生存安全需求得到充分满足的前提下，将目光转向商品交换、住所改善等需求。

这个时候，乡村聚落内部不管是生活空间的面积还是农业生产空间的面积都慢慢变大，而对于乡村聚落来说，生态空间依然属于其主导的空间，人地之间的关系呈现单一性，即便是局部存在一些冲突，但整体来看还是处于和谐状态的；工业革命使人类进入到了工业文明社会，随着科学技术的进步，人类对于"地"的利用与改造能力也不断提升，于是，多样化、复杂化的人地关系也随之出现。

如今人们的精神需求开始不断提升，对于生产、生活，以及生态空间的要求也越来越高，计算机、新材料等很多新兴技术的出现，促使人类对"地"

的改造与利用向智能化的方向发展，大大促进了人地和谐相处新模式的形成。

人类根据自己不同阶段的需求对乡村的生产空间、生活空间，以及生态空间这些显性空间进行改造，同时，也对精神文化空间、社会交往空间等隐性空间进行塑造。

传统的农业社会里的小农生产可以使人们实现自给自足，同时人与人之间的关系往往是以血缘和地缘为纽带的，正因如此，便有了"礼治营国"的文化价值观念及乡村治理形式；而在工业社会里，村民的生计方式发生改变，乡村聚落的运行方式也开始呈现出开放性的特点，以往旧的邻里关系开始解体，乡村阶层也逐渐分化，使得乡村文化的独特精神内涵被弱化；随着交通和通信等设施的完善，人流、物流、信息流等频繁输出和输入，使得以往乡村社会交往中的血缘宗亲开始向学缘、业缘关系转变。乡村的多元化价值与功能得到深入挖掘，大大促进了乡村文化的传承与发展；新型文化形态也促进资源、技术、经济等新型关系的良性互动，实现了邻里、村村和城乡之间的全方位对接。

由此，乡村聚落空间优化，即在全球化、城镇化和气候变化等外在发展要素的影响下，行为主体基于不同层次的需求，系统整合影响乡村聚落发展的物质及非物质要素，采取政策、制度、技术等手段，重组乡村人口、土地、产业、组织、文化结构，提升乡村生活居住、生态保育、产业发展、社会保障与文化传承功能，优化乡村生产、生活、生态、社会与文化空间的过程。

乡村聚落空间优化指向乡村产业兴旺、生态宜居、生活富裕、乡风文明、治理有效等振兴目标相契合，是推进乡村振兴战略的重要手段。具有以下几方面特性。

（1）主体的多重性：乡村聚落空间优化是各级政府、企业、合作社、乡村能人、普通农户等多重行为主体之间为满足不同层次的需求而不断博弈的结果。

（2）要素的复合型：乡村聚落空间优化需对人力资源、地形地貌、资源禀赋、社会联系、地域文化等物质和非物质要素进行协调耦合。

（3）路径的复杂性：乡村聚落空间优化通过政策、制度、资金、技术、人力等多项手段，因地制宜地调整人口、土地、产业、组织、文化之间的相互关系，并采取相应的策略与路径。

（4）目标的多维性：乡村聚落空间优化包含生产、生活、生态空间等物质空间与社会、文化等非物质空间等多个相互关联的维度。

二、乡村聚落空间的优化

（一）优化的视角

近年来，乡村聚落空间优化视角发生了转变，已经从单一的生产、生活、生态等物质空间扩展到了多维空间，这一多维空间由社会、物质、组织和权属构成。在生产视角下，优化模式主要集中于对乡村聚落生产空间的优化配置，强调生产空间可达性、适宜性、脆弱性等方面；在生活视角下，则强调"以人为本"，关注农户的生活行为，以及多元社会感知，以提高聚落人居环境和乡村生活的质量。此外，生态视角下的优化模式多使用景观生态学的理论方法，主张从构建生态安全保护格局、进行生态敏感性分析着手。

从生产空间、生活空间和生态空间协调发展的视角出发，对乡村聚落的空间演化过程和演化模式进行审视，将对其演变造成影响的因子，以及作用机制进行梳理，从而使乡村聚落拥有集约高效的生产空间，宜居适度的生活空间，以及山清水秀的生态空间。有些学者将物质空间整治的现实需求与其承载的组织和权属关系相结合，从乡村聚落"物质—权属—组织"空间综合治理的视角出发，解析乡村空间重构、权属关系重塑和组织体系之间的作用机制，探讨乡村聚落空间优化的可行路径。

（二）优化的方法

乡村聚落空间优化的基础是制定和采取合理的优化方法。当前主要采取的优化方法有以下三种。

1. 构建评价指标体系

评价指标体系的构建主要包括两方面，一方面，要构建适宜性评价指标体系，进行乡村空间发展适宜度的分级，并进行区域划分，以及相关策略的制定；另一方面，构建影响力评价指标体系，计算乡村聚落单元的综合影响值大小，并据此将其优化类型划分为原地整治保持型、迁村并点扶持型、综合发展潜力型等典型模式，然后结合加权 Voronoi 图确定不同类型聚落的搬迁合并方向及优化方案。

2. 划分等级结构法

基于指标体系评价结果的空间优化更适合单一目标的选优，而乡村聚落空间优化的难点在于多点的组合优化，以统筹不同等级聚落的空间关系。有学者以"居住场势""点—轴"理论、复杂网络理论为基础，通过空间相互作用模型、改进断裂点模型等，确定乡村聚落的等级结构及其调整方向是可行的。

3. 耕作半径分析法

耕作半径是影响乡村聚落空间布局的重要因素之一，通常包括时间半径和空间半径，前者是指从居住地到耕地的时间，后者是指行进的距离（空间距离），近年来耕作半径通常表示为空间半径，通过"均等"和"耕聚比"等方法，分别求算高山陡坡、低山缓坡和河谷平原等典型地域乡村聚落的适宜耕作半径，并以此提出差异化的"合村并居"策略。

（三）优化单元

优化单元是指乡村聚落空间优化过程中使用的最小划分单元，对乡村聚落空间优化成果的应用具有重要影响。当前学者进行乡村聚落空间优化时采用的优化单元包括行政区、格网和地类图斑三类。

由于社会经济统计数据都以行政区为单位进行收集，全国或省级尺度的研究多以市级和县级行政区为基本单元，采用地市级或县级行政区的统计数据作为数据源来优化乡村聚落空间。屠爽爽等以县域单元为基础，从经济、社会、空间三个维度构建乡村发展水平和重构强度指数评价指标体系，探讨实现乡村振兴的区域路径和调控手段。

1. 基于制研究有待完善

不同学者根据自身研究方向，对乡村聚落空间概念与分类进行了系统阐述，但其对逻辑起源和内在形成机制研究不足，从而影响了其概念与内涵的全面理解，使得概念界定和分类上存在差异。

2. 乡村聚落空间优化框架及研究范式探讨尚显不足

当前研究主要对特定区域的乡村聚落空间格局进行优化，而缺乏驱动机理的探讨和典型模式的提炼，以及优化结果在不同地域、不同尺度上的动态对比分析。

3. 行为主体对乡村聚落空间优化的机制研究亟待开拓

当前研究侧重于地理环境、宏观政策、经济发展等客观因素对乡村聚落空间优化的影响机制，而针对地方政府、合作社和农户等行为主体对乡村聚落空间优化过程的作用机理关注不足。

4. 乡村聚落空间优化的政策应用相对薄弱

未来研究的重点可归结为如下几点。

为了实现乡村聚落空间的优化，需要深度挖掘其内在机理，并科学界定和分类乡村聚落空间。这需要结合人地关系理论、乡村空间系统理论等，对乡村聚落空间的机理、分类及相互关系进行深入了解。在此基础上，还需关注外部环境和制度变革的影响，以乡土文化、社会交往和风俗习惯为纽带的隐性空间变化，明晰乡村聚落多维空间之间的作用关系，科学界定乡村聚落空间概念与分类。在市场化、工业化、城镇化、信息化和全球化的交互作用下，乡村聚落空间不断发生变化，这就需要科学家和学者去积极参与和探索，进行相关理论的讨论和研究，从而不断促进乡村聚落空间优化研究的深入拓展。

构建乡村聚落空间优化框架及其研究范式。要考虑人地关系的演变历程、乡村地域环境的异质性、经济社会发展阶段的差异性，以及土地利用需求的多样性等方面的因素。通过遵循"概念—格局—过程—机制—优化"的研究主线，可以进一步诠释乡村聚落空间概念及其相互关系，挖掘乡村聚落空间格局特征和演化过程，剖析其变化的内外驱动机理与影响因素，从而对乡村聚落空间优化进行全方位、多层次的定量研究。

加强行为主体在乡村聚落空间演化格局、影响机制与优化过程中的作用。在乡村聚落空间演化格局、影响机制与优化过程中，行为主体特别是农户起着至关重要的作用。因此，需要基于行为主体视角来剖析乡村聚落空间的演变与优化过程，并关注地方政府、社会组织、合作社和农户的多元行为主体之间的博弈与互动关系。为了更好地理解农户意愿、生计方式、个体行为等对乡村聚落空间演化过程与优化路径的影响机理，可以结合参与式农村评估、结构式访谈、问卷调查、社会关系网络分析等方法，重点关注妇女、儿童、老人等弱势群体对推进乡村聚落空间优化的利益诉求。这些研究方法的使用将有助于更深入地了解乡村聚落空间优化的需求和限制，并为实现乡村振兴提供有益的政策建议。

作为乡村聚落研究的核心内容，乡村聚落空间优化是改善乡村人居环境的关键渠道。通过进一步研究，可以扩展研究结果的应用价值，从城郊融合类、集聚提升类、搬迁撤并类等典型村落入手，与当前新兴业态的发展相结合，如乡村旅游、电子商务，将乡村振兴作为抓手进行研究，最终得出的研究结果要为我国土地整治、精准脱、"三生"空间优化等发展战略提供帮助，使基础研究逐渐落实到实践应用中去。乡村聚落空间优化研究需要将理论和实践相结合，注重研究成果的应用和推广，以促进乡村聚落空间的可持续发展。

第二节　生态化乡村聚落空间的传承再造策略

一、生态适应性更新策略与方法

乡村空间形态的生态适应性更新是以乡村的可持续发展为目标，通过从自然环境、工艺技术和地域人文三方面采用生态适应性设计理念与方法，实现乡村空间形态更新与保护的方式和途径。因此，其生态适应性主要体现在以下三方面。

一是对乡村外围地形地貌、山体水系、绿地林地等自然景观要素的环境适应性修复与保护。

二是对乡村建筑木雕、土坯墙、海草顶构造等传统或地域建造工艺等技术适应性延续与应用。

三是对方位布局、天人合一、民风民俗等传统价值观念或地域文化等文脉适应性传承与创新。

因此，乡村空间形态的生态适应性更新应以自然环境为基底、以村落格局为框架、以公共空间为载体、以民居建筑为要素、以基础设施为支撑，借助生态设计理念与方法，针对当前乡村建设所面临的诸多问题提出多样的更新策略和方法，最终推动乡村空间形态的可持续发展。

二、自然环境的生态修复

在我国传统文化观念的影响下，我国农村地区追求的是"天人合一"的自然观，所以对于传统聚落的营建要以尊重、顺应自然、与自然和谐共生作为主导思想。基于这种传统自然观对生态环境进行保护和治理，对乡村闲置或者废弃的土地进行再利用，对原来被破坏的山水农林用地及硬化地面进行生态修复，以形成完整的生态系统。

在对自然环境进行生态修复时，还要以当地原来的地形地貌为依据，从宏观的角度对山体、农田、水系等进行重新塑造，使其呈现出多变的层次关系，公路、防护林带、农田交织在一起，形成美好的自然风光。

另外，生态修复也要注重对建筑群的生态化更新，利用立体绿化，以及农业种植技术，对屋顶、庭院等进行生态化更新，把建筑的内部及外部环境都纳入到自然环境中统一进行协调与规划。同时，在进行生态修复时还要考虑到乡村产业特征，与各个产业结合起来，共同打造富有当地特色的产业，如可开展生态手工业、生态旅游业，使当地的生态环境及产业经济的发展趋于多元化，打造生产、生活及生态于一体的人居生态系统。

三、村落格局的有机共融

对村落格局进行生态适应性更新，要以对当地特殊地理条件、气候条件等的充分利用为基础，要依山靠水，充分利用当地独特的自然资源，并使村落格局和当地的山水环境有机地融合起来，从而对乡村空间格局的生态适应性更新起到引导与约束的作用。

也就是说，村落的格局要和当地丘陵、山地等地形地貌特征结合起来，并以村落空间组织规律为依据，对当地所形成的或散点、或组团、或鱼骨等形态的成因进行分析，然后以此为依据进行村落格局生态适应性更新。

此外，作为村落格局的骨架，统街巷在乡村空间形态的塑造方面也是重要的结构性因素，在进行生态适应性更新时，对于之前的街巷脉络一定要予以保护及修复，从而形成有机融合的街巷结构形态。

另外，民居建筑群作为村落格局的主体要素，在进行适应性更新时也要将日照、湿度、温度等气候因素综合起来考虑，并于布局及方位原理相结合，合理确定民居的朝向、位置和间距，从而使整个空间布局看起来开合有度、疏密有致，并保证起居环境的适宜。对于寺庙、祠堂等建筑，要考虑到日常的民俗活动，基于这些建筑的功能将其置于重要的节点位置，从而与道路、绿化、景观等构成条理明晰的肌理结构。

四、公共空间的场所营造

乡村空间是由公共、半公共、半私密和私密性空间组成的。公共空间所包括的类型是多种多样的，如道路街巷、集会广场、公园绿地，基于其不同的功能和特点，所采取的生态适应性更新策略和方法也应该是不同的，要更加具有针对性。

道路街巷方面，各类乡村道路街巷空间是村民日常交流和出行的重要场所，其更新应在维持原有空间尺度与等级的基础上，积极探究街巷空间与村居活动特征之间的联系，保护或重建其所衍生的多样的邻里交往空间。此外，还要探索具有一定遮蔽条件的路边空间，并定期增设生活垃圾分类回收设施等，构建完善的垃圾回收处理系统，提高村庄的环境卫生水平。

在集会广场方面，应以原有古树、古井、祠堂、寺庙等要素为核心，营造具有"集体记忆"的仪式性空间，并成为各类节日庆典、戏曲民俗等公共活动的场所，以此增加乡村公共空间的气氛和活力。同时，为了增加空间的绿化程度，应避免过度的硬化处理，并结合绿化形成微气候调节空间，提高乡村公共空间的气候舒适性。

在公园绿地方面，要对乡村的农田，以及外围等衔接的废弃用地进行充分利用，从而打造出良好的自然环境供动植物生存和繁衍，并通过生态化的手段设置沼气生产、污水净化等基础设施，从而形成生产、生活、生态为一体的共生系统。

通过以上的措施，可以有效地提高乡村公共空间的功能和质量，促进村庄的可持续发展。在乡村的发展过程中，应该注重公共空间的建设，提高村民的生活品质，推进乡村的现代化发展。

五、建筑风貌的特色重塑

作为乡村空间形态主体的建筑，在重塑乡村特色风貌方面扮演着重要的角色。建筑风貌的生态适应性更新是实现这一目标的关键。现代化的需求要求建筑具备更高的生态适应性和现代化的功能需求。在保留传统庭院为中心的建筑空间组织模式的基础上，合理划分内部使用空间与外部接待空间是必要的。

为了满足当代居民的需求，建筑内部的动静分区应该更加明确，例如，卧室、厨房、卫生间等内部功能需要明确分区，并增设独立淋浴、盥洗等设施，使内部空间的卫生条件得到改进。在外部庭院方面，应该增设适应乡村生产与生活活动的各类设施，例如，储藏空间、工具间，以便更好地适应乡村的生产和生活需求。此外，还可以利用植物或农作物来打造具有地域特色的建筑形式和符号，并通过深入挖掘各类体现地域性文化特色的建筑形式、符号、做法和内涵，探寻其适宜的传承和创新途径，从而为乡村的建筑特色注入更多的现代元素。

在材料应用方面，循环利用地域性的木、竹、石等材料是非常重要的。在探索这些材料的地域性特征的基础上，应该将废弃的地域材料进行分类并探索各种利用方式和途径。此外，应该深入挖掘诸如空斗墙、夯土墙等地域性建筑技艺及其热工性能，并采用现代技术加以优化与改善，增加其使用强度与耐久性能。通过这些措施，可以进一步提升乡村建筑的生态适应性和现代化程度，实现乡村特色风貌的重塑和传承。

六、节能技术的智慧应用

在乡村空间形态生态适应性更新中，有一重要环节是对节能技术进行智慧利用。在进行建筑围护结构构造时充分利用太阳能、地热能、风能等能源，建造保温墙体，安装高效通风设施，利用清洁能源，使村居建筑更加节能环保。

在建筑设计和施工中，采用太阳能技术是实现绿色建筑的重要方式之一。主动式太阳能技术在应用中已经成为一个基础。为了进一步减少能耗并创造舒适的室内光热环境，被动式太阳能技术也应用于建筑的保温墙体做法和功能空间的设计中，例如，直接式、集热墙式和附加阳光间式。这些技术的应用可以有效地提高建筑的能源利用效率，减少对外界环境的污染，并创造适宜的室内环境。

为了进一步提高建筑的环境舒适度，建筑的自然通风也应该得到关注。借助开窗位置和方式的选择，结合新风技术的应用，可以改变内部空气的对流方式，从而实现室内温度和湿度的调节，提高建筑的环境舒适度。这些技术在地域性建筑门窗洞口处理经验的基础上不断创新和改进，可以更好地适应不同地区的气候特征。

除了被动式太阳能技术和自然通风技术的应用，可持续发展也应该得到关注。乡村当地的气候特征应该被充分考虑，推广太阳能电热、生物质能、地源热泵等新能源技术的应用，减少木材、煤炭等传统能源的消耗。这些技术的应用可以促进乡村能源利用结构的转变，构建被动式绿色节能建筑，实现乡村的可持续发展。这样的措施也可以在更广泛的范围内减少对环境的污染，并促进可持续发展。

节能技术最典型的体现，便是在乡村中进行水渠改造。梯田是林山村水田的重要组成部分，景观设计尽量减少对原有梯田景观的破坏，不改变其用地性质。梯田主要位于场地的第一阶梯，也是海拔最低的阶梯，水元素依靠水渠汇集与此并参与了水的大循环。水渠内的水流带动水渠水管内的"振翼水力发电装置"，水流流速在 1 m/s 即可实现发电，无须落差构造简单坚固。可用于点亮 LED 街灯、在夜间为紧急电源及电动农机具充电等用途。例如，梯田硬质水渠（如图 7-1、图 7-2、图 7-3 所示）。

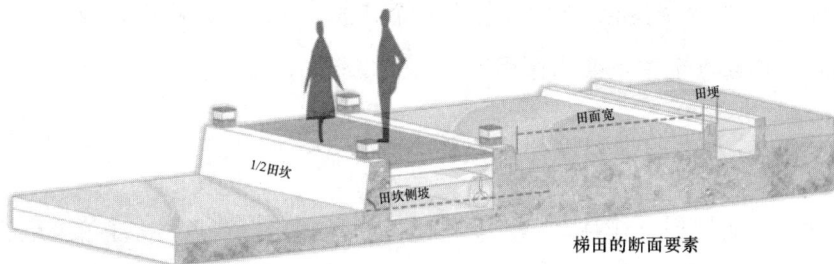

图 7-1

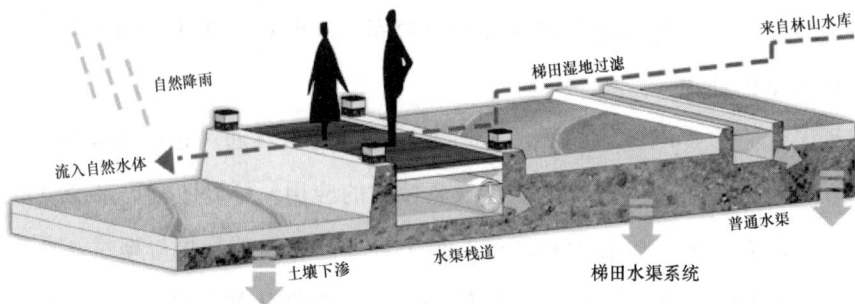

图 7-2

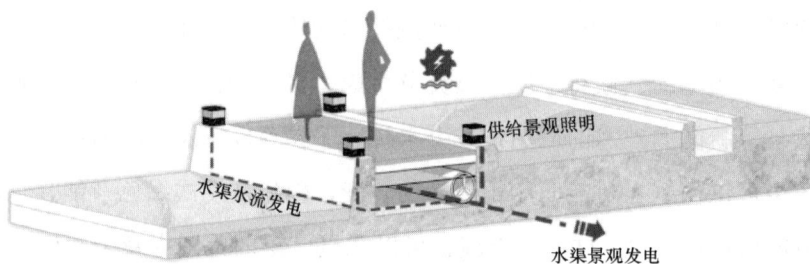

图 7-3

第三节 生态化乡村聚落空间的评价建议

一、国家层面应大力提倡并开展相关的助推举措

推动乡村聚落空间走向生态化是一个综合性、系统性的大工程，牵涉规划、环境、文化、经济、技术和社会多个方面。在这一过程中，国家层面的推动和支持起着至关重要的作用。

（一）综合性的规划设计是基础

综合性的规划设计是乡村生态化建设的基础和出发点，它涵盖土地的合理利用，基础设施的完善和交通网络的合理布局，还深度融合了能源的可持续利用、水资源的有效管理和生态系统的长期保护等多方面的内容。在这一规划中，考虑到乡村通常资源有限、基础设施相对落后的实际情况，特别强调了用有限的资源实现最大的综合效益。但是，一纸漂亮的规划远远不够，它必须得到足够的实物和人力资源的支持才能付诸实施。在这方面，国家财政预算应当明确划拨一部分专项资金用于支持乡村生态化的各项建设活动。这不仅包括基础设施的建设和维护，还包括新技术、新方法的研究与推广，以及人力资源的培训和技能提升。特别是在当下社会资本日益活跃、多元参与日趋普遍的背景下，国家应通过政府拨款、税收优惠、低息贷款等多种手段，积极激励更多的社会资本参与到乡村生态化建设中来。同时，综合性规划设计也需要具有弹性和适应性，能够随着社会经济状况的变化而作出相应的调整。例如，在能源方面，如果新的可再生能源技术取得突破，规划应能灵活地调整能源结构，更多地采用清洁、低碳的能源；在水资源管理方面，应考虑到气候变化带来的不确定因素，提前做好应对措施，确保水资源的长期稳定供应。而在实施过程中，透明度和参与性同样重要。具体的规划和实施细节应该公开透明，以便得到社会各界，特别是当地居民和社区的广泛参与和监督。当然，这样的综合性规划设计不是一次性的工作，而需要长期、持续地跟进和调整。国家应建立一套完善的监测和评估机制，定期检查规划实施的效果，评估其对环境、社会和经济的综合影响，及时作出调整和优化。

（二）技术是实现乡村生态化的关键

实现乡村生态可持续性是一个高度依赖技术创新和应用的问题。技术的作用可以从几个不同的方面来看。新技术和新方法的研发是推动乡村生态化的重要动力。例如，在可再生能源方面，太阳能、风能、生物质能等不仅可以满足乡村的电力需求，还能极大地减少碳排放和环境污染。同样，在水资源管理方面，先进的灌溉技术、雨水收集和循环利用等技术可以提高水资源的利用效率，缓解乡村水资源的压力。技术的普及和应用是实现乡村生态化的关键一步。研发出的新技术和新方法需要经过实地验证和改进，才能广泛应用于乡村。这就需要国家层面的大力支持，包括资金投入、人才培养和技术推广。以农业废弃物处理为例，如何将农业废弃物转化为有价值的资源，如肥料或者生物能源，就需要综合应用多种技术和方法。进一步来说，技术还能带动乡村经济的转型升级。随着技术的进步，很多传统的乡村产业也能得到提升，形成与生态保护相辅相成的新型产业链。比如，高效节水的农业生产模式、环境友好的畜牧业乃至以生态旅游为代表的绿色服务业，都有可能成为乡村经济新的增长点。技术的引进和应用还需与乡村的实际情况相结合，避免"一刀切"的情况。乡村的地理、气候、文化和经济条件都各不相同，需要对不同类型的乡村制定个性化、定制化的技术应用方案。

（三）环境保护和修复是核心

环境保护和修复无疑是乡村生态化建设的核心议题。目前，许多乡村面临着土地退化、水污染、生物多样性丧失等严峻的环境问题，这些问题不仅影响乡村社区的生活质量和可持续发展，而且在全局范围内具有深远的生态影响。因此，制定针对性的解决方案和措施是至关重要的。

农林复合系统和植被覆盖来恢复土地具有显著效果。例如，种植地方耐旱、土壤改良作用强的植物，可以显著提升土地质量。社区参与式的水资源管理也越来越受到重视。通过在农田和居民区安装智能灌溉系统，以及社区集体行动来清理当地河流和湖泊，可以有效地减少水污染和浪费。要与当地社区合作开展如"每人种一棵树"这样的活动，以及在学校和社区进行生态保护教育，都能够有效地提高大众环境保护意识。资源循环利用，比如，将农业废弃物转化为生物能源或有机肥料，也是值得推广的实践，这不仅有助于环境保护，还能提高资源利用效率。要进行精准农业和有机农业的推广。这包括减少化肥和农药的使用，以及采用农作物轮作和多样化种植方式来提高土地使用的可持续性。环境监测也是一个关键环节，通过设立监测站或使用移动应用进行实时监测，能确保环境质量得到持续改善。

（四）文化和教育是重点

乡村生态化发展不仅是一系列技术或规划的实施，更是一种全面的文化和观念的转变。在这个过程中，教育和文化的角色尤为重要，因为它们可以促使农民深刻认识到生态环境的重要性，并愿意参与到环境保护和改善中来。例如，通过开展乡村环境保护主题的文化节或艺术展览，能够让农民以更直观、更生动的方式了解到环境问题的严重性。这样的活动通常更容易引发公众的共鸣，使他们更愿意参与到实际的环境保护行动中来。同时，通过学校教育、乡村社区活动，以及各种媒体平台，对环境保护和生态可持续发展进行广泛而深入的宣传和教育。对于农民来说，实用性的教育也非常重要。可以组织一些专家和志愿者到乡村进行现场培训，教授农民如何利用可再生资源，如何进行水资源管理，如何转型到更加环保的农业生产方式等。通过这样的教育，不仅可以提升农民的环境保护意识，也可以提供他们所需要的实用知识和技能。而在更广泛的层面上，通过文学、艺术、音乐等多种形式，将环境保护和乡村生态化融入到当地文化的各个方面，可以更深刻地影响人们的价值观和生活方式。比如，通过创作以环境和乡村生活为主题的歌曲、电影或文学作品，能够让更多的人接触到这些重要议题，从而推动社会观念的转变。在许多乡村的具体实践中，已经开始尝试与当地学校和非政府组织合作，开展各种环保项目和教育活动。这些项目通常会包括垃圾分类、节约用水、保护当地生态系统等多个方面。通过这些实践活动，孩子们不仅能从小培养环保意识，还能在实际操作中学习到有关环境保护的基础知识和技能。

二、乡村振兴应是乡村聚落空间的评价的目标与准则

乡村振兴是一个全面、多维度的发展战略，旨在通过提升农业生产能力、改善基础设施、促进社会和文化发展，以及加强环境保护等方面。实施乡村振兴战略，是全面建成小康社会、全面建设社会主义现代化国家的重大历史

任务。在 21 世纪的第三个十年，乡村振兴战略是我国社会发展的主要战略之一，并且已经取得诸多喜人成果。众所周知，中国过去是一个典型的农业国，中国社会是一个乡土社会，中国文化的本质是乡土文化，故而，振兴乡村显得尤为重要。对于中国走出"中等发达国家陷阱"，坚持新发展理念，建设社会主义现代化强国，实现中华民族伟大复兴中国梦具有十分重大的现实意义和深远的历史意义。2022 年，党的二十大报告指出，要加快建设制造强国、质量强国、航天强国、交通强国、网络强国、数字中国。一系列重要部署。而这些远大宏伟的目标，均离不开乡村振兴，在很大程度上，乡村振兴战略是各项事业发展和创新的"基石"与"出发点"。

在未来生态化乡村聚落空间的构建过程之中，应将乡村振兴作为评价目标与准则。这是因为乡村振兴不仅是一个经济发展的问题，而是涵盖经济、社会、文化、环境等多个方面的全面发展战略。因此，在构建生态化乡村聚落空间时，乡村振兴的多维度和全面性提供了一个全局性、综合性和长远性的视角。从经济发展的角度来看，生态化乡村的构建必须与当地的经济发展战略相结合，推动农业现代化和产业升级，形成经济效益、社会效益和生态效益相统一的发展模式。这意味着需要在保护生态环境的同时，合理规划土地使用，提高土地的综合产值，引导农民转向高效、环保、可持续的农业生产方式。从社会层面来看，乡村社区的凝聚力和活力是乡村振兴不可或缺的一部分。因此，在构建生态化乡村聚落空间时，除了要考虑基础设施的完善，如道路、通信、教育和医疗，还需要着力提升乡村社区的软实力，包括社区治理能力、文化内涵，以及居民的社会责任感等。这样，乡村不仅能在物质层面上得到提升，更能在精神文化层面上焕发新的活力。在文化层面，乡村文化是农民身份认同和归属感的重要来源，也是乡村振兴中不可忽视的一环。在构建生态化乡村聚落空间的过程中，应该充分挖掘和保护乡村文化，包括当地的历史、传统、艺术和手工艺，并将这些文化元素有机地融入到乡村的日常生活和环境设计中。这样不仅能丰富乡村的文化内涵，也能提高乡村的吸引力和竞争力。环境保护是乡村振兴和生态化乡村聚落空间构建的核心之一。在这一方面，除了应对传统的环境问题如土地退化、水污染和生物多样性丧失等，还需要注重当地特有生态系统的保护和恢复，以及气候变化带来的新挑战。通过对这些问题的全面而深入的研究，能够制定出科学合理的解决方案和措施，从而确保乡村环境的长期可持续性。

综合以上几点，乡村振兴作为评价生态化乡村聚落空间构建的目标与准则，不仅能确保乡村在各个方面得到全面而持久的提升，也能够指导我们在实践中更好地平衡各种不同的需求和利益关系，形成一个更为全面、综合和可持续的发展路径。因此，在未来的生态化乡村聚落空间构建过程中，应全面、系统地运用乡村振兴这一评价目标与准则，以推动乡村向更加美好、更加和谐、更加可持续的方向发展。

参考文献

［1］ 王爱风，李伟巍. 传统乡村聚落空间的传承与再造研究［M］. 武汉：华中科学技术大学出版社，2020.

［2］ 浦欣成. 传统乡村聚落平面形态的量化方法研究［M］. 南京：东南大学出版社，2013.

［3］ 方磊. 传统聚落的生态智慧及当代发展［M］. 成都：西南交通大学出版社，2019.

［4］ 周璞. 陕西黄河小北干流区域传统村落营建生态智慧与传承策略研究［D］. 西安：长安大学，2022.

［5］ 张应龙. 人口流动背景下地缘性村落的情感凝聚机制［D］. 金华：浙江师范大学，2020.

［6］ 韩刘伟. 基于人水共生的太行山区传统村落营建特征研究［D］. 徐州：中国矿业大学，2020.

［7］ 姜雄天. 文化寻力项目启示下的传统村落生态治水智慧传承研究［D］. 长春：吉林建筑大学，2020.

［8］ 朱雯雯. 西南传统村落空间营建的生态智慧及启示［D］. 重庆：重庆大学，2019.

［9］ 陈勇越. 基于治水节水的传统村落空间模式研究［D］. 长春：吉林建筑大学，2018.

［10］ 李玉明. 东北民族生存智慧的结晶［D］. 长春：吉林艺术学院，2016.

［11］ 何勤华，袁晨风. "公序良俗"起源考［J］. 南大法学，2022（4）：40-61.

[12] 张立强，耿昊，刘彦随，李新港，辛奇，彭淑雯. 中国乡村聚落建筑面积时空变化分析 [J]. 同济大学学报（自然科学版），2022（7）：967-974.

[13] 袁漫婷. 乡村聚落环境艺术设计理念及实践研究 [J]. 中国果树，2022（7）：113.

[14] 祁永超，段丽娟，张丹青. 黎族传统文化的生态智慧及其当代价值研究 [J]. 海南开放大学学报，2022（2）：111-119+129.

[15] 何佳丽，赵宇鸾，张蒙，牟艳，杨小飘，施超. 梯田系统水生态智慧在水美乡村建设中的价值 [J]. 山西建筑，2022（13）：1-6+39.

[16] 祁永超，彭正坤，石超. 侗族传统文化中的生态智慧及其当代价值研究 [J]. 广西民族师范学院学报，2022（3）：25-30.

[17] 王希科. 中国传统文化中的生态智慧 [J]. 新乡学院学报，2022（5）：9-12+17.

[18] 黄颖，资惠宇，佘美萱. 中国南方水乡乡村聚落空间结构研究综述 [J]. 广东园林，2022（2）：38-43.

[19] 苗楠. 民族生态伦理思想中蕴含的生态智慧及其当代价值 [J]. 边疆经济与文化，2023（2）：128-131.

[20] 康璇. 基于生态价值重构的山区乡村聚落空间优化 [J]. 中外建筑，2022（12）：109-113.

[21] 张伟，尹仑. 中国传统生态智慧视域下秦都咸阳的水文化 [J]. 浙江水利水电学院学报，2021（5）：16-21.

[22] 赵宏宇.《传统村落生态治水智慧》[J]. 城乡建设，2021（20）：81.

[23] 王琛. 徽州民居用材技艺与生态智慧 [J]. 古建园林技术，2021（5）：13-17.

[24] 杨锐，侯姝彧，曹越. 中国古代山水营建智慧与实践 [J]. 中国园林，2021（7）：6-12.

[25] 魏春泽. 习惯与公序良俗的适用 [J]. 西部学刊，2021（12）：45-47.

[26] 宋才发. 公序良俗在维系乡村秩序中的法治功能 [J]. 中南民族大学学报（人文社会科学版），2021（5）：118-126.

[27] 成实，成玉宁. 生态与生存智慧思辨——兼论海绵城市的生态智慧 [J]. 中国园林，2020（6）：13-16.

[28] 郭世芹，朱红兰，徐吉霖. 新型城镇化背景下乡村聚落转型及其经济提升 [J]. 质量与市场，2022（23）：151-153.

[29] 李鸿飞，李林莲，贺晨静，王兴娥，徐蕾. 传统村落乡土建筑营造中的生态智慧 [J]. 建筑技术开发，2022（22）：22-24.

[30] 唐根杰，包庆德. 游牧文明：生存智慧的生态启示及当代价值 [J]. 哈尔滨工业大学学报（社会科学版），2022（6）：132-139.

[31] 吴晓华，严少君，林功寒，彭重华. 良渚聚落环境的溯源与营建智慧 [J]. 中国城市林业，2020（2）：83-87.

[32] 段威，郑小东. 乡土和风景：与自然共生的营建智慧 [J]. 建筑创作，2020（1）：4-7.

[33] 李林昊. 从血缘到地缘：论北朝群体造像记的发展演进——以家庭、宗族、村落和邑义等造像记为中心 [J]. 河南社会科学，2020（1）：115-124.

[34] 俞孔坚. 道法自然的增强设计：大面积快速水生态修复途径的探索 [J]. 生态学报，2019（23）：8733-8745.

[35] 冯红伟. 习近平生态文明思想的源流考——以水生态治理为视角 [J]. 南京林业大学学报（人文社会科学版），2019（4）：1-12.

[36] 罗怡晨，刘乾宇，李昊. 基于文脉传承的传统绿色营建智慧与当代绿色建筑发展 [J]. 城市建筑，2019（20）：88-91+116.

[37] 袁晓梅. 村落的传统生存智慧及其现实困境解析——透过能量学的视野 [J]. 中国园林，2019（7）：67-71.

[38] 吴丹. 中国传统文化"天人合一"的思想内涵与生态智慧 [J]. 陕西青年职业学院学报，2022（4）：8-11.

［39］ 张莎玮，沈康. 传统村落与水共生的生存智慧［J］. 美术学报，2019（3）：101-108.

［40］ 曾颖. 传统实践智慧的启示：横槎村水生态基础设施的解读［J］. 装饰，2018（8）：116-119.

［41］ 段亚鹏，闵忠荣，郭禹哲. 美观、科学与适用：传统建筑营建智慧探析［J］. 城市发展研究，2018（7）：143-147+160.

［42］ 田宇婷，丁杨，郝占国. 西北地区传统民居营建智慧及更新研究综述［J］. 建筑与文化，2022（9）：141-143.

［43］ 马玉梅. 民法典时代公序良俗原则在乡村治理中的适用［J］. 经济研究导刊，2022（25）：28-30.

［44］ 佘海超，张菁. 基于"道法自然"思想的渝东南传统村落营建智慧研究［J］. 重庆建筑，2017（10）：57-60.

［45］ 包庆德. 天人合一：生存智慧及其生态维度研究［J］. 思想战线，2017（3）：154-159.

［46］ 沈清基. 基于水安全与水生态智慧的人类诗意栖居思考［J］. 生态学报，2016（16）：4940-4942.

［47］ 米程. 二十四节气：我们的生存智慧和生活方式［J］. 集邮博览，2016（6）：17.

［48］ 田洁，许璐凡，刘丹妮，黄晓莉. 生态智慧视角下闽西传统村落的保护与更新［J］. 住宅与房地产，2022（24）：66-73.

［49］ 包庆德. 游牧文明：生存智慧及其生态维度研究评述［J］. 内蒙古社会科学（汉文版），2015（1）：145-153+181.

［50］ 杨仪，曹洪刚. 传统中国的生存智慧与生态观［J］. 当代贵州，2014（36）：60-61.

［51］ 刘馨浓. 现代建筑里的传统生存智慧［J］. 建筑知识，2014（10）：106-111.

［52］ 江帆. 地方性知识中的生态伦理与生存智慧［J］. 山东社会科学，2012（11）：82-87.

[53] 陈靖. 农民的行动观念与村庄秩序——一个地缘性村落的考察[J]. 中共南京市委党校学报, 2011 (6): 103-109.

[54] 桂华, 余彪. 散射格局: 地缘村落的构成与性质——基于一个移民湾子的考察 [J]. 青年研究, 2011 (1): 44-54+95.

[55] 李天雪. 客家人生存智慧管窥——桂林市灵川县毛村社会历史调查 [J]. 赣南师范学院学报, 2010 (4): 19-22.

[56] 朱丽平. 舟山传统民居建筑生存智慧浅析 [J]. 装饰, 2009 (10): 131-132.

[57] 翟玮. 生态文明背景下风景园林对生态智慧的诠释 [J]. 智能建筑与智慧城市, 2022 (8): 169-171.